बाल विकास

बाल विकास

डॉ. मनोज शर्मा

इशिका पब्लिशिंग हाउस
जयपुर दिल्ली

इशिका पब्लिशिंग हाउस

ए -25, "गणेश सदन", गली न. 4, आदर्श बस्ती,
बी.एल. हाउस के पास, टोंक फाटक,
जयपुर-302018 (राजस्थान) भारत
फोन : 0141-2761280, Mob. 9887532741
Email: ishikapublishinghouse@yahoo.in

दिल्ली कार्यालय : 102, प्रथम मंजिल, 'सत्यम हाउस'
4324/3, अंसारी रोड़, दरियागंज, नई दिल्ली - 110 002
फोन : 011-45652440

ISBN: 9788189471361

टाइपसेटिंग : बी.एस. कम्प्यूटर्स, जयपुर

मुद्रक : थॉमसन प्रेस, नई दिल्ली

प्रस्तावना

बालक के सामाजिक, मानसिक, चारित्रिक, भाषायी आदि विविध प्रकार के विकास का अध्ययन करने के लिए हमें बाल-मनोविज्ञान की शरण लेनी पड़ती है। केवल पुस्तक के पठन-पाठन से ही बाल जीवन की विविध प्रक्रियाओं को समझना सम्भव नहीं है। कारण, प्रत्येक बालक का अपना पृथक् व्यक्तित्व होता है। अतः उसे समझने के लिए उसके दैनिक व्यवहारों, क्रिया-कलापों को सूक्ष्म रूप से हृदयंगम करना नितांत आवश्यक हो जाता है।बालक की इन विविध प्रक्रियाओं पर सूक्ष्म दृष्टि रखे बिना उसका उचित मार्गदर्शन नहीं किया जा सकता। इसके लिए शिक्षा की भूमिका महत्वपूर्ण हो जाती है।

बाल-अध्ययन को हम विकासात्मक विज्ञान के अध्ययन के अन्तर्गत रख सकते हैं। इसमें हम बढ़ते हुए बच्चों के प्रत्यक्षीकरण, चरित्र, भाव, संवेग, बुद्धि, चिन्तन, सीखने, भाषा विकास, व्यक्तित्व आदि का अध्ययन करते हैं। इसके अन्तर्गत हम बालक के विकास के विविध सोपानों—गर्भावस्था, शैश्वावस्था, बाल्यावस्था तथा किशोरावस्था का अध्ययन करते हैं। बालक अपनी माता के गर्भ में आने से लेकर किशोरावस्था पर्यन्त उपर्युक्त विकास की अवस्थाओं में क्रम-क्रम से गुजरता हुआ पूर्णता की ओर अग्रसर होने लगता है। इस काल के बालकों का शारीरिक, मानसिक, सामाजिक, भाषायी, संवेगात्मक, चारित्रिक, क्रीड़ा संबंधी विकास के बारे में विस्तार से अध्ययन करते हैं।

बाल विकास विस्तार ही विकासात्मक मनोविज्ञान है। हम बाल-विकास का अर्थ स्पष्ट कर चुके हैं और यदि हम विकासात्मक मनाविज्ञान का अर्थ समझ लें

डॉ. मनोज शर्मा

अनुक्रमणिका

1

विषय बोध

व्यक्ति के सामाजिक जीवन पर वृद्धि व विकास का व्यापक प्रभाव पड़ता है। वृद्धि एक निश्चित प्रक्रिया होती है जबकि विकास जन्म से लेकर मृत्यु तक चलती है इस दौरान व्यक्तिक जीवन में व्यापक बदलाव देखने को मिलते हैं।

वृद्धि एवं विकास : आशय एवं परिभाषाएँ

प्रमुख अन्तर

प्रायः वृद्धि व विकास को लोग एक समझ लेते हैं जो कि सही नहीं है। इन दोनों में कुछ सूक्ष्म अन्तर हैं, जो निम्नलिखित हैं–

1. वृद्धि एक प्रकार से सम्पूर्ण विकास प्रक्रिया का एक सोपान है। लेकिन, विकास शब्द स्वयं में एक विस्तृत अर्थ रखता है। वृद्धि इसका अंश मात्र है। यह व्यक्ति में होने वाले सभी परिवर्तनों को प्रकट करता है।

2. वृद्धि शब्द परिमाण सम्बन्धी बदलाव के लिये प्रयोग में लाया जाता है। विकास शब्द वृद्धि की तरह केवल परिमाण सम्बन्धी परिवर्तनों को व्यक्त न कर ऐसे सभी परिवर्तनों के लिये प्रयुक्त होता है जिससे बालक की कार्य-कुशलता, कार्यक्षमता व व्यवहार में प्रगति होती है।

3. वृद्धि की प्रक्रिया जीवन भर नहीं चलती अपितु यह बालक के पूर्ण रूप से परिपक्व होने पर रुक जाती है। विकास एक सतत्-प्रक्रिया है। वृद्धि की तरह से विकास बालक को परिपक्व होने पर समाप्त नहीं होती बलिक जीवन भर चलती रहती है।

4. वृद्धि के फलस्वरूप होने वाले बदलाब बिना कोई विशेष प्रयास किये दृष्टिगोचर हो सकते हैं। साथ ही इन्हें मापा भी जा सकता है। लेकिन, विकास शब्द

कार्य क्षमता, कार्य-कुशलता व व्यवहार में आने वाले गुणात्मक परिवर्तनों को भी प्रकट करता है। इन बदलाव को प्रत्यक्ष रूप में मापना कठिन है।

5. वृद्धि शब्द व्यक्ति के शरीर के व्यवहार का वह पहलू है जो उसके परिवर्तनों को प्रकट कर सकता है। लेकिन विकास किसी एक अंग-प्रत्यंग में या व्यवहार के किसी एक पहलू में होने वाले परिवर्तनों को नहीं, बल्कि व्यक्ति में आने वाले सम्पूर्ण परिवर्तनों को इकट्ठे रूप में व्यक्त करता है।

6. वृद्धि के साथ-साथ हमेशा विकास होना भी जरूरी नहीं है। विकास भी वृद्धि के बिना सम्भव हो सकता है।

उपरोक्त अन्तरों का अध्ययन करने से यह स्पष्ट होता है कि वृद्धि व विकास में पर्याप्त अन्तर हैं। लेकिन सामान्य रूप से व्यक्ति विशेष में होने वाले सभी परिवर्तनों को व्यक्त करने के लिए हम दोनों का बिना कोई अन्तर किए प्रयोग करते रहते हैं। श्रीमती हरलौक के अनुसार, "मानव जीवन के सामाजिक, शारीरिक, संवेगात्मक, बौद्धिक इत्यादि पहलुओं से सम्बन्धित इन सभी परिवर्तनों को चार मुख्य मार्गों में रखा जा सकता है—आकार में परिवर्तन, अनुपात में परिवर्तन, पुराने लक्षण लुप्त होना, नए लक्षण प्रकट होना, इन सभी तरह के बदलाव के परिमाणात्मक और गुणात्मक दोनों ही पहलू हैं। इसलिए सामान्यतया वृद्धि व विकास की प्रक्रिया लगभग साथ-साथ चलती है और यही कारण है कि ये दोनों शब्द समानार्थक रूप में प्रयुक्त होते हैं। गर्भाधान के बाद बालक में जो कुछ भी शारीरिक व व्यवहार सम्बन्धी बाद होते हैं, उन्हें व्यक्त करने के लिए इन दोनों को सम्मिलित रूप से उपयोग में लाया जाता है।

प्रमुख सिद्धान्त

वृद्धि व विकास के प्रमुख सिद्धांतों पर निम्न प्रकार प्रकाश डाला गया है—

(1) अनवरत विकास का सिद्धान्त—विकास एक अनवरत चलने वाली प्रक्रिया है। जैसे वृद्धावस्था में मनुष्य की शारीरिक वृद्धि रुक जाती है, परन्तु उसका सामाजिक व संवेगात्मक विकास होता ही रहता है।

(2) विकासक्रम का सिद्धान्त—इस सिद्धांत के अनुसार बच्चों की भाषा एवं स्नायु के संबंध में विकासात्मक प्रक्रिया को मापा जाता है और इससे यह ज्ञात हुआ है कि इस विकास के निश्चित क्रम को बच्चे में देखे जा सकता है। विभिन्न मनोवैज्ञानिकों ने अपने अध्ययन द्वारा यह सिद्ध कर दिया है कि 32 माह से 36 माह का बालक वृत्त (Circle) को उल्टा, 60 महीने का बालक सीधी और 72 माह

का फिर उल्टा बनाता है। इसी प्रकार बच्चा जन्म के समय केवल रोना जानता है। 3 महीने का होते-होते वह एक विशेष प्रकार की आवाज़ गले से निकालने लगता है। 6 माह की अवस्था में वह अपनी आवाज में आनन्द का आभास कराता है। इसके एक महीने पश्चात् वह माता-पिता को 'पा', 'वा', 'दा' इत्यादि कहना शुरू कर देता है।

(3) विकास की विभिन्न गति का सिद्धान्त—इस सिद्धांत में इस बात पर बल दिया गया है कि विकास की प्रक्रिया शरीर के विभिन्न अंगों से संबंधित होती है। सामान्य रूप से देखा गया है कि जिस बालक का मानसिक विकास जितना ज्यादा होगा उनका शारीरिक विकास भी उतना ही अधिक अवरुद्ध हो जाएगा। क्योंकि बच्चे जैसे-जैसे मानसिक कार्यों में उलझते हैं, वैसे-वैसे उन्हें शारीरिक कार्य करने का मौका कम मिलता है। जिसके कारण उनका शारीरिक विकास ज्यादा नहीं होता। इसके ठीक विपरीत मन्दबुद्धि बालकों का शारीरिक दृष्टि से ज्यादा विकास होता है और मानसिक दृष्टि से कम।

(4) व्यक्तिगत विभिन्नताओं का सिद्धान्त—हर बालक एवं बालिका के विकास का अपना एक स्वरूप होता है। इसमें व्यक्तिगत विभिन्नताएँ पाई जाती हैं। एक आयु के दो बच्चे चाहे वे दो बालक हों अथवा दो बालिकाएँ अथवा एक बालक व एक बालिका—उनके शारीरिक मानसिक, सामाजिक विकास में वैयक्तिक विभिन्नताएँ स्पष्ट दृष्टिगोचर होती हैं।

(5) परस्पर सम्बन्ध का सिद्धान्त—इस सिद्धांत के अनुसार बच्चों के शारीरिक, मानसिक, संवेगात्मक आदि पहलुओं के विकास में परस्पर सम्बन्ध होता है। उदाहरण बच्चों के शारीरिक विकास के साथ-साथ उनकी रुचियों, ध्यान के केन्द्रीयकरण और व्यवहार में बदलाव होते हैं तब उसके साथ-साथ उनमें गायक व भाषा सम्बन्धी विकास भी होता है।

निर्धारक तत्व

वृद्धि एवं विकास को विभिन्न तत्व प्रभावित करते हैं। कुछ प्रमुख तत्वों को निम्न प्रकार स्पष्ट किया गया है—

(1) वंशानुक्रम वंशानुक्रम से यह निश्चित होता है कि वृद्धि को प्राप्त होने पर कोई कोष मानव मनुष्य बनेगा या पशु, पशुओं में कौन-सा पशु बनेगा, मनुष्य बनेगा तो नर होगा या मादा और उसकी लम्बाई-चौड़ाई, आकार, नाक-नक्शा अपने माता के समान होंगे अथवा पिता के समान या अन्य किसी पूर्वज से मिलते-जुलते होंगे। मानव

शिशु का लिंग, आकार, नाक-नक्शा आदि उसकी आनुवंशिकता पर निर्भर होते हैं। आनुवंशिकता एक ऐसी दशा है जिसको सही करने के लिए मनुष्य कोई विशेष प्रयास नहीं कर सकता। यूँ तो इस सम्बन्ध में प्रजननशास्त्रियों ने यह सुझाव दिया है कि अच्छी नस्ल व स्वस्थ शरीर वाले स्त्री-पुरुषों के परस्पर सम्भोग से अच्छी सन्तान उत्पन्न होती है व प्लेटो जैसे दार्शनिकों ने राज्य के नियन्त्रण के द्वारा इस प्रकार अच्छी सन्तानें उत्पन्न कराने के लिए सुझाव भी दिया है परन्तु ये सुझाव कार्यरूप में परिणत नहीं किए जा सकते, क्योंकि सभ्य समाजों में नर-नारी को परस्पर यौन सम्बन्ध को पूरी तरह ऐच्छिक और स्वतन्त्र छोड़ देना ही उचित समझा जाता है। किसी भी सभ्य समाज में विशिष्ट नर-नारियों को परस्पर सम्भोग के लिए बाध्य किया जाना उचित नहीं समझा जाएगा। भावी माँ-बाप अपने स्वास्थ्य की ओर मुख्य ध्यान रखकर भावी शिशु वंशानुक्रम को प्रभावित करके उसकी अभिवृद्धि में सहायता प्रदान कर सकते है। वंशानुक्रम का सम्बन्ध तात्कालिक माँ-बाप से न होकर दूर के पूर्वजों से भी होता है।

(2) खानपान का प्रभाव गर्भावस्था के दौरान बालक माता से ही अपना भोजन प्राप्त करता है। अतः गर्भवती महिला को वही ग्रहण करना चाहिए जो गर्भावस्था में उसके जीव का स्वास्थ्य ठीक रख सके और उसका शिशु पूर्ण रूप से स्वस्थ रह सके। जन्म लेने के बाद मानव शिशु अपनी वृद्धि के लिए बाहर से खाना करता है। प्रारम्भ के कुछ वर्षों में बालक की वृद्धि के लिए सर्वोत्तम खाना उसकी माता का दूध है। इसके प्राप्त न होने पर उसे बकरी, गाय या फिर कृत्रिम दूध दिया जा सकता है। सभी दशाओं में दूध ऐसा होना चाहिए जिसको शिशु सरलता से हजम कर सकता हो। एक वर्ष की आयु के बाद शिशु को क्रमशः माता के दूध के अलावा अन्य सुपाच्य भोजन भी दिया जा सकता है। मानव-प्राणी में सबसे अधिक वृद्धि किशोरावस्था में होती है। अतः इस आयु में उसके भोजन की ओर विशेष तौर पर ध्यान दिया जाना चाहिए।

(3) अन्तःस्रावी ग्रन्थियाँ—अन्तःस्रावी ग्रन्थियों से विभिन्न प्रकार के न्यासर्ग निकलते हैं जो बच्चों के शारीरिक व मानसिक विकास में महत्वपूर्ण भूमिका निभाते हैं—बालक की अभिवृद्धि पर पोष (Pituitary) ग्रन्थि, थायरॉयड ग्रन्थि व यौन (sex) ग्रन्थियों के न्यासर्गों का विशेष रूप से प्रभाव पड़ता है। पोष ग्रन्थि से अन्य ग्रन्थियों की क्रिया का नियमन होता है। थायरॉयड या गलग्रन्थि ऑक्सीजन के उपयोग में सहायक होता है। शरीर में इनकी कमी होने पर मस्तिष्क की वृद्धि रुक जाती है व शरीर की आकार नहीं बढ़ पाता। यौनग्रन्थियों के न्यासर्ग से मनुष्य के अपने लिंगसुलभ शारीरिक विशेषताओं का विकास होता है।

(4) खेल एवं विभिन्न व्यायामों का प्रभाव—खेल में बालकों की विशेष रुचि होती है। खेल व व्यायाम से बालक के मानसिक, शारीरिक, ज्ञानात्मक शक्तियों को बढ़ावा मिलता है। जिसके परिणामस्वरूप शरीर के सभी कोषों में रक्त पहुँचता है और उनमें अभिवृद्धि की गति बढ़ जाती है। मांस-पेशियों की अभिवृद्धि तो लगभग पूरी तरह अभ्यास और व्यायाम पर ही निर्भर होती है। अतः इनके समुचित विकास के लिए सभी बालकों को सभी आयु में किसी न किसी तरह का व्यायाम करना चाहिए। व्यायाम ऐसा हो जिससे शरीर की मांस-पेशियों पर जोर पड़े न और कोई विशिष्ट मांस-पेशी अत्यधिक न थक जाए। व्यायाम या खेल का शारीरिक विकास पर इतना अधिक प्रभाव पड़ता है कि उनके अभाव में कितना भी पौष्टिक भोजन और देखभाल प्राप्त होने पर भी बच्चों, किशोरों व युवकों का अच्छा शारीरिक विकास नहीं हो सकता।

विशेषताएँ

वृद्धि एवं विकास अध्यापकों को स्कूली कार्यक्रमों में लक्ष्यों की पूर्ति करने पूर्ण रूप से सहायक होते हैं। इसकी सहायतानुसार बच्चे अपना शिक्षा को भविष्य की मुश्किलें कम कर सकने में समर्थ हो सकते हैं। ये माँ-बाप तथा अध्यापकों को बच्चों के साथ सहानुभूति का व्यवहार करने तथा उनकी समस्याओं को पूर्ण रूप से हल करने में सहायता प्रदान करते हैं। ये शिक्षक को बच्चों के व्यक्तिगत अन्तरों के समझ अनुसार उचित पथ-प्रदर्शन कार्यक्रम देने में मदद करते हैं। ये माँ-बाप तथा अध्यापकों को बचपन का महत्त्व जाने में मदद करते हैं। अतः माँ-बाप शिक्षकों को चाहिए कि वे सामाजिक तथा संवेगात्मक अनुभव के बहुत से आदर्श पेश करें ताकि बच्चे साँचे में ढलने तथा व्यवहार के अच्छे आदर्श बन सकें। इनके जरिए माँ-बाप अपने बच्चों के विकास एवं वृद्धि की अवस्था में सभी वस्तुओं की पूर्ति कर पाने में समर्थ होते हैं। ये अध्यापक एवं माता-पिता को शुद्ध वातावरण के महत्त्व का ज्ञान प्राप्त कर पाने में पूर्ण रूप से सहायता प्रदान करते हैं। जिससे बच्चे को समाज की प्रकृति प्रदूषण से जुड़ी बीमारी से दूर रखकर उन्हें स्वच्छता प्रदान की जा सके। शिक्षकों का बच्चों के जीवन में महत्त्वपूर्ण योगदान होता है। माँ-बाप के बाद दूसरा माँ-बाप शिक्षक को ही कहा जाता है।

मनुष्य के जीवन का विकास विभिन्न अवस्थाओं से होकर गुजरता है। इन अवस्थाओं के नाम इस प्रकार दिए गये हैं—

गर्भावस्था—अनुमानित काल गर्भाधान से बालक के जन्म तक।

शैशवावस्था—अनुमानित काल जन्म से 3 वर्ष तक।

पूर्व बाल्यावस्था—अनुमानित काल 3 वर्ष से 5 वर्ष तक।

उत्तर बाल्यावस्था—अनुमानित काल 5 वर्ष से 10 वर्ष तक।

किशोरावस्था—अनुमानित काल 10 वर्ष से 18 वर्ष तक।

युवावस्था—अनुमानित काल 18 वर्ष से 50 वर्ष तक।

वृद्धावस्था—अनुमानित काल 50 वर्ष से मृत्यु तक।

भारतीय दृष्टिकोण से विकास की अवस्थाएँ—भारतीय मनीषियों ने मनुष्य की आयु को सौ वर्ष मानकर चार भागों में विभाजित है और प्रत्येक भाग को आश्रम की संज्ञा दी है जो निम्नलिखित हैं—

(1) ब्रह्मचर्य आश्रम—जन्म से 25 वर्ष तक।

(2) गृहस्थ आश्रम—26 से 50 वर्ष तक।

(3) वानप्रस्थ आश्रम—51 से 75 वर्ष तक।

(4) संन्यास आश्रम—75 से 100 वर्ष तक।

भारतीय दृष्टिकोण से विकास की निम्नलिखित अवस्थाएँ बतलाई गई हैं—

(1) शैशवावस्था—जन्म से 3 वर्ष की आयु तक।

(2) बाल्यावस्था—4 से 12 वर्ष की आयु तक।

(3) किशोरावस्था—13 से 18 वर्ष की आयु तक।

(4) यौवनावस्था—19 से 50 वर्ष की आयु तक।

(5) वृद्धावस्था—50 वर्ष की आयु से मृत्यु तक।

इस प्रकार मानव जीवन के विकास को मनोवैज्ञानिकों ने अपने-अपने विचार से विभिन्न अवस्थाओं में बाँटा है। इन्हीं सबके आधार पर प्रमुख अवस्थाओं—गर्भावस्था—शैशवास्था, बाल्यावस्था व किशोरावस्था का विस्तृत उल्लेख किया गया है जो इनके विस्तृत स्वरूप पर प्रकाश डालता है।

2

शैशवावस्था

बच्चों के शारीरिक व मानसिक विकास की दृष्टि से शैशवावस्था बहुत ही महत्वपूर्ण है। यह अवस्था जन्म से पाँच वर्ष तक होती है। इस दौरान बच्चों के प्रति विशेष ध्यान देने की जरूरत होती है। इस अवस्था के महत्व को मनोवैज्ञानिकों ने भी माना है। उन्होंने यह स्पष्ट किया है कि शैशवावस्था ही वह आधार है जिस पर बालक के भावी जीवन का निर्माण किया जाता है। इस अवस्था में बालक का जितना ही अधिक निरीक्षण और अच्छा पालन-पोषण किया जाता है उतना ही अधिक अच्छा इसका विकास होता है। **ऐडलर** के अनुसार, "बालक के जन्म के कुछ महीने बाद ही यह निश्चित किया जा सकता है कि जीवन में उसका क्या स्थान है।" **गुडएनफ** ने शैशवावस्था के संदर्भ में लिखा है—"व्यक्ति का जितना भी मानसिक विकास होता है उसका आधा तीन वर्ष की आयु तक हो जाता है।"

रॉस ने लोगों की यह धारणा है कि शैशवावस्था का समय जन्म से 5 या 6 वर्ष तक होता है, अस्वीकार किया है और इसे दो भागों में बाँटा है। प्रथम अवस्था जन्म से तीन वर्ष तक तथा द्वितीय अवस्था 3 से 6 वर्ष तक।

शैशवावस्था के दौरान बालक का शारीरिक विकास तेजी से होता है। इस अवस्था में वह रेंगना, चलना और बोलना सीखता है। इस आयु में उसकी ऊँचाई, वजन, हाथ-पैरों से कार्य करने की योग्यता, इन्द्रियाँ आदि का विकास होता है। बच्चों के उम्र के साथ-साथ उसकी लम्बाई एवं वजन की व्याख्या कुछ इस प्रकार होती है—

(1) 9 महीनों की आयु में शिशु बालक की लम्बाई 7-8 इंच होती है। अपितु बालिका की लम्बाई इसकी अपेक्षाकृत कम पाई जाती है इनकी लम्बाई 6-3/4 इंच ही होती है।

(2) जब शिशु बालक की लम्बाई 28-1/4 इंच होती है तो उसका भार 18-11/19 पौण्ड हो जाता है इसकि अपेक्षाकृत बालिका की लम्बाई 28-1/4 होने पर उसका भार 12-5/1 पौण्ड ही होता है।

शैशवावस्था के प्रमुख लक्षण

शैशवावस्था के दौरान बालकों में निम्नलिखित विशेषताएँ पाई जाती हैं–

1. बच्चे के जन्म के बाद से 3 वर्षों तक उसका विकास काफी तेजी से होता है और उसके बाद तेज गति धीमी पड़ जाती है।
2. शारीरिक विकास के साथ-साथ शैशवावस्था में मानसिक क्रियाओं जैसे स्मृति, ध्यान, कल्पना आदि के विकास में पर्याप्त अधिकता आती है।
3. इस अवस्था में बच्चे में बालक के सीखने की गति अधिक तेज होने लगती है और वह अनेक आवश्यक बातों को बहुत जल्दी ही सीख जाता है।
4. शैशवावस्था में आत्म प्रेम की भावना बहुत प्रबल होती है। वह अपने माता-पिता, भाई-बहन आदि सभी का प्रेम प्राप्त करना चाहता है।
5. शैशवावस्था में ज्यादातर परावलम्बी अवस्था अधिक पाई जाती है। शैशवावस्था में बच्चे को शारीरिक और मानसिक दोनों रूपों में दूसरों पर निर्भर रहना पड़ता है।
6. शैशवावस्था में शिशु का ज्यादातर व्यवहार मूल प्रवृत्तियों पर टिका होता है, जो इसके भूखेपन का अहसास सामने वाले को दिला देता है, जैसे यदि उसे भूख लगती है तो उसे जो भी वस्तु मिलती है उसी को अपने मुँह में रख लेता है।
7. शैशवावस्था में शिशु में नैतिकता का अभाव होता है। उसे अच्छी-बुरी, नैतिक-अनैतिक बातों का ज्ञान नहीं होता।
8. शैशवावस्था में बच्चों का मस्तिष्क कल्पनाशील होता है। तीन से छः वर्ष तक की उम्र के बच्चे सामान्यतः दिवास्वप्न के संसार में खोए रहते हैं, जैसे परियों की कहानी सुनना उन्हें बहुत अच्छा लगता है।
9. शैशवावस्था में बच्चों में जिज्ञासा की प्रवृत्ति बहुत प्रबल होती है। वह विभिन्न वस्तुओं और बातों के विषय में 'क्यों' और 'कैसे'' के सवाल पूछता है। अपने खिलौनों को तोड़कर नए प्रकार से जोड़ने का प्रयास करता है।
10. शैशवावस्था के बच्चों में अनुकरण द्वारा सीखने की प्रवृत्ति प्रबल होती है। वह दूसरों को जैसा करते देखता है। उसे ऐसा करना बहुत अच्छा लगने लगता है अतः वह इस प्रक्रिया को आनंद के साथ दोहराने लगता है वैसा ही करने की कोशिश करता है।

11. शैशवावस्था के आखिरी सालों में बच्चों में सामाजिक भावनाओं का विकास हो जाता है और वह परिवार के अलावा अन्य बालकों के साथ खेलना पसन्द करता है।

शिशु के विकास की प्रक्रिया

शैशवावस्था के दौरान बालक का शारीरिक, मानसिक, संवेगात्मक व सामाजिक विकास बहुत ही अच्छी तरह से होता है। शैशवावस्था के दौरान की विकास प्रक्रिया को निम्न प्रकार स्पष्ट किया गया है–

शारीरिक विकास की प्रक्रिया

शैशवावस्था के दौरान शारीरिक विकास की दो अवस्थाएँ बतलाई गई हैं–

पहली संचय अवस्था जो जन्म से तीन वर्ष की आयु तक बच्चे में देखने को मिलती है। दूसरी परिपक्व अवस्था, जो तीन वर्ष से 5-6 वर्ष की आयु तक बच्चे में देखने को मिलती है। शैशवावस्था में बच्चे का विकास तेज गति से होने लगता है। जन्म के समय बच्चे की त्वचा पर झुर्रियाँ पहले से ही पड़ी होती हैं और रंग भी लाल होता है। अतः उसकी त्वचा आकर्षक नहीं होती, चेहरा भी फूला हुआ प्रतीत होता है। शिशु के सिर का भार शरीर के भार से अधिक होता है और शरीर का ढाँचा भी सन्तुलित नहीं होता है। जन्म के समय बालक की ऊँचाई लगभग 10 इंच होती है। जो एक वर्ष में ही लगभग 10 इंच बढ़ जाती है।

जन्म के समय सामान्य बालक का भार सात या साढ़े सात पौण्ड तक होता है। लड़की की तुलना में लड़का आरम्भ से ही अधिक लम्बा व भारी होता है। पहले वर्ष में लम्बाई तथा भार दोनों बड़ी तेजी से बढ़ते हैं। लम्बाई तो पहले वर्ष में 50 प्रतिशत बढ़ती है। भार पहले 6 महीनों में दुगुना और पूरे वर्ष में तिगुना हो जाता है। शरीर तथा सिर के अनुपात में भी बराबर विकास होता है। शरीर और सिर का अनुपात जो जन्म के समय 25 प्रतिशत होता है क्रमशः सिर शरीर का 1/8 हो जाता है। विकास में पैर और हाथ भी लम्बे होते हैं क्योंकि बालक को दिनचर्या में उनकी जरूरत पड़ती है। बचपन में ही बच्चे की शारीरिक आकार से यह ज्ञात हो जाता है कि उसकी जवानी की आयु में उसकी लम्बाई कितनी होगी। इस अनुमान को हम पूर्ण रूप से स्वीकृत नहीं कर सकते। ऐसा इसलिए कहा गया है यदि बच्चे की विकासात्मक गति में तेजी नहीं आई तो उसकी लम्बाई वहीं पर समाप्त हो जाएगी यह सब उम्र के साथ-साथ ही बढ़ता है।

बच्चे को बचपन से ही पौष्टिक तत्त्वों को ग्रहण करने की प्रक्रिया अपना लेनी चाहिए जो उसके भावी जीवन की बाधाओं को उसके सामने आने से रोकते हैं। शारीरिक विकास प्रमुखतः दो प्रकार से होता है जो निम्नलिखित हैं—

(1) मस्तिष्क का विकास—गर्भावस्था में और जन्म के पश्चात् दिमाग का भार तेजी से बढ़ता है। चार वर्ष की उम्र तक 80 प्रतिशत भार हो जाता है और 8 वर्ष की उम्र तक दिमाग का 90 प्रतिशत भार आ जाता है। इसके बाद शेष 10 प्रतिशत भार अगले 12 वर्षों में अर्थात् 20 वर्ष की उम्र तक पूरा होता है। इस तरह 5 से 6 वर्ष की उम्र में दिमाग के भार का 80-85 प्रतिशत भाग आ जाता है।

(2) शरीर के आंतरिक अंगों का विकास—जन्म के साथ बच्चे के दाँत नहीं होते हैं लेकिन एक साल के बाद वह आ जाते हैं, जो दूध के दाँत कहे जाते हैं। जन्म के बाद से शैशवावस्था में बालक के अन्दर के अंगों का बराबर विकास होता है। उसमें पाचक अंग, फेफड़े, मांस-पेशियाँ, स्नायु-मण्डल, नाड़ियाँ, उत्पादक अंग और ग्रन्थियों का विकास होता है। इस प्रकार विकास से क्रमशः आन्तरिक अंग का सन्तुलन होता है। जन्म के समय बालक का स्नायुमण्डल इतना विकसित होता है कि वह अपने पर्यावरण की उत्तेजनाओं के प्रति अनुक्रिया कर सके और क्रमशः उससे समायोजन कर सके।

भ्रूणावस्था में हृदय की धड़कन बहुत ही मन्द होती है परन्तु जन्म होते ही यह धड़कन बहुत तेज हो जाती है। जैसे-जैसे हृदय का आकार बढ़ने लगता है, वैसे-वैसे वह दृढ़ होता जाता है और दिल की धड़कन व नाड़ियों में खून के प्रवाह की गति मन्द होकर स्थायी होती जाती है। वैज्ञानिकों के अनुसार, शिशु के जीवन के पहले महीने में हृदय की धड़कन एक मिनट में 140 बार तक होती है और शैशवावस्था के 6 वर्षों में धड़कन की गति क्रमशः प्रति मिनट 100 तक पहुँच जाती है। शैशवावस्था में यौन सम्बन्धी अंगों का विकास बहुत ही धीमी गति से होता है।

शारीरिक विकास पर प्रभाव डालने वाले तत्व—शैशवावस्था में शारीरिक विकास पर निम्नलिखित तत्वों का प्रभाव पड़ता है—

(1) नींद—शैशवावस्था में नींद की अधिक जरूरत होती है इसलिए इस समय शिशु को जितना चाहे सोने देना चाहिए, क्योंकि अधिक नींद मिलने से शिशु के शरीर का विकास अधिक अच्छा होता है। सामान्य रूप से इस उम्र में शिशु तभी जागता है जबकि उसको भूख लगती है और पेट भरते ही सो जाता है।

(2) आहार—इस अवस्था में बच्चों का तेजी से विकास होता है इसलिए उनके खाने-पीने पर विशेष ध्यान रखना चाहिए। शैशवावस्था में बालक का भोजन

सन्तुलित तथा उपयुक्त समय पर होना जरूरी है। इस सम्बन्ध में लेअर्ड तथा उसके साथियों ने एक प्रयोग किया। उन्होंने कुछ शिशुओं को दूध पर रखा, दूसरों को दूध व पौष्टिक खाना तथा अन्य को सामान्य भोजन पर रखा। कुछ सप्ताह बाद यह देखा गया कि दूध पीने वाले शिशुओं में सबसे अधिक विकास हुआ है। शैशवावस्था में सबसे ज्यादा उत्तम भोजन दूध है क्योंकि इस अवस्था में शरीर की हड्डियाँ तीव्र गति से बढ़ती हैं व दूध उसके लिए बड़ा आवश्यक है। विशेषतया जब तक शिशु के दूध के दाँत रहते हैं तब तक सबसे पौष्टिक भोजन दूध ही है।

माँ का दूध बदन के विकास के साथ-साथ बौद्धिक विकास में भी सहायता करता है। माँ के दूध का महत्त्व पर विशेष जोर दिया जाता है क्योंकि शिशु के लिए माँ के दूध का महत्त्व केवल एक पौष्टिक भोजन के रूप में न होकर उससे कहीं अधिक है।

(3) वस्त्र—बच्चों के कपड़े पूर्ण रूप से स्वच्छ, आरामदायक एवं ढीले-ढाले होने चाहिएँ। अतः उनके वस्त्र सर्दी-गर्मी को सहन कर पाने वाले ही होने चाहिएँ। यह प्रक्रिया इनकी बढ़ती अवस्था के साथ भी होनी चाहिए

(4) सफाई—शैशवावस्था में हड्डियाँ बहुत कोमल होती हैं, इसलिए शरीर की सफाई आदि में बड़ी सावधानी से काम लेना चाहिए। सरसों के तेल या डॉक्टर के द्वारा बतलाए गए किसी अच्छे तेल की मालिश शिशु के लिए बड़ी लाभदायक सिद्ध होती है परन्तु यह मालिश बहुत हल्के हाथ से की जानी चाहिए। जाड़ों में शिशु को धूप में लिटाकर, उसे तेल की मालिश करने से उसकी हड्डियाँ कड़ी होती हैं और शरीर सुडौल बनता है। सूरज की धूप से शिशु को विटामिन 'डी' मिलता है जो ठीक समय पर दाँत निकलने में बड़ा सहायक होता है। यदि शिशु को सफाई में नहीं रखा गया तो वह अनेक बीमारियों से ग्रसित हो सकता है जो उसके जीवन को हानि पहुँचा सकता है। शिशु को स्वच्छ रखने के लिए उसे रोज स्नान कराना अति आवश्यक होता है। अतः उसे जिस बिस्तर पर सुलाया जाता है वह पूर्ण रूप से साफ-सुथरा होना चाहिए।

(5) लाड़-प्यार—लाड़-प्यार का शिशु के जीवन में बहुत महत्त्व होता है परन्तु इतना लाड़-प्यार कभी भी नहीं होना चाहिए कि शिशु बिगड़ जाए। शिशु को हर समय गोद में रखना उसके लिए शारीरिक विकास की दृष्टि से अच्छा नहीं होता। यथासम्भव उसको चारपाई पर लिटाना चाहिए व रोने पर खिलौने इत्यादि देकर बहला देना चाहिए।

शैशवावस्था के दौरान बालक के शारीरिक विकास पर उपरोक्त तत्वों का विशेष

प्रभाव पड़ता है। संक्षेप में यह कहा जा सकता है कि शैशवावस्था में शिशु एक नन्हें पौधे की तरह होता है। अतः बालक का शारीरिक विकास उसके अभिभावकों की बुद्धिमानी और समझदारी पर निर्भर करता है। जिस तरह जल, हवा, धूप व अच्छी देखभाल होने पर पौधा खुद विकसित होता है। उसी प्रकार भोजन, वस्त्र, नींद, आराम इत्यादि पर्याप्त मात्रा में मिलने पर बालक स्वयं विकसित होता है।

मानसिक विकास की प्रक्रिया

शैशवावस्था से ही शिशु के शारीरिक और मानसिक विकास में सम्बन्ध दिखलाई पड़ता है। इस तरह जहाँ दो वर्ष का शिशु एक वर्ष के शिशु से शारीरिक दृष्टि से अधिक विकसित होगा वहाँ वह मानसिक दृष्टि से भी अधिक विकसित दिखलाई देगा। परन्तु यह जरूरी नहीं है कि एक 5 वर्ष का शिशु दूसरे 4 वर्ष के शिशु से मानसिक रूप से निश्चित ही अधिक विकसित हो क्योंकि मानसिक विकास की गति में भी व्यक्तिगत विभिन्नताएँ पाई जाती हैं। फिर भी, सामान्य रूप से अधिकतर शिशुओं का मानसिक विकास औसत के अनुरूप ही होता है। शिक्षा मनोविज्ञान इसी औसत को ज्ञात करता है। शिशु के मस्तिष्क के कोष क्रमशः विकसित होते हैं। इसी तरह से उसके मस्तिष्क के विभिन्न भाग क्रमशः सरल से जटिल होते जाते हैं। अतः उसका मानसिक विकास क्रमशः दिखलाई पड़ता है।

लक्षण—शैशवावस्था में शिशु बुद्धियुक्त व्यवहार के बहुत कम उदाहरण उपस्थित करता है। उसका प्रमुख कार्य अपनी भूख, नींद तथा अन्य शारीरिक आवश्यकताओं को सन्तुष्ट करना होता है। इस तरह वह अधिकतर अपने से ही मतलब रखता है। परन्तु प्रयोगों से यह ज्ञात हुआ है कि शिशु प्रकाश व त्वचा सम्बन्धी उत्तेजनाओं के प्रति अनुक्रिया कर सकता है। यद्यपि ये अनुक्रियाएँ अधिकतर अव्यवस्थित होती हैं। शैशवावस्था के पहले तीन वर्षों में शिशु में ये मानसिक गुण दिखलाई देने प्रारम्भ हो जाते हैं जो उसके बाद के जीवन में सहायक होते हैं। स्थूल रूप से पहले 6 वर्षों में शिशु के मानसिक विकास में निम्नलिखित लक्षण देखे जा सकते हैं—

(1) मूल प्रवृत्ति-युक्त व्यवहार—पूर्व-बाल्यकाल अथवा विद्यालय से पहले अवस्था में अधिकतर व्यवहार मूल प्रवृत्यात्मक होता है। शिशु में बौद्धिक विकास हो जाने पर भी इस आयु में वह अपनी मूल प्रवृत्तिजन्य आकांक्षाओं को तुरन्त सन्तुष्ट करना चाहता है। भूख लगने पर भोजन मिलने में थोड़ी भी देर हो जाने पर वह रोने लगता है। छोटी-छोटी बातों में वह जमीन पर लेट जाता है और हठ करने लगता है। उसे जो काम अच्छा लगता है उसे वह करता है तथा जिस काम से कष्ट होता है

उसे नहीं करता। स्पष्ट है कि इस आयु में शिशु को नैतिक मूल्यों का ज्ञान नहीं होता है। मूल प्रवृत्तियों व सामान्य प्रवृत्तियों में से निम्नलिखित शिशु में विशेष तौर पर प्रकट होते हैं–

(अ) अनुकरण–शिशु दूसरों को देखकर उनके अन्दर की भावनाओं को देख सकता है तथा उसके व्यवहार को अपना सकता है। वह घर में माता-पिता के परस्पर व बालकों के प्रति व्यवहार से प्रभावित होता है। वह भाई-बहनों के आपस के व्यवहार का अनुकरण करता है। अतः घर में माता-पिता, भाई-बहन और अन्य बड़ों में जो भी आदतें होती हैं, वे अच्छी या बुरी कैसी भी हों, शिशु में आ जाती हैं। शिशु अन्य लोगों को शोर मचाते देखकर शोर मचाता है तथा यदि अन्य सब चुप बैठे हों तो अधिकतर वह भी चुप बैठता है। इसी तरह उसमें झूठ, चोरी आदि की आदतें पड़ जाती हैं।

(ब) माता-पिता द्वारा किया जाने वाला व्यवहार–बच्चे में माता-पिता से दूर न रहने की प्रक्रिया अत्यधिक रूप में पाई जाती है और वह अपने माता-पिता से सहानुभूति एवं प्रेम को पाने की इच्छा रखते हैं। नए शिशु के जन्म लेने पर शिशु उसके प्रति आकर्षित होता है परन्तु यदि उसके माता-पिता नए शिशु के कारण उसकी उपेक्षा करने लगते हैं तो उसका आकर्षण घृणा, ईर्ष्या, द्वेष तथा प्रतिद्वन्द्विता में परिवर्तित हो जाता है जो कभी-कभी बड़ा भयँकर रूप धारण कर लेता है। शिशु माता-पिता से प्रेम व सहानुभूति का व्यवहार चाहता है और वह न मिलने पर उसके मानसिक विकास में बाधा पड़ती है। उसे किसी की भी डाँट-डपट बुरी लगती है और वह कठोर अनुशासन से घृणा करता है तथा उसके प्रति विद्रोह करना चाहता है। इस आयु में विशेषतया पिता का व्यवहार पुत्र के प्रति और माता का व्यवहार पुत्री के प्रति अच्छा रहना चाहिए क्योंकि, फ्रायड के अनुसार, इसके अभाव में शिशु में उनके प्रति घृणा बढ़ती है।

(2) जिज्ञासा–इस आयु में शिशु में बड़ी तेजी से जिज्ञासा होती है। वह हर वस्तु, पशु और मनुष्य के बारे में क्या, कैसे और क्यों जैसे सवाल करता है और उत्तर की परवाह किए बिना सवालों की झड़ी लगा देता है। उसे कहानी सुनने और तस्वीरें देखने का बड़ा शौक होता है। बाहर घूमने-फिरने से वह बड़ा खुश होता है क्योंकि उसे नई-नई वस्तुएँ देखने को मिलती हैं। जिज्ञासा की इस प्रवृत्ति से लाभ उठाकर चतुर माता-पिता, अभिभावक और शिक्षक शिशु को बहुत-सी वस्तुओं के बारे में शिक्षा प्रदान करने के सक्षम होते हैं।

(3) आवश्यकता पूर्ति की प्रबल इच्छा–शिशु में भूख, प्यास, निद्रा, उचित

तापमान इत्यादि शारीरिक जरूरतों की चेतना होती है। क्रमशः ये आवश्यकताएँ अधिकाधिक निश्चित होती रहती हैं और उनको सन्तुष्ट करने की विधियाँ भी निश्चित हो जाती हैं। इस प्रक्रिया में शिशु चुनाव करता दिखाई पड़ता है। सामान्य रूप से वह कष्टदायक परिस्थितियों से बचना चाहता है। साथ ही उसका व्यवहार एक मनुष्य के रूप में पहचाने जाने की भावना से प्रेरित होता है। वह दूसरों का ध्यान आकर्षित करना चाहता है और उनसे शाबाशी की कल्पना करने लगता है। साधारणतया एक वर्ष की आयु पूरी होते ही शिशु चलना और बात करना प्रारम्भ कर देता है। अगले दो वर्षों में उसकी चलने, बात करने और विभिन्न इन्द्रियों में पर्यावरण की चीजों को खोजने की योग्यता में तेजी वृद्धि होने लगती है इस उम्र में बच्चा जानवर और दूसरी वस्तुओं को परखना सीख जाता है।

(4) प्रतिनिधित्त्व की भावना—इस भावना के अंतर्गत बच्चों में जिद्दीपन को दर्शाया जाता है, अतः वह अपनी मनमानी सब पर थोपने लगता है। सामने वाले से वही करने की अपेक्षा करता है जिसे वह पाकर प्रसन्न होता है। शिक्षा मनोवैज्ञानिकों के अनुसार, इस आयु में माँ-बाप को कुछ-न-कुछ समय निकालकर शिशुओं के साथ समय व्यतीत करना चाहिए क्योंकि इससे शिशु को सबसे अच्छी शिक्षा मिलती है। शिशु को किण्डरगार्टन तथा मॉण्टेसरी विद्यालयों में भेजकर भी यह कार्य किया जा सकता है परन्तु ये स्कूल अच्छे होने चाहिएँ नहीं तो इनसे कोई लाभ नहीं होगा। पूर्व-बाल्यकाल में शिशु में अच्छी व बुरी आदतों तथा चरित्र की नींव पड़ती है इसलिए इस उम्र में उसकी अच्छी-खासी देखभाल होनी चाहिए।

(5) यौन प्रवृत्तियों का विकास—सामान्य रूप से शैशवावस्था में यौन अंगों के विकास की गति धीमी होती है, फिर भी मनोवैज्ञानिकों, विशेषतया **फ्रायड के** अनुसार, शैशवावस्था आत्म-प्रेम (Self-Love) की अवस्था है अर्थात् इस अवस्था में बालक अपने शरीर में अंगों को छूकर ही सुख प्राप्त करता है। इस मत के अनुसार, अँगूठा चूसना शिशु की यौन प्रवृत्ति का परिचायक है। शिशु अपने माता-पिता या इसके सबसे करीब रहने वाले व्यक्ति से ही प्रेम करता है। इस अवस्था में शिशु किसी को न जानने की वजह से अनजान व्यक्ति को देखकर किसी भी हरकत को करके उससे दूर जाने की कोशिश करने लगता है। वह रोने की प्रक्रिया इन स्थितियों से अधिक अपनाता है। फ्रायड ने इसमें भिन्न लिंगीय (Heterosexual) प्रवृत्ति को स्वीकारा है। उसके अनुसार, शिशुओं में मातृभाव ग्रन्थि (Oedipus Complex) देखी जा सकती है जिसके कारण लड़का अपनी माता से प्रेम करता है और कभी-कभी

अपने पिता को इस प्रेम में बाधक पाकर उसके प्रति विद्रोह की भावना भी विकसित कर लेता है। दूसरी ओर, बालिका में पितृभाव ग्रन्थि (Electra Complex) पाई जाती है या वह अपने पिता से प्रेम करती है और कभी-कभी माता को इसमें बाधक पाती है। यद्यपि सामान्य रूप से फ्रायड की इन धारणाओं में थोड़ी बहुत सत्यता अवश्य है परन्तु इन विशेषताओं को स्पष्ट रूप से सभी शिशुओं में नहीं देखा जा सकता है।

(6) प्रशंसा की चाहत—प्रसिद्ध मनोवैज्ञानिक एल्फ्रेड एडलर (Adler) के अनुसार, शिशु में सबसे ज्यादा मनोवृत्ति आत्म-गौरव (Self-Assertion) की प्रवृत्ति होती है। बालक दूसरों के सामने अपनी शारीरिक और मानसिक योग्यताओं को अभिव्यक्त करके प्रशंसा प्राप्त करना चाहता है।

(7) मस्तिष्क का विकास—शिशु में बुद्धि का विकास शैशवावस्था में होने लगता है। इस अवस्था में शिशुओं के अंदर समझ एवं चारों ओर की परिस्थिति में बढ़ोतरी होने लगती है। अतः उसकी वस्तुओं के विषय में जानकारी प्राप्त करने की कोशिश करता है। इस अवस्था में बच्चों के बौद्धिक स्तर में अंतर देखने को मिलता है।

(8) मानसिक योग्यताओं का विकास—इस आयु में बच्चों के अन्दर निर्णय एवं मानसिक ताकतों को देखा जा सकता है। शारीरिक विकास के साथ-साथ उनकी विभिन्न इन्द्रियाँ पुष्ट होने लगती हैं और वह उनकी मदद से भिन्न-भिन्न प्रकार के प्रयत्न करते हैं। क्रमशः भावना सम्बन्धी योग्यताओं का भी विकास होता है। शिशु शनैः शनैः भाषा के प्रतीक (Symbols) सीख लेता है। शिशुओं की ये मानसिक योग्यताएँ उनके खेलों में देखी जा सकती हैं। शिशुओं में रचनात्मक और सौन्दर्यात्मक कल्पना का भी विकास होता है। शिशु रंगीन चित्रों में विशेष रुचि लेता है। वह तरह-तरह की चीजों को इकट्ठा करता है। 6 वर्ष की आयु तक पहुँचते-पहुँचते शिशु की मानसिक योग्यताएँ सर्वांगीण विकास की स्थिति में पहुँच जाती हैं।

(9) अहम् की भावना का विकास—शैशवावस्था में जब बच्चे थोड़े समझदार हो जाते हैं और उसका लड़कपन भी जाता रहता है, तब उनमें अहम् की भावना बहुत प्रबल होती है। इस आयु के बालक अपनी बात पर अड़ जाते हैं और अपनी माँग को पूरा करने की जिद करते हैं। इस अवस्था में बच्चे अधिक जिद्दी होते हैं। वास्तव में इस आयु में उसमें अहम् का क्रमशः विकास होता जाता है व बालक व्यक्तिवादी हो जाते हैं।

सोरेनसन ने शैशवावस्था में होने वाले मानसिक विकास के सम्बन्ध में कहा है—''जैसे-जैसे शिशु प्रतिदिन, प्रतिमास, प्रतिवर्ष बढ़ता जाता है, वैसे-वैसे उसकी मानसिक शक्तियों में बदलाव होता जाता है।''

सामाजिक विकास की प्रक्रिया

जैसे-जैसे शिशु की आयु बढ़ती है वैसे-वैसे उसका सामाजिक विकास भी होता है। नवजात शिशु कम सामाजिक क्रियाएँ करता है। चेतन अथवा अचेतन रूप में वह अधिकार अपनी शारीरिक जरूरतों से ही सम्बन्धित होता है। परन्तु तेजी से वह अपनी जरूरतों को पूरा करने वाले मनुष्यों के प्रति अनुक्रियाएँ दिखाने लगता है। उसकी आरम्भिक अनुक्रियाओं से सिर्फ यह मालूम होता है कि वह अपने पर्यावरण की वस्तुओं तथा व्यक्तियों को समझने लगा है।

एक वर्ष वह वयस्क व्यक्तियों के प्रति अनुक्रिया के स्पष्ट प्रतिमान बना लेता है और उनकी रुचि आदि से प्रभावित भी होता है। इसी प्रकार वह उम्र बढ़ने के साथ-साथ खेल की दुनिया के प्रतिमानों में भी फर्क आता है। दो महीने का होने पर वह लकड़ी का टुकड़ों को पकड़ सकता है। दो साल का शिशु स्वयं अकेले अपने खिलौनों से खेलता है व दूसरे बालक के खिलौनों की छीनने को और सब खिलौने पर अधिकार रखने की चेष्टा करता है। क्रमशः उसमें 'मैं' और 'मेरा' की भावना बढ़ती जाती है। तीसरे वर्ष में वह अपनी वस्तुओं को बाँटना व दूसरों की लेना सीखता है। स्कूल-पूर्व उम्र में शिशु के अधिकतर खेल आत्म-केन्द्रित (Egocentric) होते हैं। स्कूल में जाने पर क्रमशः शिशु का सामाजीकरण होता है। स्कूल में शिशु पर दूसरों के विशेषतया बड़ों के उसके प्रति व्यवहार का बड़ा प्रभाव पड़ता है। 4-5 वर्ष की उम्र में वह बालक-बालिकाओं के साथ खेलते हैं, जैसे-जैसे शिशु को अनेक शिशु के साथ खेलने का अवसर प्राप्त होता है, वैसे-वैसे उसका सामाजिक विकास होने लगता है।

मर्फी के शब्दों में—"शैशवावस्था में स्कूल जाने के पश्चात् बालक अपनी ही एक छोटी दुनिया का सदस्य बन जाता है।"

सामाजिक विकास के सन्दर्भ में शिक्षा का स्वरूप—किन्डरगार्टन और माण्टेसरी स्कूलों में शिशुओं को अन्य शिशुओं के साथ खेलने का अवसर मिलता है। जिससे उनके सामाजिक विकास में सहायता मिलती है।

विद्यालय एवं झुंड में रहने से बच्चों के अन्दर शनैः-शनैः सही और गलत की

सोच पनपने लगती है। अतः शिक्षकों तथा अभिभावकों को शिशुओं के व्यवहार एवं क्रियाओं को सही दिशा-निर्देशन देते हुए उनमें स्वस्थ्य दृष्टिकोण व समुचित सामाजिक विकास के लिए विशिष्ट कोशिश करनी चाहिए।

संवेगात्मक विकास की प्रक्रिया

शैशवावस्था में शिशु जन्म से कुछ उद्वेग को लेकर पैदा होता है। जन्म के समय से उसमें कितने उद्वेग होते हैं। इस सम्बन्ध में सभी मनोवैज्ञानिकों के विभिन्न मत हैं। **वाटसन** ने नवजात शिशु में प्रमुख रूप से तीन मूल संवेग माने हैं, वह हैं– भय, क्रोध, और प्रेम। जबकि **ब्रिजेज** व **वाटसन** ने आलोचना की है। उनके अनुसार–"शिशु के जन्म के समय केवल उत्तेजना होती है और 2 वर्ष की उम्र तक उसमें लगभग सभी संवेगों का विकास हो जाता है।" लेकिन उसके बाद भी अधिकतर मनोवैज्ञानिकों का मानना है कि इन तीन मूल संवेगों के मिश्रण से ही अन्य सभी संवेगों का जन्म होता है और उम्र बढ़ने के साथ-साथ इन संवेगों की अनुभूति और अभिव्यक्ति में भी बदलाव होता रहता है। शिशु को भूख लगने की प्रक्रिया में रोने एवं चिल्लाने की प्रक्रिया संवेगात्मक तत्त्व में ही देखने को मिलती है। अतः वह किसी वस्तु को पाने की होड़ में अपने हाथ-पाँव फटकने लगता है।

इस तरह शैशवावस्था में जन्म से ही संवेग का प्रमाण मिलता है परन्तु इस उम्र में यह निश्चित करना मुश्किल है कि शिशु की किन क्रियाओं तथा व्यवहार प्रतिमान से उसमें कौन-सा संवेग समझना चाहिए। यद्यपि मनोवैज्ञानिक इस विषय में सहमत नहीं हैं कि शिशु के जन्म के समय कष्ट व चिन्ता आदि की अनुभूतियाँ कहाँ तक होती हैं परन्तु सामान्य रूप से सभी यह मानते हैं कि नवजात शिशुओं में संवेगात्मक व्यवहार पाया जाता है। सामान्य रूप से कोई भी संवेगात्मक प्रतिक्रिया होने से पूर्व शिशु में उत्तेजना का अर्थ समझने की योग्यता होनी चाहिए। शारीरिक विकास के साथ-साथ शिशु में जाठरिक प्रतिक्रियाओं और संवेगात्मक अनुभवों में सामान्य सम्बन्ध देखा जा सकता है। शिशु की किसी इच्छा की पूर्ति न होने पर संवेगात्मक उत्तेजना होती है। शैशवावस्था में शिशु अपनी संवेगात्मक प्रतिक्रियाओं को एक परिस्थिति से दूसरी परिस्थिति में हस्तान्तरित नहीं कर सकता। संवेगों की अभिव्यक्ति में शैशवावस्था में बराबर फर्क देखा व सुना जा सकता है।

शिशु में संवेगात्मक प्रक्रिया के अंदर समय के साथ-साथ बदलाव आते रहते हैं। अतः उसकी सोचने व समझने की शक्ति भी धीरे-धीरे बदलने लगती है। जन्म के बाद शुरू के कुछ महीनों में शिशु मनुष्य का चेहरा देखकर मुस्कराता है और बाद में हँसता भी है। **गैसेल** (Gessel) ने 4 सप्ताह की आयु में शिशुओं के अध्ययन

में भूख, क्रोध और कष्ट में रोने को अलग-अलग नोट किया। ये प्रतिक्रियायें भिन्न-भिन्न शिशुओं में अलग-अलग होते हुए भी इतनी स्पष्ट होती हैं कि माता अपने शिशु के रोने को सुनकर पहचान लेती है। यद्यपि वह दूसरे अभिव्यक्ति के बालक को सुनकर उसका अर्थ नहीं समझ सकती। इसी तरह, पहले वर्ष में डर, हर्ष व स्नेह की अभिव्यक्तियाँ देखी जा सकती हैं। 6 महीने की उम्र होते-होते बालक के चेहरे की प्रतिक्रियाओं को देखकर भय और क्रोध के संवेग में अन्तर किया जा सकता है।

लक्षण—संवेगात्मक विकास के निम्नलिखित लक्षण बतलाए जा सकते हैं—

1. शैशवावस्था में बच्चा प्रेम का उत्तर प्रेम से, क्रोध का क्रोध से ही देता है अर्थात् उसमें अनुकरण की भावना पाई जाती है।
2. प्रारम्भिक अवस्था में शिशु के संवेगों में अस्पष्टता होती है वह क्या कहना चाह रहा है समझना कठिन होता है।
3. 3 और 4 वर्ष की आयु तक शिशु में स्नेह का विकास हो जाता है और वह उसको अभिव्यक्त करने में भी समर्थ हो जाता है।
4. शैशवावस्था में बालक सहानुभूति तथा अपनेपन की भावना सिर्फ अपने माँ-बाप, बहन-भाई, अपने प्रियतम के प्रति ही रखता है। यह भावनाएँ उसमें शैशवावस्था के पश्चात् ही पूरी तरह विकसित होती है।
5. शिशु के संवेगात्मक विकास में क्रमशः बदलाव होता चला जाता है। प्रारम्भ में वह संवेगों को रोकर अभिव्यक्त करता है फिर आवाजों के साथ अपनी प्रतिक्रिया प्रकट करता है।
6. एक छोटा शिशु आरम्भ में किसी वस्तु या जानवर आदि से नहीं डरता, परन्तु जैसे-जैसे उसकी समझ विकसित होती जाती है। वह साँप, पशुओं, अँधेरे आदि से डरने लगता है।
7. शिशु के संवेगात्मक व्यवहार में अधिक अस्थिरता होती है उसका संवेग कुछ ही समय के लिए रहता है, जैसे—भूखा शिशु दूध मिलते ही तुरन्त चुप हो जाता है।
8. आरम्भिक अवस्था में शिशु के संवेगों का आरम्भ बहुत तेजी से होता है फिर शनैः-शनैः न्यूनतम हो जाता है।

इस प्रकार शिशु का संवेगात्मक व्यवहार शनैः-शनैः ही निश्चित तथा जाहिर होता चला जाता है। शैशवावस्था में बच्चों के व्यवहार के विकास की सामान्य दिशा अनिश्चित व अस्पष्ट से विशिष्ट की ओर जाती है।

शैक्षिक विकास

शैशवावस्था को 'सीखने का आदर्शकाल' माना गया है। इस कथन को ध्यान में रखकर शैशवावस्था में शिक्षा का आयोजन निम्नांकित तरह से किया जाना चाहिए–

1. शिशु की जिज्ञासा, सन्तुष्टि अति आवश्यक है। अतः उसके मन में उठती भावनाओं के सन्तुष्ट होने पर, बच्चों का उचित विकास हो सकेगा।
2. शिशु के व्यवहार का आधार उसकी मूल प्रवृत्तियाँ होती हैं। अतः उसका दमन न हो ऐसा प्रयास किया जाना चाहिए।
3. शिशु के विकास को सही प्रक्रिया देने के लिए उसके पालन-पोषण प्रेमपूर्वक किया जाना चाहिए।
4. शिशु की शिक्षा में कहानियों व चित्रावली पुस्तकों का विशेष स्थान होना चाहिए।
5. शिक्षण संबधी विषयों में प्यार एवं स्नेह की अहम् भूमिका होती है
6. शिशु को शिक्षा खिलौनों के माध्यम से दी जानी चाहिए जिससे वे मनोरंजन तो करेंगे ही साथ-ही-साथ खेल-खेल में ही शिक्षा ग्रहण कर सकेगा।
7. शैशवावस्था में बालकों को क्रिया द्वारा शिक्षा दी जानी चाहिए क्योंकि बालक कुछ प्रवृत्तियों के साथ जन्म लेता है जो उसे काम करने के लिए प्रेरित करती हैं।
8. शिशु के विकास में स्वस्थ्य वातावरण बहुत अधिक सहायता प्रदान करता है। अतः शिक्षा के लिए उसे उचित वातावरण प्रदान किया जाना चाहिए।
9. बालक को दूसरे बालकों के साथ खेलने तथा मिलने-जुलने का अवसर जरूर दिया जाना चाहिए जिससे उसमें समाज की भावना का विकास हो सके।
10. मातृभाषा ही शिशु-शिक्षा का माध्यम होना चाहिए।
11. शैशवावस्था में शिक्षा द्वारा बालकों में अच्छी आदतों का निर्माण किया जाना चाहिए, जैसे सत्य बोलना, बड़ों का आदर करना आदि।

3

बाल्यावस्था

बाल्यावस्था व्यक्तित्व विकास की दृष्टि से बहुत महत्वपूर्ण है। यह शैशवावस्था व किशोरावस्था की बीच की अवस्था है जिसका समय 6 वर्ष से 12 वर्ष तक है। इस अवस्था के दौरान बालक में तेजी से बदलाव आते हैं। उनको समझ पाना बहुत ही मुश्किल होता है। इस अवस्था में बच्चों की उपलब्धियाँ एवं जरूरतों में भी बदलाव आता है अतः उनकी रुचि भी समय के साथ बदलने लगती है। जैसे 6 उम्र की आयु में बच्चों का स्वभाव बहुत उग्र होता है, वह जिद्दी हो जाते हैं व सभी बातों का उत्तर 'नहीं' में देते हैं। 7 वर्ष की उम्र में वह उदासीन होते हैं तथा अकेले रहना पसन्द करते हैं। 8 वर्ष की उम्र में वे अपनी आयु के बालकों के साथ रहना पसन्द करते हैं व सामाजिक सम्बन्धों में उनकी रुचि जाग्रत हो जाती है। 9 से 12 वर्ष की उम्र में बहुत उत्साही हो जाते हैं और नियमित कार्यों के बजाय रोमांचकारी कार्यों में विशेष रुचि लेते हैं।

कोल एवं **ब्रूस** ने बाल्यावस्था को जीवन का अनोखा काल बताते हुए अपने विचार इस प्रकार प्रकट किए हैं—"वास्तव में माँ-बाप के लिए बाल-विकास की इस अवस्था को समझना कठिन है।

विशेषताएँ

बाल्यावस्था की प्रमुख विशेषताओं को निम्न प्रकार स्पष्ट किया गया है—

1. इस अवस्था में बच्चों की स्मरण शक्ति का विकास बहुत ही तेज गति से होता है। उनकी एकाग्रता व ध्यान में भी वृद्धि होती है। बाल्यावस्था में बच्चों के अन्तर्गत अनुकरण व संचय की प्रवृत्ति भी जागृत हो जाती है।

2. बाल्यावस्था में बच्चों में शारीरिक बदलाव तो तेजी से होते हैं परन्तु उनकी गति में कोई बदलाव नहीं आता।
3. इस अवस्था में बच्चे को समझने एवं सोचने की शक्ति प्राप्त हो जाती है। वह अच्छे एवं बुरे की पहचान करने लगता है। अतः वह अपने व्यवहार से बुराइयों को दूर कर अच्छाइयों को अपनाने की कोशिश करने लगता है।
4. बाल्यावस्था में बच्चों में समूह भावना का विकास होता है। वे किसी-न-किसी समूह के सदस्य बन जाते हैं और उनकी उस समूह के प्रति उनमें त्याग, सहयोग, प्रेम की भावना देखने को मिलती है।
5. बाल्यावस्था में बच्चों की भाषा में विशेष सुधार होता है और आसामान्य सुगठित भाषा में अपने विचार करने में समर्थ हो जाते हैं।
6. इस अवस्था में बच्चे जिन वस्तुओं के सम्पर्क में आते हैं, उनके विषय में पूर्ण जानकारी प्राप्त कर अपनी जिज्ञासा को शान्त करने की पूर्ण कोशिश करते हैं।

उपर्युक्त विशेषताओं के अलावा कुछ अन्य विशेषताएँ भी हैं जैसे—बहिर्मुखी व्यक्तित्व का विकास, संवेगों का दमन एवं प्रदर्शन, वास्तविक जगत के साथ समायोजन, रचनात्मक कार्यों में आनन्द, संग्रह करने की प्रवृत्ति, रुचियों में परिवर्तन इत्यादि। इन सभी विशेषताओं के आधार पर देखा जाता है कि बाल्यावस्था में 6 से 12 वर्ष की अवस्था बहुत महत्त्वपूर्ण होती है क्योंकि इसमें ही बच्चों की रुचि, योग्यता, समायोजन आदि व्यक्तित्व के निर्धारक तत्त्व निर्धारित हो जाते हैं एवं उन्हीं गुणों के आधार पर बच्चों का सम्पूर्ण जीवन प्रभावित होता रहता है।

विकास की प्रक्रिया

बाल्यावस्था के दौरान बालक के विकास की प्रक्रिया बहुत ही महत्वपूर्ण हो जाती है। इस दौरान उसके शारीरिक, मानसिक, सामाजिक व संवेगात्मक विकास से जुड़ी प्रमुख बातों को निम्न प्रकार स्पष्ट किया गया है—

शारीरिक विकास की प्रक्रिया

बालक के शारीरिक विकास को दो अवस्थाओं में रखा जाता है—संचयकाल व परिपक्वता काल। इन्हें निम्न प्रकार स्पष्ट किया गया है—

(1) संचय-काल—बाल्यावस्था के इस काल में अस्थिरता एवं चंचलता देखने को मिलती है। बच्चों में इस काल के अंतर्गत शारीरिक विकास में कोई बदलाव नहीं होता। इस अवस्था में उसे अपनी पर्याप्त वस्तु में रुचि एवं उत्सुकता बढ़ती है। शिक्षा

को समझने व उसके महत्त्व को परखने की शक्ति उसे इसी काल में प्राप्त होती है। इससे बच्चे को शिक्षा प्रदान करने के लिए उसकी मूल प्रवृत्तियों को उपयोग में लाना चाहिए। इस आयु में बच्चे में शारीरिक विकास हेतु खेलों का महत्त्व बढ़ने लगता है। उनको विभिन्न ऐसे खेल दिए जाने चाहिएँ जिनसे उनके शारीरिक विकास के अलावा उनका मानसिक विकास भी होता चले। वास्तव में, शारीरिक विकास का तात्पर्य किसी बालक के लम्बे-चौड़े अथवा मोटे होने से नहीं बल्कि उसकी कार्य करने की शक्ति, उत्साह, स्फूर्ति, मेहनत इत्यादि गुणों से होता है। इसके रहने पर ही किसी बालक को स्वस्थ माना जा सकता है। स्कूलों में इस अवस्था में थोड़ी-बहुत ड्रिल व शारीरिक शिक्षा भी उपयोगी सिद्ध हो सकती है। इस आयु में बच्चों में अच्छी एवं बेहतर आदतें तथा उच्च चरित्र की बुनियाद डाली जा सकती है, जो आगे चलकर उसके लिये अच्छा रहे। इसके लिए उसको नियमित दिनचर्या का अभ्यास कराना चाहिए। शैशवावस्था के समान ही इस अवस्था में भी बालक के खानपान, वस्त्र, नींद, आराम और साधारण स्वास्थ्य की देखभाल की जानी चाहिए।

(2) परिपक्वता काल—बाल्यावस्था में जब बालक परिपक्व हो जाते हैं तब उनमें सामाजिक भावना का विकास तेज गति से होता है। उसे समूह में रहना, नए दोस्त बनाना अच्छा लगता है। अतः बच्चों को जरूर छूट देकर उनकी सामाजिक भावना को विकसित करना चाहिए।

बाल्यावस्था में बालक के लगभग सभी अंगों का विकास हो जाता है। अतः वह अपनी शारीरिक गति पर काबू करना सीख जाता है व अपने सभी काम खुद करने लगता है।

संज्ञान विकास की प्रक्रिया

संज्ञान विकास से आशय बालक के मानसिक विकास से है। बालक जब शैशवावस्था को पार कर लेता है, उसके बाद उसकी मानसिक योग्यता का लगभग पूर्ण विकास हो जाता है। उसमें रुचि, जिज्ञासा, निर्णय, चिन्तन तथा समस्या-समाधान के गुणों का पर्याप्त विकास हो जाता है।

लक्षण—बाल्यावस्था के मानसिक लक्षणों में निम्नलिखित बातों का समावेश होता है।

1. बाल्यावस्था में बालक की जिज्ञासा शैशवावस्था से भी बढ़ जाती है। अब वह सिर्फ प्रश्न के लिए सवाल न करके अपने चारों ओर की चीजों, पशुओं तथा मनुष्य के विषय में अत्यधिक जानकारी प्राप्त करना चाहता है। अतः वह 'क्यों', 'कहाँ', 'कैसे' के सवाल पूछता रहता है। इस आयु में बच्चों को

सिखाने के लिए उसकी मानसिकता को महत्त्व दिया जाता है जिससे उसे बहुत कुछ सिखाया जा सके।

2. बाल्यावस्था का सबसे विशेष मानसिक लक्षण स्थायित्व है। दूसरे शब्दों में इस दशा को मिथ्या परिपक्वता की दशा कहा गया है क्योंकि इसमें बालक के प्रौढ़ होने का डर होता है। बाल्यावस्था में बालक अपने पर्यावरण से भली-भाँति परिचित हो जाता है तथा शैशवावस्था के समान चकित नहीं दिखाई पड़ता।
3. बच्चे में विधायकता की मूल प्रवृत्ति देखी जा सकती है। वह नए-नए दोस्त बनाना तथा मिट्टी व रेत के घर इत्यादि बनाना पसन्द करता है। इस आयु में उसे लकड़ी के ब्लॉकों के खेल दिए जा सकते हैं।
4. शैशवावस्था के समान बाल्यावस्था में भी बालक में दूसरों का अनुकरण करने की तेजी से प्रवृत्ति होती है। दूसरों को विभिन्न चीजें बनाते अथवा ठीक करते हुए देखकर वह भी उनकी तरह करना चाहता है। कभी-कभी तो दूसरों से छिपकर प्रयास भी करता रहता है।
5. शैशवावस्था में शिशु में जो समूह प्रवृत्ति दिखाई पड़ती है वह बाल्यावस्था में पहुँचकर परिपक्व हो जाती है। अब वह अधिकतर अन्य बालकों के साथ रहना पसन्द करता है। उसे अकेले अच्छा नहीं लगता। घर में नए लोगों के आने पर उसे अप्रसन्नता होती है। वह मेले या खेल-तमाशे का शौकीन होता है, वह मोहल्ले के बालकों के गिरोह का सदस्य बन जाता है और उनके साथ घूमता और खेलता-फिरता है। हर बच्चे का अपना अलग बर्ताव होता है।
6. इस उम्र में बच्चों में पूरी अधिकार की भावना दिखाई देती है। वह तरह-तरह की चीजों का संग्रह करना चाहता है। अतः इस उम्र में उसे टिकट, सिक्के, खिलौने और रुपए-पैसे आदि एकत्रित करना सिखाकर उसमें अच्छी आदतें डाली जा सकती हैं।
7. बहिर्मुखी प्रवृत्ति उस प्रवृत्ति को कहते हैं जब बच्चा स्वयं में इतनी रुचि नहीं लेता जितना की बाहर कि वस्तुओं में रुचि प्रकट करता है। उसकी रुचियाँ इतनी व्यावहारिक होती हैं और वह दुनिया में कुछ ऐसा कार्य करने की आशा करता है जिससे उसकी अलग पहचान बने।
8. शैशवावस्था में बच्चों के खेल अधिकतर कल्पनात्मक होते हैं। बाल्यावस्था में बच्चा वास्तविक जगत के खेलों में अधिक रुचि लेता है। उसमें जो कल्पना होती है वह भी वस्तु-जगत से सम्बन्ध रखती है। वह कुछ-न-कुछ प्रयोगात्मक

काम करना चाहता है। अतः खेल-खेल में उसे बहुत-सी बातें सिखाई जा सकती हैं और बच्चा खेल-खेल में बातों को जल्दी ग्रहण कर लेता है।

9. बाल्यावस्था में बालक की रुचि और चिन्तन का क्षेत्र काफी विस्तृत हो जाता है। उसे देश-विदेश के पशुओं, वस्तुओं, इमारतों तथा मनुष्यों के विषय में चित्र देखना तथा पढ़ना अच्छा लगता है। कान में कोई भी रहस्य की बात पड़ जाने पर वह उसको पूरी तरह जाने बिना रह नहीं सकता।

10. बच्चों को घर तथा स्कूल में अत्यधिक सख्त कानून एवं अनुशासन देखकर जीवन से घृणा होने लगती है। वे इन सबके खिलाफ दिल-ही-दिल में विद्रोह करने की भावना रखने लगते हैं और सख्त अनुशासन के खिलाफ दिल में विद्रोही की भावना रखते हैं। यदि वह बाह्य रूप से अनुशासित रहते भी हैं फिर भी अन्दर ही अन्दर उनमें विद्रोह उत्पन्न होता है, जिसके फल घातक भी हो सकते हैं जैसे घर छोड़कर भाग जाना या स्कूल में उपस्थित न रहना आदि।

सामाजिक विकास की प्रक्रिया

6 से 12 वर्ष की आयु में बच्चे अपने परिवर्तनशील सामाजिक जगत में ज्यादा-से-ज्यादा अनुकूलन करने लग जाते हैं। बाल्यावस्था में बच्चों में नई बातों की खोज करने की रुचि पैदा हो जाती है। वह अपनी टोले, पड़ोस, स्कूल और मनुष्यों के सम्बन्ध में नई बातों की खोज करता है और अपने मित्रों एवं साथियों को उन्हें बताने में गर्व तथा आनन्द का अनुभव करता है।

इस उम्र के अधिकतर बच्चे घर से बाहर रहते हैं, परन्तु इसके कारण माता-पिता एवं शिक्षा का महत्त्व कम नहीं होता है। जहाँ वह समूह में प्रचलित सामाजिक मूल्यों को प्राप्त करना चाहता है, वहाँ वह अभिभावकों और शिक्षकों को भी प्रशंसा का पात्र बनाना चाहता है। यद्यपि कभी-कभी यह भी हो सकता है कि समूह-भक्ति के पीछे वह माँ-बाप और अध्यापकों की कोई परवाह न करे क्योंकि उसे समूह में सम्मान की बड़ी चिन्ता होती है तथा समूह के बहिष्कार से डर लगता है। जिन बच्चों को माता-पिता का प्यार और प्रशंसा प्राप्त होती है, वे बच्चे अच्छे कामों को करने में समर्थ होते हैं। अतः जिन बच्चों को यह सब नसीब नही होता वे बच्चे अपराध की दुनियाँ में खो जाते हैं। इस तरह की क्रियाओं को करने वाले बालकों के व्यवहार में मूल रूप से उनके घर के पर्यावरण का असर मिलता है। जिन बच्चों

को माता-पिता का प्यार और प्रशंसा प्राप्त होती है वे बच्चे अच्छे कामों को करने में समर्थ होते हैं, अतः जिन बच्चों को यह सब नसीब नहीं होता वे बच्चे अपराध की दुनिया में खो जाते हैं। शिक्षक को बालकों के समूहों में इस प्रकार की प्रविधियों के विकास पर नजर रखने की जरूरत है। समूहों में नेतृत्व के गुणों का विकास होता है जिससे आगे बनकर बालक देश के नेता बन सकते हैं।

शिक्षा का स्वरूप– बाल्यावस्था में अधिकतर बच्चे स्कूल जाने लगते हैं। अतः इस उम्र में सामाजिक विकास पर कला और स्कूल के वातावरण व खेलों का विशेष रूप से प्रभाव पड़ता है। शिक्षक का यह कर्त्तव्य है कि वह कक्षा, स्कूल और खेल के मैदान में ऐसा वातावरण उपस्थित करे जिससे बच्चों का स्वस्थ सामाजिक विकास हो सके। बाल्यावस्था में बच्चों के सामाजिक विकास में खेलों की विशेष भूमिका है। इसमें अलग-अलग बच्चों की व्यक्तिगत विभिन्नताओं का भी ध्यान रखना चाहिए। सामान्य रूप से 6 वर्ष की आयु में बालक का सामाजिक व्यवहार निश्चित नहीं होता और उसकी सामाजिक चेतना, विद्यालय के नियमों के अनुसार अपने को ढालने की योग्यता, अनुभव, शारीरिक और मानसिक विकास आदि इस व्यवहार को प्रभावित करते हैं।

अतः बच्चों को अध्यापक अपनी शिक्षा द्वारा उनमें उचित सामाजिक व्यवस्थापन एवं समायोजन की क्षमता का विकास करना चाहते हैं।

संवेगात्मक विकास की प्रक्रिया

बाल्यावस्था में संवेगों की अभिव्यक्ति अधिक प्रमुख होती जाती है, लेकिन उसमें अब शैशवावस्था की सी प्रचण्डता नहीं रहती। साथ ही बालक ऐसी विभिन्न बातों के प्रति कोई संवेग नहीं दिखलाता जो बचपन में अधिक उत्तेजना पैदा करती हैं। जैसे कि वह नहाने या कपड़े पहनने में क्रोधित नहीं होता तथा अजनबियों को देखकर नहीं डरता। बाल्यावस्था में संवेगात्मक विकास पर परिवार से अधिक दोस्तों व साथियों का प्रभाव पड़ता है। ये साथी पड़ोस के भी हो सकते हैं और कक्षा के सहपाठी भी। इस उम्र में बालक विद्यालय जाने लगता है। अतः उसके संवेगात्मक विकास में अध्यापकों के व्यवहार और विद्यालय और कक्षा के वातावरण का भी प्रभाव पड़ता है। अच्छे उदाहरण उपस्थित करके और उपयुक्त वातावरण का निर्माण करके शिक्षक बालकों में वांछनीय संवेगों का विकास कर सकते हैं तथा अवांछनीय संवेगों को बढ़ने से रोक सकते हैं। इस प्रकार वे बालक में आदर्श चरित्र का निर्माण कर सकते हैं।

लक्षण—बाल्यावस्था के दौरान बालक में निम्नलिखित संवेगात्मक लक्षण दिखलाई पड़ते हैं—

1. बाल्यावस्था संवेगों की प्रमुख अवस्था है। इसमें बालक सभी प्रकार के संवेगों पर नियन्त्रण तथा उनके प्रदर्शन का तरीका सीख जाते हैं।
2. बाल्यावस्था में संवेग अधिक निश्चित होने पर भी कम शक्तिशाली रहते हैं, जैसे 6 वर्ष का बालक अपने क्रोध पर काबू करना सीख लेता है।
3. बच्चों के अन्दर सही-को-सही और गलत-को-गलत ही समझने की ताकत पैदा हो जाती है। अतः उसके संवेगों का प्रदर्शन भी समय, परिस्थितियों एवं स्थान के अनुकूल ही होता है।

शिक्षा का प्रतिरूप—बाल्यावस्था के दौरान संवेगात्मक विकास हेतु शिक्षा का प्रतिरूप निम्न प्रकार होना चाहिए—

1. विद्यालय में एवं परिवार में यथासम्भव स्वतन्त्रता का वातावरण होना चाहिए, जिससे बालक अपने संवेगों को उन्मुक्त रूप से अभिव्यक्त कर सकें।
2. बाल्यावस्था में बालक अनेक समूहों का सदस्य होता है। इन समूहों में साधारणतः जहाँ ईर्ष्या, द्वेष, इत्यादि की भावनाएँ पाई जाती हैं वहीं सहयोग, प्रेम, दया इत्यादि भावनाएँ भी पर्याप्त रूप में विद्यमान होती हैं। अतः समूह की विविधता भी बहुत महत्त्व रखती है।
3. बालक के संवेगात्मक विकास में शिक्षक का महत्त्वपूर्ण स्थान होता है। शिक्षक का अप्रिय व्यवहार एवं कठोर अनुशासन उसके संवेगात्मक विकास को अवरुद्ध कर देगा। अतः शिक्षक को प्रेम, सहानुभूति तथा सहयोगात्मक व्यवहार करना चाहिए।

इस प्रकार कहा जा सकता है कि परिवार, स्कूल एवं आसपास के स्वच्छ वातावरण में और शिक्षक, समाज एवं अभिभावक के व्यक्तियों द्वारा अच्छे आदर्शों एवं गुण प्राप्त कराने वाली निर्णयों की उपस्थिति होने पर बच्चों में वाछंनीय संवेगों का विकास होता है।

शैक्षिक विकास

बाल्यावस्था ही एक ऐसी अवस्था है जिसमें बच्चा अधिक-से-अधिक बातें सीखने की क्षमता रखता है। समय है जब बच्चों के आधारभूत दृष्टिकोणों, मूल्यों एवं आदर्शों का तब निर्माण होता है। अतः शैक्षिक दृष्टि से बाल्यावस्था बच्चों के निर्माण की अवस्था है। अतः शिक्षा का स्वरूप भी उसी के अनुरूप होना चाहिए।

यथा–

1. बाल्यावस्था में क्रिया उन्मुख शिक्षा को प्रधानता दी जानी चाहिए क्योंकि इस अवस्था में बच्चों के अन्दर अनेक शक्ति विद्यमान होती है। किंडरगार्टन, माण्टेसरी व बुनियादी शिक्षा पद्धतियाँ क्रिया प्रधान शिक्षा पद्धतियाँ हैं।
2. शिक्षा द्वारा सामाजिक तथा नैतिक गुणों का विकास किया जाना चाहिए क्योंकि विभिन्न अध्ययनों के आधार पर निष्कर्ष निकाला गया है कि बाल्यावस्था में बच्चे नैतिक मूल्यों का निर्माण तथा समाज के नैतिक नियमों में विश्वास करने लगते हैं।
3. पाठ्यक्रम बोझिल तथा विशाल न होकर जीवनोपयोगी होना चाहिए जिसमें सभी विषयों का समावेश हो जो बच्चों को सभी क्षेत्रों की जानकारी दे सकें।
4. बाल्यावस्था में पाठ्यक्रम के साथ-साथ पाठ्य सहगामी क्रियाओं की व्यवस्था अवश्य होनी चाहिए। जिससे बच्चे विभिन्न रचनात्मक कार्यों में भी भाग ले सकें।
5. बाल्यावस्था में दी जाने वाली शिक्षा सहानुभूति, ममता तथा प्रेम के माध्यम से दी जाए। कठोरता तथा नीरसता इस शिक्षा के रास्ते की सबसे बड़ी रुकावट है।
6. बाल्यावस्था में बच्चों में भाषा के प्रति रुचि जागृत हो जाती है। अतः शिक्षा भाषा प्रधान होनी चाहिए।
7. पाठ्य-पुस्तकें बच्चों के मानसिक स्तर के अनुकूल एवं रुचिकर होनी चाहिएँ।
8. बाल्यावस्था को संवेगात्मक विकास का अनोखा काल कहा गया है। यह विकास तभी सम्भव है जब बालक के संवेगों का दमन न किया जाए अपितु संवेगों के प्रदर्शन का पूर्ण अवसर दिया जाना चाहिए।

फ्रायड व उसके अनुयायियों ने बाल्यावस्था को बच्चे का निर्माणकारी काल मानकर इस अवस्था को अत्यधिक महत्त्व दिया है। **ब्लेयर, जोन्स** एवं **सिम्पसन** के अनुसार–"शैक्षिक दृष्टिकोण से जीवनचक्र में बाल्यावस्था से अधिक जरूरी और कोई अवस्था नहीं है। जो शिक्षक इस अवस्था के बच्चों को शिक्षा देते हैं उन्हें बालकों की आधारभूत जरूरतों का, उनकी समस्याओं का बोध होना चाहिए।"

4

किशोरावस्था

किशोरावस्था को बदलाव की अवस्था भी कहा जा सकता है क्योंकि इस दौरान बालक में व्यापक बदलाव देखने को मिलते हैं। किशोरावस्था का समय 12 वर्ष से 18 वर्ष तक माना गया है। इस अवस्था में बालक सोचने व समझने में काफी सक्षम हो जाता है। मनोवैज्ञानिकों ने इस अवस्था को बहुत ही महत्वपूर्ण माना है। मनोवैज्ञानिकों का मानना है कि इस अवस्था के अंतर्गत किशोरों की इच्छा, कल्पना, बौद्धिक विकास, इत्यादि प्रक्रियाओं में बदलाव आने लगता है। अवस्था की अवधि 12 से 18 वर्ष तक होती है। किशोरावस्था में प्रारम्भ के कुछ वर्षों में लम्बाई बढ़ती है व बाद में भार बढ़ता है।

वास्तव में यह एक ऐसी अवस्था है जिसमें बच्चा आगे के जीवन के लिए तैयार होता है। वैसे तो किशोरावस्था को जीवन का वसंत कहा गया है जहाँ एक ओर यह अवस्था काफी अच्छी है तो दूसरी ओर इसे काफी भयानक भी बताया गया है क्योंकि विकास की दिशा बिगड़ जाने पर समस्त जीवन प्रभावित हो सकता है। बालक सबसे अधिक अपराध की ओर किशोरावस्था में ही प्रवृत्त होते हैं। अतः यह एक ऐसी अवस्था है जिसमें बच्चों में जागृत नई स्फूर्ति तथा शक्ति को उचित दिशा प्रदान की जाए। किशोरावस्था के संदर्भ में **हॉल** व **शील्ड** के विचारों पर निम्न प्रकार प्रकाश डाला गया है—

स्टेनले हॉल का विचार—"किशोरावस्था बड़े संघर्ष, तनाव, तूफान तथा विरोध की अवस्था है।"

जर शील्ड का विचार—"किशोरावस्था वह समय है जिसमें विचारशील व्यक्ति बाल्यावस्था से परिपक्वत्ता की ओर संक्रमण करता है।"

विशेषताएँ

किशोरावस्था की प्रमुख विशेषताओं को निम्न प्रकार स्पष्ट किया गया है—

1. किशोरावस्था में दिमाग का विकास लगभग सभी दिशाओं में होता है। इस उम्र में शारीरिक विकास अपनी चरम सीमा पर होता है। अतः काम करने की शक्ति बढ़ जाती है। काम करने की शक्ति के बढ़ने के साथ-साथ ही किशोरों की जिज्ञासाएँ भी बढ़ जाती हैं। उन जिज्ञासाओं की पूर्ति करने में कल्पना शक्ति का विकास होता है और कल्पना शक्ति का विकास बौद्धिक विकास में पूरी तरह मददगार सिद्ध होता है। इस दृष्टि से यदि देखा जाए तो इस आयु में शारीरिक विकास के साथ-साथ मानसिक विकास भी अपनी चरम सीमा पर होता है। वे मानसिक गुण हैं—कल्पना व दिवास्वप्नों की बहुलता, बुद्धि का अधिकतम विकास, सोचनें समझने व तर्क करने की शक्ति में बढ़ोत्तरी आदि।
2. यह अवस्था बदलाव प्रधान है। इस समय में लड़के व लड़कियों के बीच अन्तर आ जाता है। किशोरावस्था में भार एवं लम्बाई में तेजी से बढ़ोतरी होती है, मांस पेशियों तथा शारीरिक ढाँचे में दृढ़ता आ जाती है। शारीरिक दृष्टि से कोई ऐसा कार्य नहीं, जिससे किशोर-किशोरियाँ कर न सकें अर्थात् शारीरिक दृष्टि से किशोर बालक एवं बालिकाएँ पूर्ण रूप से सक्षम हो जाते हैं।
3. किशोरावस्था में नैतिकता का विकास होता है जो उनके अंध विश्वास का खण्डन करता है। भगवान के सभी रहस्यों को जानना चाहते हैं जिसने इस सम्पूर्ण प्रकृति व उसके प्राणियों को बनाया है। इन्हें अच्छे-बुरे का ज्ञान हो जाता है। अतः उन्हें आसानी से बहकाया नहीं जा सकता है। किशोरावस्था में किशोरों की अपेक्षा किशोरियों में दयालुता, धार्मिक निष्ठा इत्यादि गुण ज्यादा पाए जाते हैं। वास्तव में नैतिक गुणों के विकास में पारिवारिक तथा सांस्कृतिक पृष्ठभूमि का बहुत अधिक प्रभाव पड़ता है।
4. सामाजिक दृष्टि से इस उम्र में किशोर-किशोरियाँ घरेलू वातावरण में रहना पसन्द नहीं करते हैं। वे स्वतन्त्रता पसन्द करते हैं और अपनी उम्र के अन्य लड़के-लड़कियों के साथ रहना अधिक पसन्द करते हैं। किशोरावस्था में भटकाव अधिक होता है। वह बाहर की तड़क-भड़क की दुनिया की ओर ज्यादा आकर्षित होते हैं तथा समाज के अनेक क्रिया-कलापों में भाग लेना उन्हें अच्छा लगता है। वे समाज में अपना एक स्थान बनाना चाहते हैं।
5. किशोरावस्था में किशोर-किशोरियों के विचारों, भावनाओं आदि में जो सबसे बड़ा बदलाव आता है वह है—काम वासना के विकास के परिणामस्वरूप पनपा

विचारों का द्वन्द्व। यह समस्या किशोर और किशोरियों के जीवन की कई परिस्थितियों में बाँधा डालते हैं। लड़कियों में अनेक अंगों के विकास के फलस्वरूप शर्मीलापन भी आ जाता है। उनके चिन्तन तथा कल्पना की दिशा में भी परिवर्तन आ जाता है। इसके अलावा क्रोध, भय, साहस, आत्मसम्मान आदि संवेगों की बहुलता हो जाती है।

उपर्युक्त प्रमुख विशेषताओं के अलावा किशोरावस्था की निम्नलिखित विशेषताएँ हैं–

व्यवहार में विभिन्नता, स्थिरता व समायोजन का अभाव, स्वतन्त्रता व विद्रोह की भावना, कामशक्ति की परिपक्वता, आपराधिक प्रवृत्ति का विकास, रुचियों में बदलाव व अस्थिरता जीवन दर्शन का निर्माण।

विकास की प्रक्रिया

किशोरावस्था के दौरान बालक में शारीरिक रूप से व्यापक परिवर्तन होता है। इस दौरान बालकों के शारीरिक, मानसिक, संवेगात्मक व सामाजिक विकास पर निम्न प्रकार प्रकाश डाला गया है–

शारीरिक विकास की प्रक्रिया

बाल्यावस्था के बाद किशोरावस्था आती है जिसकी समय अवधि 12 वर्ष से 18 वर्ष तक मानी गई है। किशोरावस्था में किशोर-किशोरियों के विकास की गति बहुत तेज होती है। किशोरावस्था में सामान्य रूप से लड़के लड़कियों की अपेक्षा लम्बे और भारी होते हैं, परन्तु किशोरावस्था में 12 से 14 वर्ष की आयु में लड़कियाँ लड़कों से अधिक लम्बी और भारी होती हैं। इसका प्रमुख कारण यह है कि लड़कियों का लड़कों से दो वर्ष पहले ही शारीरिक विकास हो जाता है। इस आयु में लड़के-लड़कियाँ साथ रहना पसन्द करते हैं। किशोरावस्था में बालक अपनी वयस्क ऊँचाई का 90 प्रतिशत तक प्राप्त कर लेते हैं अर्थात् 14 वर्ष की उम्र तक उनकी 90 प्रतिशत ऊँचाई आ लेती है और बाकी 10 प्रतिशत शनैः-शनैः अगले 6 वर्षों में बढ़ती है। परन्तु भार इस आयु के भार का सिर्फ दो-तिहाई हो पाता है। ऊँचाई के बढ़ने के बाद भी भार का तीव्रता से बढ़ना चलता रहता है। लड़कियों में भार एवं लम्बाई की गति पहले आ जाने के कारण व लड़कों की अपेक्षा लड़कियों की ऊँचाई कम दिखती है। इसलिए किशोर लड़की अपनी आयु के लड़के से अधिक विकसित दिखाई पड़ती है। मांसपेशियों का विकास किशोरावस्था के बाद ही विशेष रूप से होता है। इस आयु में शारीरिक शिक्षा का विशेष महत्त्व है। साथ-साथ यौन सम्बन्धी शिक्षा भी महत्त्वपूर्ण

है क्योंकि इस उम्र के बालकों में अपने-अपने यौन सम्बन्धी अंगों का विशेष विकास होता है। लड़की स्त्रियोचित विकसित होती है। उसके अंगों में, विशेषतया स्तनों व नितम्बों में गोलाई आ जाती है। आवाज भी अधिक मधुर हो जाती है। दूसरी ओर, लड़कों के चेहरे पर दाढ़ी-मूँछ आने लगती हैं, आवाज गहरी हो जाती है व शारीरिक ढाँचा भी दृढ़ हो जाता है। किशोरावस्था से एक या दो वर्ष बाद महिला में सन्तानोत्पत्ति की सामर्थ्य आ जाती है।

शारीरिक विकास पर प्रभाव डालने वाले प्रमुख तत्व—किशोरावस्था बालक के शारीरिक विकास की महत्त्वपूर्ण अवस्था है। इस दौरान उसके शारीरिक विकास पर निम्नलिखित तत्वों का प्रभाव पड़ता है।

(1) भोजन—संतुलित भोजन और व्यायाम ही बच्चों के जीवन में शारीरिक विकास को सहायता प्रदान करता है। इनमें से किसी की भी अति अच्छी गति और किसी का भी सब लोगों के लिए एक सा सामान्य स्तर निर्धारित नहीं किया जा सकता। किसी व्यक्ति को कितने भोजन, आराम, नींद और व्यायाम की आवश्यकता है, यह वह स्वयं अनुभव करके जान सकता है।

(2) व्यायाम और खेल—शारीरिक विकास की दृष्टि से किशोरावस्था में व्यायाम और खेल पर अधिक ध्यान दिया जाना चाहिए। शरीर को संतुलित एवं ऊँचाई की प्रगति को बनाए रखने के लिए व्यायाम और खेल को अपने जीवन में सम्मिलित करने के लिए किशोरों में उत्साह एवं उल्लास ज्यादा पाया जाता है। किशोरावस्था में यथासम्भव क्रियाशील रहना शारीरिक दृष्टि से लाभदायक है, परन्तु यह क्रिया इतनी नहीं बढ़नी चाहिए कि मनुष्य अधिक थक जाए क्योंकि थकान का शारीरिक विकास पर बहुत बुरा प्रभाव पड़ता है। थकान दूर करने में आराम के साथ-साथ पौष्टिक आहार का भी बड़ा महत्त्व है। व्यायाम सन्तुलित होना चाहिए। स्कूलों में शारीरिक शिक्षा, खेलों के प्रशिक्षण और व्यायाम पर विशेष ध्यान देना चाहिए।

(3) वातावरण—**क्रो** एवं **क्रो** के विचारानुसार—''बालक के स्वाभाविक विकास में वातावरण के तत्त्व सहायक या बाधक होते हैं।'' वातावरण के प्रमुख तत्त्व हैं—शुद्ध वायु, पर्याप्त धूप और स्वच्छता। पर्याप्त धूप और वायु का सेवन जहाँ बालकों के शारीरिक विकास में सहायक होता है, वहाँ स्वच्छता भी सुन्दर, स्वास्थ्य का मुख्य आधार है। यदि बालक का शरीर, पहनने के वस्त्र, रहने का स्थान, खाने का भोजन आदि स्वच्छ होते हैं तो उसका शारीरिक विकास द्रुत गति से होता चला जाता है।

मनुष्य के व्यवहार संबंधी दृष्टिकोण का आधार शारीरिक विकास ही है। इसकी

सभी प्रकार की अवस्थाओं में शारीरिक विकास जैसे विषयों का अध्ययन करना जरूरी है, जिससे वे उचित दिशा निर्धारित करने में समर्थ होते हैं। विद्यार्थियों के शारीरिक विकास का भी अध्ययन करते रहने के सत्य-सत्य उसका मापन करना भी जरूरी है। इस विषय पर अभिभावकों एवं अध्यापकों को एकजुट होकर सभी समस्याओं का निवारण करना चाहिए।

(4) यौन-शिक्षा की आवश्यकता—इस आयु में यौन शिक्षा देने से लड़के-लड़कियाँ यौन सम्बन्धी शारीरिक विकास के बारे में उचित मनोवृत्ति बना सकते हैं। शर्म और लज्जा के कारण कोई भी बात छिपाना उनके लिए हानिकारक हो सकता है।

(5) वंशानुक्रम का प्रभाव—माता-पिता के स्वास्थ्य और शारीरिक रचना का असर उनके बच्चों पर पड़ता है। निर्बल माता-पिता की सन्तानें भी निर्बल हो सकती हैं। अतः बच्चों के शारीरिक विकास पर विशेष ध्यान दिए जाने की आवश्यकता होती है।

संज्ञान विकास की प्रक्रिया

सामान्य रूप से किशोरावस्था की अवधि 12 वर्ष से 18 वर्ष तक मानी जाती है। **वुडवर्थ** ने मानसिक विकास के सम्बन्ध में अपने विचार इस प्रकार व्यक्त किए हैं—"15 से 20 वर्ष की आयु में मानसिक विकास अपनी चरम सीमा पर पहुँच जाता है।" इस अवस्था में किशोरों का मन चंचलता एवं अस्थिरता को प्रकट करने वाला प्रतीत होता है वे अपने आप में ही खोऐ हुए से लगने लगते हैं। इसमें आशा-निराशा, उत्साह-निरुत्साह के विरुद्ध भावनाओं का आना-जाना लगा रहता है।

वास्तव में देखा जाए तो वह बालक न रहकर वयस्क बन जाता है। परन्तु समाज के अन्य लोग उसे बालक ही समझते हैं। लेकिन जैसे-जैसे वह परिपक्वता को प्राप्त करता जाता है उसके व्यवहार में स्थिरता आती-जाती है तथा वह हर एक स्थान पर अपना स्वयं का एक स्थान बना लेता है।

लक्षण—किशोरावस्था के दौरान बालक में संज्ञान विकास संबंधी निम्नलिखित लक्षण दिखलाई देते हैं—

1. बौद्धिक योग्यताओं का विकास—किशोरावस्था में मनुष्य का स्नायु मण्डल अधिक पुष्ट हो जाता है और इसीलिए उसकी मानसिक योग्यताएँ भी कुछ ज्यादा निश्चित दिखाई पड़ती हैं। उसमें सोचने, समझने, अन्तर करने, समस्या को सुलझाने तथा विचार करने इत्यादि की योग्यताएँ देखी जा सकती हैं।

2. मस्तिष्क का तीव्र विकास—किशोरावस्था में मस्तिष्क का तीव्रता से

विकास होता है। स्नायु मण्डल के कोष तेजी से बढ़ते हैं और नाड़ियों की रासायनिक रचना में परिवर्तन होता है। इस तरह, स्नायुमण्डल में मस्तिष्क क्रमशः प्रौढ़ बनते जाते हैं। इस उम्र में शारीरिक तथा मानसिक विकास के साथ-साथ अभ्यास से भी मानसिक योग्यताएँ बढ़ती हैं। क्रमशः भाषा सम्बन्धी योग्यताओं का भी विकास होता है। किशोरावस्था में मनुष्य का शब्दकोश बढ़ता है। इसमें अभ्यास का भी बड़ा महत्त्व है। शब्दकोश से व्यक्ति की सामान्य बुद्धि ज्ञात होती है। बुद्धि का विकास भी किशोरावस्था में अपनी सीमा तक पहुँच जाता है। मानसिक परिपक्वता के विषय में व्यक्तिगत फर्क होते हुए भी सामान्य रूप से यह कहा जा सकता है कि उसकी परम स्थिति 20 वर्ष की आयु में पहुँच जाती है। इसमें अभ्यास का महत्त्वपूर्ण योगदान है तथा शिक्षक का योगदान भी बहुत महत्त्वपूर्ण होता है।

3. व्यक्तित्व का विकास—इस आयु में किशोर अपने चारों ओर की घटनाओं में व क्रियाओं में रुचि लेता है। स्कूल में भी वह तरह-तरह के कार्यक्रमों में भाग लेना चाहता है। अनेक लोग विभिन्न प्रकार के समाज-सेवा के कार्यक्रमों में लग जाते हैं। इस प्रकार के मनुष्य वास्तविक जगत में रुचि लेते हैं। इस प्रवृत्ति का लाभ उठाकर उनमें आत्म-निर्भरता, आत्म-निर्णय, सहयोग, अनुशासन, ईमानदारी और दूसरों से अच्छे सम्बन्ध बनाए रखने के गुण विकसित किए जा सकते हैं। इस उम्र में उनमें एक आदर्श नागरिक बनने की नींव डाली जा सकती है।

4. रुचियों में बदलाव—इस अवस्था में बच्चों की रुचियों-अवरुचियों में कुछ परिवर्तन आने लगते हैं। ज्यादातर लड़के-लड़कियों में वयस्कों की रुचियाँ विकसित होने लगती हैं। लड़कियों में अनेक प्रकार के तनाव—शृंगार करने, सुन्दर बनने की कोशिश, प्रेम और रोमांस सम्बन्धी उपन्यास, कहानियाँ, नाटक, कविताएँ पढ़ने में रुचि लेने, संगीत-कला व अभिनय, इत्यादि में भाग लेने की प्रवृत्तियाँ देखी जा सकती हैं। लड़कों में विभिन्न प्रकार के खेल खेलने, दौड़-धूप करने, साहस के कार्य करने व भावी जीवन के व्यवसाय विकसित करने में रुचि देखी जा सकती है। लड़के व लड़कियाँ दोनों ही विषम लिंगीय व्यक्ति से बातें करने, मेलजोल बढ़ाने, पत्र लिखने तथा रोमांस आदि में रुचि रखते हैं।

5. चंचलता—जैसा कि पहले कहा जा चुका है कि किशोरावस्था में मनुष्य अपने वयस्क जीवन की दहलीज में खड़ा होता है, यद्यपि अभी उसकी गिनती वयस्कों में नहीं होती है। मनोवैज्ञानिक दृष्टि से वह अपने को बालक नहीं समझता और वयस्कों में अपनी गिनती करना चाहता है। स्पष्ट है कि उसमें बेचैनी और अस्थायित्व देखा जा सकता है। छोटे-मोटे शारीरिक दोष, यथा मुँह पर अधिक मुँहासे निकल आने

तक से उसका अनुकूलन बिगड़ जाता है और वह परेशान हो जाता है। असल में यह एक ऐसी स्थिति है जबकि वह सभी दिशाओं में वयस्क जीवन को ग्रहण करना सीखता है। अतः समस्याएँ स्वाभाविक ही हैं। बड़ों की सहायता से ये समस्याएँ हल की जा सकती हैं।

6. भावुकता—किशोर व्यक्ति अधिक भावुक होता है। यद्यपि इस उम्र में उसकी बुद्धि में बहुत विकास हो चुका होता है। उसमें आत्म-सम्मान और दूसरों की प्रशंसा प्राप्त करने की भावनाएँ बड़ी तेजी से विकसित होती हैं। और इनको चोट लगने से वह कुण्ठित व कभी-कभी विद्रोही भी हो जाते हैं। भावुकता का लाभ उठाकर उसमें सांस्कृतिक गुण विकसित किए जा सकते हैं। अभिनय, संगीत, चित्रकला, नृत्य इत्यादि में भाग लेने से संवेगात्मक जीवन भी पुष्ट होता है।

7. धर्म के प्रति झुकाव—भारत में इस उम्र के किशोरों का धार्मिक भावना की ओर ध्यान आकर्षित होने लगता है। वे ईश्वर की भक्ति को अपनाने लगते हैं। वे ईश्वर की बातें करने लगते हैं। उनके प्रति अपना सर्वस्व समर्पित करते हैं एवं ईश्वर की किसी न किसी प्रतिमा से लगाव करने लगते हैं। भारतवर्ष में इस प्रकार के किशोर व्यक्ति अधिक मिल सकते हैं क्योंकि एक तो यहाँ धार्मिक प्रवृत्ति अधिक है और दूसरे भारतीय समाज में बालक-बालिकाओं का वयस्क वीर पुरुषों, नेताओं इत्यादि से मिलना-जुलना अधिक नहीं हो पाता। धार्मिक प्रवृत्ति से जहाँ किशोर मनुष्य अपने दुर्गुणों से बचा रहता है वहाँ कभी-कभी उसमें कुछ अव्यावहारिकता भी आ जाती है। शिक्षकों की मदद से इस दिशा में स्वस्थ दृष्टिकोण बनाया जा सकता है।

8. कल्पनाशक्ति का प्रभाव—किशोरावस्था में बच्चों की कल्पना शक्ति में वृद्धि होती है। वह आगे आने वाले जीवन के बारे में सोचने लगते हैं कि आगे वह क्या करेंगे, अपनी समस्याओं को कैसे सुलझाएँगे इत्यादि। कुछ किशोर अपनी कल्पनाओं को मौलिक रूप भी प्रदान करते हैं। जैसे—साहित्य, संगीत एवं अनेक क्रियाओं द्वारा अपनी सौन्दर्यात्मक और रचनात्मक कल्पना शक्ति को अभिव्यक्त करना।

9. यौन विकास—मनोवैज्ञानिक दृष्टि से किशोरावस्था का सबसे अत्यन्त जरूरी लक्षण यौनिक विकास है। किशोरावस्था में शैशवकाल का दमित यौन-आवेग जो बाल्यावस्था में सुप्तावस्था में था, फिर से जाग्रत हो जाता है और मनुष्य अधिक यौनिक विकास की विभिन्न इस अवस्था में किशोर को यौन शक्ति से किसी न किसी परिस्थिति में सहायता प्राप्त होती ही रहती है। स्थितियों से गुजरता है। सच तो यह है कि काम-प्रवृत्ति किशोरावस्था की यदि सब कुछ नहीं तो सबसे अधिक स्थायी

प्रवृत्ति अवश्य है। अतः इसकी अवहेलना सबसे अधिक हानिकारक है। इस दिशा में विकास इतना अधिक तेज होता है कि किशोर का सम्पूर्ण व्यक्तित्व मानों उसी से रंगा दिखाई पड़ता है। किशोरावस्था का यौनिक विकास शैशवावस्था के समान माता-पिता की ओर नहीं बल्कि अजनबी व्यक्तियों की ओर अभिव्यक्त होता है। यौनिक विकास के कारण किशोर में बेचैनी, हाथ से नाखून काटना, पेंसिल मुँह में देना या लड़की का बार-बार अपने आँचल को उँगलियों से लपेटना इत्यादि देखे जा सकते हैं। इस आयु में शारीरिक और मानसिक सभी प्रकार के शिक्षण में काम प्रवृत्ति को एक महत्त्वपूर्ण शक्ति के रूप में प्रयोग किया जा सकता है। सामान्य रूप से किशोरावस्था में यौन प्रकार से प्रवृत्ति होती है—आत्मप्रेम, समलिंगीय आकर्षण, विषम लिंगीय आकर्षण।

किशोरावस्था के दौरान शिक्षकों और अभिभावकों को यौन शिक्षा के द्वारा युवक-युवतियों को काम-भावना का नियन्त्रण, रूपान्तरण तथा मार्गान्तीकरण करने में मदद देनी चाहिए।

10. समूह में रहने की प्रवृत्ति—किशोर बच्चों में अपने संगी-साथियों के साथ रहने, उनकी प्रशंसा प्राप्त करने व उनसे सम्बन्ध बढ़ाने की तीव्र इच्छा होती है। बहुधा उनके समूह बने रहते हैं। जिनमें प्रत्येक किशोर मनुष्य की अपनी विशिष्ट स्थिति व उसी के अनुरूप विशेष कार्य होते हैं। इस स्थिति और कार्य का उसके वयस्क जीवन की स्थिति तथा कार्य को निर्धारित करने में जरूरी हाथ होता है।

सामाजिक विकास की प्रक्रिया

किशोरावस्था में मनुष्यों में जीवन के प्रति उत्साह उत्पन्न होता है। वे अपने बनाव-शृंगार और व्यवहार पर विशेष ध्यान देते हैं। वे हर एक बात में वयस्क स्त्री-पुरुष के समान दिखाई देने की कोशिश करते हैं। किशोर समूहों के नेता बहुधा स्वास्थ्य व शक्ति, समूह-भक्ति, उत्साह, खिलाड़ीपन, कौशल, संगठन की योग्यता, मौलिकता, सहानुभूति आदि व्यक्ति के अन्य अनेक गुणों के आधार पर चुने जाते हैं। सामान्य रुचियों और अभिवृत्तियों के आधार पर इस उम्र में व्यक्तियों में प्रगाढ़ मैत्री बन जाती है जो कभी-कभी जीवनभर चलती है। कभी-कभी अगल-अलग जाति के किशोर एक दूसरे से प्रेम की भावना उत्पन्न करने लगते हैं और ये भावना आगे चलकर वैवाहिक संबंध में बदल जाती है।

इस अवस्था में किशोर एवं किशोरियों को अपनी मनमानी करना बड़ा अच्छा लगने लगता है। इसी बात को देखते हुए उनके माता-पिता जब उन्हें रोकना-टोकना

शुरू कर देते हैं तो वे अपने माता-पिता को उल्टा जवाब देना भी शुरू कर देते हैं परन्तु यह सब संस्कारो के ऊपर ही टिका होता है। कुछ लड़के-लड़कियाँ किशोरावस्था में इस प्रक्रिया के विपरीत ही नजर आते हैं। वे अपने माता-पिता का आदर-सत्कार करते हैं, उनकी आज्ञा का पालन भी करते हैं अतः मित्रता भी गुणी किशोरों से ही करना पसंद करते हैं, उन्हें सही मार्ग पर चलने की शिक्षा प्रदान करते हैं। यद्यपि इस विषय में शायद वे बाहर वालों की टीका-टिप्पणी सुनना पसन्द न करें। इन समस्याओं के अलावा व्यक्ति के अपने व्यवस्थापन में अनेक समस्याएँ हो सकती हैं जिनसे बेचैनी, निराशा और हताशा उत्पन्न होती है। इस उम्र में हर व्यक्ति पुरुष या स्त्री के रूप में अपना पूर्ण तथा सुन्दर शारीरिक विकास चाहता है और ऐसा न होने पर बहुत दुखी रहता है। शारीरिक विकास के अतिरिक्त वह अपना बौद्धिक व मानसिक योग्यताओं का विकास चाहता है। जिससे वह अपने साथियों के समक्ष अपनी योग्यता का प्रदर्शन कर सके। किशोरावस्था के दौरान सामाजिक विकास से जुड़ी कुछ प्रमुख बातें निम्न प्रकार हैं–

1. 16 साल की उम्र में पहुँच कर लड़के-लड़कियों में कई शारीरिक और मानसिक परिवर्तन होते हैं। इससे उनके सामाजिक विकास में भी बदलाव होना अनिवार्य है।
2. इस आयु में सामाजिक विकास पर अनेक कारकों का प्रभाव पड़ता है; जैसे–रुचियाँ, आवश्यकताएँ, असुरक्षा की भावना, मूल्य, अभिवृत्तियाँ, उत्तरदायित्व, दृष्टिकोण आदि।
3. किशोरावस्था में लिंग सम्बन्धी चेतना में तेजी आने लगती है। किशोर लड़कियों का विकास लड़कों से दो साल पहले हो जाने के कारण सामान्य रूप से वे अपनी आयु से बड़े लड़कों के साथ मिलना-जुलना पसन्द करती हैं। परन्तु, दूसरी ओर लड़के-लड़कियों में सामाजिक भेदभाव भी बढ़ता जाता है।

शिक्षा का स्वरूप–बालक के सामाजिक विकास में शिक्षा का महत्त्वपूर्ण योगदान है। इसमें स्कूल के वातावरण, स्कूल में व्यवहार के नियम, रेडियो, सिनेमा, पत्र-पत्रिकाएँ इत्यादि कितने ही कारकों का महत्त्वपूर्ण प्रभाव पड़ता है। सामूहिक कैम्पों का व्यक्ति के सामाजिक विकास पर सदैव अच्छा प्रभाव पड़ता है। उससे चरित्र बनता है और विभिन्न सामाजिक गुण विकसित होते हैं। उससे मनुष्यों में अच्छी आदतें पड़ती हैं, नेतृत्व का विकास होता है व अनेकों को अपनी कुशलताएँ विकसित करने का अवसर मिलता है।

शिक्षक व अभिभावक परस्पर सहयोग से शिशुओं, बालकों और किशोरों के स्वस्थ सामाजिक विकास के लिए उपयुक्त परिस्थितियाँ उपस्थित करते हैं। किशोरावस्था

में लड़के-लड़कियों को अपने से अलग जाति वाले मनुष्यों के प्रति उचित दृष्टिकोण विकसित करना चाहिए। इसमें उनके संवेगात्मक विकास का बड़ा महत्त्व है। इस विकास पर परिवार के वातावरण का महत्त्वपूर्ण प्रभाव पड़ता है। इस सम्बन्ध में परिवार के सभी सदस्यों द्वारा किशोरों को सहयोग दिया जाना चाहिए।

इसके अतिरिक्त किशोरावस्था में बच्चों के लिये निर्देश व परामर्श की खास आवश्यकता होती है। जैसे–यौन सम्बन्धी समस्या, व्यवसाय के चयन में मुश्किल, परिवार, विद्यालय और समाज में समायोजन की समस्या इत्यादि अनेक कारक किशोर बच्चों के समक्ष ऐसी समस्याएँ उपस्थित कर देते हैं जिनको वे स्वयं नहीं सुलझा सकते व जिनमें अभिभावकों तथा शिक्षकों का सहयोग अपेक्षित है।

संवेगात्मक विकास की प्रक्रिया

किशोरावस्था में कदम रखते ही बालक में संवेगात्मक बदलाव तेजी से होने लगता है। जैसे-जैसे किशोर व्यक्ति के ज्ञान का क्षेत्र बढ़ता है उसमें संवेग पैदा करने वाली परिस्थितियाँ भी बदल जाती हैं। उदाहरण के लिए वह देश पर बाहर के आक्रमण से उत्तेजित हो सकता है, अन्याय के प्रति क्रोधित हो सकता है और समाज की कुरीतियों के प्रति विद्रोह कर सकता है। कठोर अनुशासन होने पर वह अधिकारियों के प्रति घृणा विकसित कर लेता है।

किशोरावस्था में मनुष्य में सर्वाधिक परिवर्तन दिखलाई पड़ता है। अतः इस उम्र में अलग-अलग संवेगों की अभिव्यक्ति में अधिक फर्क देखा जा सकता है। उदाहरण के लिए किशोर व्यक्ति अपनी प्रतिष्ठा को थोड़ी-सी भी चोट पहुँचने से क्रोधित हो सकता है। किसी भी तरह का शारीरिक दोष होने पर भी उसे उसका इतना अधिक डर हो सकता है कि उसके सपनों में भी दिखाई पड़े। अपने अनेक संवेगों को वह बाह्य रूप से दबा लेता है और दिवास्वप्नों में व्यक्त करता है। इस उम्र में काम वासना की तेजी के कारण किशोर मनुष्य में प्रेम का संवेग अधिक बढ़ जाता है। यह संवेग भिन्न लिंगीय मनुष्य के प्रति अधिक आकर्षण के रूप में अभिव्यक्त होता है।

लक्षण–किशोरावस्था के दौरान बालक में निम्नलिखित संवेगात्मक लक्षण दिखलाई पड़ते हैं–

1. सबल और स्वस्थ किशोर में संवेगात्मक स्थिरता और निर्बल एवं अस्वस्थ किशोर में संवेगात्मक अस्थिरता पाई जाती है।
2. किशोर में प्रेम, दया, क्रोध आदि संवेग स्थायी रूप धारण कर लेते हैं और समय

आने पर वह उन्हें लोगों के सामने प्रकट करने की कोशिश भी करता है। जैसे दुखी और असहाय व्यक्ति के प्रति दया की भावना छल्काना।

3. किशोर को न तो बच्चा कहा जाता है और न ही कहा जा सकता है उसे जवान के रूप में कबूल किया जा सकता है। उसे अपने संवेगात्मक जीवन में वातावरण से अनुकूलन करने में कठिनाई होने लगती है।
4. इस अवस्था में किशोर के अंदर समझदारी एवं परिपक्वता पूर्ण रूप से जगह बना लेती है अतः उनमें दूरी, चिन्ता इत्यादि संवेगों की भी अहम् भूमिका दिखने लगती है, इत्यादि।

शिक्षा का स्वरूप—संवेगात्मक विकास में शिक्षा की विशेष भूमिका है। किशोरावस्था में समायोजन का विशेष महत्त्व है। किशोरों को परिवार, स्कूल तथा समाज में पग-पग पर विरोधी बातों का सामना करना पड़ता है। अतः विरोधी परिस्थितियों से अनुकूलन करने के लिए अपने परिवार के सदस्यों, अभिभावकों, विद्यालय में शिक्षकों व घर के बाहर के वातावरण में दोस्तों से उचित व्यवहार मिलने पर अपने व्यक्तित्व को सही दिशा देने में बहुत सहायता मिलती है। किशोरावस्था में जीवन के हर क्षेत्र में निर्देशन व मार्गदर्शन मिलना भी बहुत जरूरी है, अतः तदनुकूल ही पाठ्यक्रम तथा शिक्षण विधियों का निर्माण किया जाना चाहिए।

शैक्षिक विकास

किशोरावस्था एक ऐसी अवस्था है जिससे इन्हें कई प्रकार की कठिनाइयों का सामना करना पड़ता है अतः माता-पिता को चाहिए कि वे इनकी सभी प्रकार की समस्याओं का हल निकाल सकें। अतः इन्हें शुद्ध वातावरण की आवश्यकता पड़ती है। किशोरावस्था के आरम्भ में ही इन्हें नये सिरे से शिक्षा को निश्चित स्वरूप प्रदान करना आवश्यक है। अतः किशोरावस्था में दी जाने वाली शिक्षा के स्वरूप को निम्नलिखित रूपों में देखा जा सकता है—

(1) शारीरिक विकास के लिए शिक्षा—इसके अंतर्गत शारीरिक और स्वास्थ्य शिक्षा, अनेक प्रकार के शारीरिक व्यायाम, सभी प्रकार के खेलकूद आदि सबको शामिल किया जाता है।

(2) मानसिक विकास के लिए शिक्षा—इसके अंतर्गत किशोरों की रुचियों, दृष्टिकोणों व योग्यताओं के अनुरूप शिक्षा देना, जिज्ञासा सन्तुष्ट करना, प्राकृतिक तथा ऐतिहासिक स्थानों का भ्रमण, कविता लेखन, साहित्यिक गोष्ठी, वाद-विवाद इत्यादि पाठ्य सहगामी क्रियाओं का आयोजन करना।

(3) संवेगात्मक विकास के लिए—ऐसी शिक्षा प्रदान करना जिसके द्वारा उनके बुरे संवेगों का दमन व उत्तम संवेगों का विकास हो सके।

(4) धार्मिक एवं नैतिक शिक्षा—इसके अंतर्गत किशोरों के दिमाग में चलने वाले विरोधी विचारों का सही मार्गदर्शन करना व उनके व्यवहार को समाज के नैतिक मूल्यों के अनुकूल बनाने में मदद प्रदान करना।

(5) सामाजिक सम्बन्धों की शिक्षा—इसके अंतर्गत सामूहिक क्रियाएँ, सामूहिक खेल, स्काउटिंग एवं गाइडिंग कार्यक्रम का आयोजन आदि।

(6) जीवन दर्शन की शिक्षा—उचित पथ प्रदर्शन के द्वारा।

(7) व्यक्तिगत विभिन्नताओं के अनुसार शिक्षा—इसके अंतर्गत उनकी आदतों, अभिवृत्तियाँ, योग्यताओं के अनुसार शिक्षा का प्रबंध करना आदि को सम्मिलित किया जाता है

(8) व्यावसायिक शिक्षा—इसके अंतर्गत विभिन्न प्रकार के व्यवसाय चुनने के लिए शिक्षकों द्वारा पथ-प्रदर्शन की आवश्यकता पर जोर देना आदि सबको शामिल किया जाता है।

(9) किशोर निर्देशन—विभिन्न परिस्थितियों से समायोजन करने व अपने जीवन की सही दिशा निर्धारित करने के लिए किशोरों को शैक्षिक निर्देशन की परम आवश्यकता होती है।

(10) यौन शिक्षा—किशोर व किशोरियों के अनुरूप यौन शिक्षा की व्यवस्था करना जरूरी है।

उपरोक्त तथ्यों की सहायता से किशोरावस्था की शिक्षा को सही ढंग से कार्यान्वित करके किशोरों के सामने समस्याओं का समाधान किया जा सकता है। अतः किशोरों के भावी भाग्य व उत्कृष्ट जीवन के निर्माण में इस अवस्था की गरिमा को ध्यान में रखते हुए शिक्षकों व अभिभावकों को उनकी शिक्षा का सही ढंग से प्रबन्ध करना परम कर्त्तव्य है।

किशोरावस्था में विभिन्न संवेगों का महत्व

किशोरावस्था के दौरान बालकों में विभिन्न प्रकार के संवेग देखने को मिलते हैं—जिज्ञासा, भय, क्रोध, आत्मगौरव, विधायकता, प्रेम, ईर्ष्या, आनन्द आदि। इनके बारे में वृहद् जानकारी इस प्रकार दी गई है—

भय या डर

भय का अर्थ होता है डर जो यदि किसी किशोर के हृदय में जगह बना ले

तो उसे किशोर के हृदय से निकालना मुश्किल हो जाता है। भय, पलायन मूल प्रवृत्ति का संवेग है। भय के कारण ही व्यक्ति भागता है। अगर बाग में बैठे हुए कुछ मनुष्य किसी एक झाड़ी में साँप को देखते हैं तो वे उसे देखते ही भागने लगते हैं। साँप ने पलायन की मूल प्रवृत्ति को जागृत कर दिया और उससे डर के भाव उत्पन्न हुए। भय के कारण कुछ भी हो सकता है। परन्तु एक बात सत्य है—वह है, आत्मविश्वास खो देना। गिरने के प्रति बच्चे के मन में भय आता है, क्योंकि उसकी मांसपेशियाँ इतनी परिपक्व नहीं होतीं और वह चल नहीं पाता। मांसपेशियों के परिपक्व होने पर गिरने का डर खत्म हो जाता है।

आमतौर पर बच्चों को फटकारना व पीटना और कार्य करने से रोकना भी डर की उत्पत्ति के लिये उत्तरदायी है। इसके अतिरिक्त प्रशंसा व पुरस्कार डर को शिथिल करते हैं। भय का उपभोग तभी तक है जब तक वह आने वाले खतरों की सूचना देता है, परन्तु देखने में यह आता है कि प्रायः अभिभावक उन बच्चों में उन चीजों के प्रति भी भय उत्पन्न करते हैं जिनका कोई अस्तित्त्व नहीं हैं, जैसे—हौवा। भय के कारण बालकों में जो ग्रन्थियाँ बन जाती हैं उनका कोई अन्त नहीं होता। यह बच्चों के व्यक्तित्व व शरीर, दोनों को दूषित करता है। भय का आधार बालक का अनुभव होता है। कभी-कभी बच्चे भय से परिचित नहीं होते और वे बेकार की चिन्ता में पड़ जाते हैं। अप्रिय घटनायें भी भय की उत्पत्ति करती हैं।

डॉक्टर से बच्चे इसीलिये डरते हैं कि वह सुई लगाता है जो बच्चों को अच्छी नहीं लगती है। बाल्यावस्था में भय संवेगात्मक तनाव के कारण होता है। प्रायः बच्चे नहाने या स्कूल जाने से डरते हैं। नहाने व स्कूल जाने से हुए अप्रिय प्रसंग इसके लिए उत्तरदायी हैं। बालकों में कभी भी पलायन की प्रवृत्ति पैदा नहीं करनी चाहिए। पलायन डर के कारण होता है। अभिभावक कभी-कभी बच्चों को डाँटते हैं व पीट भी देते हैं। इससे बच्चे में डर की भावना-ग्रन्थि (Complex) बन जाती है तथा वे कक्षा व स्कूल से ही भागने लगते हैं। यह प्रवृत्ति बहुत हानि पहुँचाती है।

भय से मुक्ति दिलाना खुद में शिक्षा है, अतः शिक्षक तथा अभिभावकों का यह कर्त्तव्य हो जाता है कि वे डर को इस प्रकार दूर करें—

1. भयप्रद स्थितियों का सामना वैज्ञानिक ढंग से करायें जिससे बालक बाद में भयभीत न हों।
2. बच्चों को विद्यालय के प्रति डर न दिखायें। बच्चों को स्कूल जाने के लिए प्रोत्साहित करें।

3. डरावनी कहानियाँ न सुनाई जायें। अच्छी कहानियाँ सुनाकर उनके भय की ग्रन्थि को दूर किया जाये।
4. एकान्त, अन्धकार इत्यादि से डरने वाले बालक को कभी एकान्त में या अन्धेरे में न छोड़ें।
5. बच्चों को हर समय डाँटना-पीटना ठीक नहीं है, अतः इस बात का ध्यान रखें।

जिज्ञासा

जिज्ञासा के संदर्भ में **प्लेटो** ने कहा है–'जिज्ञासा ही समस्त ज्ञान की जननी है।' बच्चों में सभी वस्तुओं के प्रति उन्हें समझने एवं जानने की श्रद्धा उत्पन्न होती है जिसके बारे में वह कुछ नहीं जानता है। जिज्ञासा के साथ आश्चर्य का संवेग जुड़ा रहता है। बच्चे में आरम्भ से ही जिज्ञासा होती है और इसी कारण वह ज्ञान प्राप्त करता है। बड़े होने पर भी यह मूल प्रवृत्ति विद्यमान रहती है। बच्चे में परिस्थितियों की जानकारी प्रदान कर उसे समाज के योग्य बनाना है।

अतः अभिभावकों का कर्त्तव्य है कि वह बच्चे की जिज्ञासाओं को शान्त करें व उनमें किसी प्रकार की भावना ग्रन्थियाँ न बनने दें। यदि वह बच्चों की जिज्ञासा को शान्त नहीं करेंगे, तो बालक सीखने की क्रिया के प्रति उदासीन हो जायेंगे। जिज्ञासा की प्रवृत्ति का शारीरिक महत्त्व भी होता है। इससे शरीर डर तथा पीड़ा जैसे स्थलों से परिचित हो जाता है। जिन चीजों से सन्तोष मिलता है, उनके प्रति जिज्ञासा की वृद्धि होती जाती है। इस प्रवृत्ति के कारण वातावरण के प्रति समायोजन की क्षमता विकसित होती है। अभिभावकों को इस प्रवृत्ति को विकसित करने के लिये निम्नलिखित बातों को ध्यान में रखना चाहिए–

1. पाठ्यक्रम बच्चों की रुचि, क्षमता और मानसिक स्तर के अनुसार होना चाहिए जिससे बच्चों को समझने एवं सीखने का उत्साह और अधिक बढ़ता है।
2. बच्चों को सवाल करने के लिये प्रोत्साहित किया जाना चाहिए।
3. सवालों के पूछने पर बच्चों को डाँटा नहीं जाना चाहिए
4. बच्चों की जिज्ञासाओं को शान्त करना।
5. शिक्षण सामग्री का प्रयोग बच्चों में प्रत्ययों के विकास के लिये करें।
6. सभी स्तरों पर अनुभव करके तथा सीखने पर बल दिया जाना चाहिए।

आत्म गौरव

हर मनुष्य में आत्म-प्रदर्शन की भावना होती है। इस मूल प्रवृत्ति के साथ संवेग जुड़ा रहता है। बालक अपने महत्त्व को प्रकट करने के लिये दूसरों का ध्यान अपनी

ओर केन्द्रित करना चाहता है। बाहर जाने के लिये बालक अच्छे कपड़े पहनने की जिद करता है। वह चाहता है कि वह अच्छे कपड़े पहने। इस प्रवृत्ति से हर मनुष्य प्रभावित होता है। हमारे हर कार्य में आत्म-प्रदर्शन का भाव निहित जान पड़ता है। बालकों की शिक्षा के लिये इस मूल-प्रवृत्ति का अत्यन्त महत्त्व है। बालक में ऐसी बातों, संस्कारों व आदतों का विकास होना चाहिए जो कि उसके सामाजिक वैयक्तिक जीवन को प्रभावित कर सकें। यह प्रवृत्ति बालक के भविष्य का निर्माण करती है।

यदि आत्म-प्रदर्शन की भावना का दमन किया जायेगा तो उसमें आत्महीनता की भावना पैदा हो जायेगी और उसमें दीनता, हीनता आदि से उसके व्यक्तित्व व चरित्र का विकास रुक जायेगा। वह अनैतिक तथा समाज विरोधी कामों में लग जायेगा। अतः उन परिस्थितियों को नहीं अपनाना चाहिए जो कि हमारे आत्म प्रदर्शन के मार्ग में बाधक हों।

क्रोध

क्रोध के कारण व्यक्ति अपने आप से ही बाहर हो जाता है और इस अवस्था में वह जो कुछ भी कर रहा होता है वे सब उसकी समझ से बाहर ही होता है। यह प्रवृत्ति क्रोध नामक संवेग से प्रकट होती है। क्रोध का परिणाम लड़ाई होता है। इस मूल प्रवृत्ति का विकास आठ-नौ वर्ष की उम्र से होता है। यह मूल प्रवृत्ति केवल मानव में ही नहीं पशुओं में भी पाई जाती है। यदि गाय पालतू नहीं है तो वह उसके बछड़े को छेड़ने वाले मनुष्य को मारने दौड़ती है। इस मूल प्रवृत्ति का आधार बाधा है। किसी क्रिया की सन्तुष्टि में जब बाधा पहुँचती है तो क्रोध उत्पन्न होना स्वाभाविक है। आक्रामकता का आधार असंतोष और हताशा के प्रति प्रतिक्रिया है। बालक जितना हताश होगा, वह उतना ही आक्रामक होगा। सवाल यह है कि बच्चे को उसकी आक्रामकता के कारण दण्ड दिया जाये अथवा नहीं।

प्रायः भय के कारण बालक माता-पिता के समक्ष आक्रामक स्वभाव का प्रदर्शन नहीं करते, परन्तु बाद में उनकी आक्रामकता प्रकट होती है। आक्रामकता के अनेक कारण हैं। जब बालक अपने महत्त्व को प्रकट करना चाहता है तो उसे कोई स्वीकार नहीं करता, दूसरे बालक उस व्यक्ति के प्रति ईर्ष्या, बालक की इच्छा के बिना उसकी चीज ले लेना, अस्थायी व अल्पकालिक सम्बन्ध इत्यादि आक्रामकता के कारण हैं। आक्रामक व्यवहार का प्रदर्शन तोड़-फोड़, मार-पीट, खुद को सताना, नाराज होकर भागना, पुस्तकें फाड़ना, चीजें फेंकना इत्यादि के द्वारा होता है।

बालक अपनी आक्रामकता का प्रदर्शन किस तरह करता है, इसके विषय में कुछ नहीं कहा जा सकता। यह प्रदर्शन परिस्थितियों पर निर्भर करता है। प्रायः झगड़ा करना, तंग करना, ईर्ष्या रखना आदि आक्रामक व्यवहार के प्रदर्शन हैं। अभिभावक बालक के आक्रामक व्यवहार में इस प्रकार संशोधन कर सकते हैं ये वे कार्य हैं जिनका उपयोग करने पर बालकों में नवीन व्यक्तित्व का विकास होगा। समय-समय पर बालकों की प्रशंसा व निन्दा करके, बालकों को समय-समय पर सामाजिक मान्यता प्रदान करके, बालकों में नेतृत्व के अवसर प्रदान करके, बालकों में से स्वार्थीपन की प्रवृत्ति में यथासम्भव शोधन करके, बालक में निहित असन्तोष व हताशा का पता लगातार तथा बालक में सहयोग व सहकारिता की भावना विकसित करके।

प्रेम

प्रेम एक प्रमुख संवेग है। इस के बारे में **फ्रायड** ने लिखा है–"हर मनुष्य अपने जीवन में अनेक अवस्थाओं से गुजरता है। जब व्यक्ति किसी से प्रेम करता है अथवा अपने को दुखी महसूस करता है तो इसमें उसे आनन्द प्राप्त होता है।" बालक स्वयं-प्रेमी होता है। बचपन में उसे ख़ुद से प्यार होता है, अपनी चीजों से प्यार होता है। कालान्तर में वह अपने माँ-बाप से प्रेम करता है। बाल्यावस्था में लड़कों में ऑडीपस काम्पलैक्स के कारण माता के प्रति व लड़कियों में एलेक्ट्रा काम्पलैक्स के कारण पिता के प्रति आसक्ति उत्पन्न हो जाती है। प्रेम के संवेग में यह बात ध्यान रखने की है कि अधिक प्रेम या बहुत कम प्रेम दोनों ही बच्चे के लिये घातक होते हैं। अभिभावकों का कर्त्तव्य हो जाता है कि वे समय-समय पर बच्चों के प्रति प्रेम प्रदर्शित करते रहें। जिन बच्चों को प्रेम नहीं मिल पाता, वे अपने जीवन में असफल हो जाते हैं।

बच्चा प्रेम का प्रदर्शन अनेक प्रकार से करता है। बच्चे सबसे ज्यादा प्रेम का अहसास अपनी प्रिय वस्तु के सहारे दूसरे को दिखाने की कोशिश करते हैं। वे इस वस्तु को जीवन भर अपने पास सम्भाल कर रखते हैं। उसे किसी भी प्रकार के कष्टों से दूर रखते हैं उसे नकसान पहुँचाने वाले पर क्रोधित भी होने लगते हैं। लड़कियाँ अपनी गुड़ियों के प्रति इसी प्रकार का व्यवहार करती हैं। प्रेम के प्रदर्शन में लड़ाई, जिद्द, रूठना, मनाना इत्यादि होता है। प्रेभ एक जटिल संवेगावस्था है। इसके कई अर्थ निकाले जा सकते हैं। **सल्ली** (Sully) के अनुसार–"आसक्ति स्वार्थमूलक तत्त्व है और सहानुभूति प्रेम में परार्थ-मूलक तत्त्व है।"

अभिभावक इस संवेग का लाभ उठाकर बालकों में विभिन्न प्रकार के गुणों का विकास कर सकते हैं। वे बालकों में राष्ट्रीयता व देश-प्रेम की भावना के साथ-साथ मानव-मात्र के प्रति प्रेम की भावना विकसित कर सकते हैं। संवेगों द्वारा बालकों के जीवन को सरस बना सकते हैं, नवीन ज्ञान देने में उसे संवेगों से पर्याप्त सहायता मिलती है। बालकों को पढ़ने के प्रति उत्साहित कर सकते हैं। संवेगों के द्वारा बालक में रुचि विकसित कर लेते हैं। संवेगों के सन्तुलित विकास से स्थायी भावों का विकास होता है। अवांछित संवेगों को अच्छी दिशा में मोड़ा जा सकता है। संवेगों द्वारा बालकों में अच्छी आदतों तथा चरित्र का निर्माण किया जा सकता है। वे अपने अभिभाव को इन सबके जरिए उठा सकते हैं।

रचनात्मक प्रकृति

विधायकता की मूल-प्रवृत्ति का संवेग रचना करने की भावना है। किसी भी नई वस्तु की रचना करने की प्रवृत्ति को विधायकता कहते हैं। बालक के सामने लकड़ी के कुछ टुकड़े डाल दिये जायें तो वह उनसे किसी महल, घर इत्यादि का निर्माण करने में लग जायेगा। वह सामने आई वस्तु के रूप को परिवर्तित करना चाहता है। किताब मेज पर रखी है तो उसे नीचे फेंक देगा। नीचे है तो ऊपर रख देगा। इसी प्रकार लड़कियाँ गुड़ियों का ब्याह रचाती हैं, बालक रेत में घरौंदे बनाते हैं। इन सभी का लक्ष्य कुछ न कुछ करना है। अभिभावकों को चाहिये कि वह बालकों की विधायकता की मूल-प्रवृत्ति का विकास सही ढंग से करें। यदि इस प्रवृत्ति का दमन कर दिया जाता है तो बालक अपना आत्म-विश्वास खो बैठता है और उसमें अनेक कुंठायें उत्पन्न हो जाती हैं, जिससे बालक का व्यक्तित्व हीन हो जाता हो।

विधायकता के संदर्भ में **रॉस** ने कहा है—"विधायकता की प्रवृत्ति कुछ चीजों के निर्माण करने से होती है। आमतौर पर बालक छोटी-छोटी वस्तुओं का निर्माण करने व उन्हें खत्म करने में आनन्द का अनुभव करते हैं।" बच्चों में विधायकता की प्रवृत्ति के कारण विभिन्न अन्तर्निहित शक्तियों का विकास होता है। अभिभावकों को चाहिये कि वह विधायकता की प्रवृत्ति को विकसित करने के लिये इन बातों पर ध्यान दें। ये बातें इस प्रकार से हैं—

1. कला तथा हस्त उद्योग के शिक्षण की व्यवस्था करायें।
2. करके सीखने पर बल दिया जाये।
3. बालकों में प्रतिस्पर्धा की भावना विकसित तभी हो सकती है जब उनमें आत्मनिविष्टता की भावना भरी जाये।

4. बालकों को सृजनात्मक कार्यों के समय पर्याप्त स्वतन्त्रता दी जानी चाहिये।
5. बालोपयोगी बौद्धिक एवं सृजनात्मक खेलों की व्यवस्था हो।
6. बाल-केन्द्रित शिक्षा पर बल दिया जाये।
7. बालकों में अनेक प्रकार के प्रिय व्यापार का विकास करें।

आनन्द एवं सुख

बच्चे को किसी बात से खुशी प्राप्त होती है तो वह उसके प्रति खींचा जाता है। इस स्थिति को व्यक्ति हमेशा या जीवन भर नहीं भूलता। मुस्कराने तथा उन्मुक्त हँसी के द्वारा आनन्द के संवेग की अभिव्यक्ति होती है।

(1) आनन्द की अनुक्रिया—हर्ष युक्त संवेग मुस्कराहट तथा हँसने से प्रकट होते हैं। इससे सम्पूर्ण शरीर को विज्ञान मिलता है। बड़े होने के साथ-साथ हँसने व मुस्कराहट की क्रिया बढ़ती जाती है। मुस्कराने तथा हँसने में भी विभिन्न भाव निहित होते हैं। एक चौथाई, आधा, पौना व पूरा मुँह हँसते समय खुलता है। इसी से उनके अन्तर्निहित संवेगों की अभिव्यक्ति होती है। प्रायः यह भी देखा गया है कि आनन्द की अनुभूति में शरीर के अंग भी हिलते हैं

(2) आनन्द का उद्दीपन—वे परिस्थितियाँ, जिनमें मनुष्य को आनन्द अनुभव होता है, आयु के साथ-साथ अलग-अलग प्रक्रिया से होती है। शिशुओं में भौतिक वस्तुओं को प्राप्त करने के बाद हर्ष व खुशी उत्पन्न होती है। वे कू-कू करते हैं, हाथ-पैर फेंकते हैं व आगे खिसकने की कोशिश करते हैं। चार-पाँच वर्ष के बच्चों पर प्रसन्नता की स्थितियों का प्रभाव अलग होता है। जब कोई बच्चा विभिन्न प्रकार के नये कार्य करता है व उसमें उसे सफलता मिलती है, वह आनन्द का अनुभव करता है। बड़े बच्चे रिस्क वाले कामों में सफलता प्राप्त करके प्रसन्नता का अनुभव करते हैं।

(3) सामाजिक सम्पर्क—आनन्द और हर्ष की अनुभूति सामाजिक सम्पर्क से होती है। समाज में साथियों के सम्पर्क क्रिया-प्रतिक्रिया आदि से वह हर्ष तथा आनन्द का अनुभव करता है। सम्पर्क का सीधा सम्बन्ध आनन्द से है। इससे बालकों में सामाजिक समायोजन विकसित होता है। मजाक, चुटकले, नाटक, चिढ़ाना इत्यादि से खुशी प्राप्त होती है।

ईर्ष्या

ईर्ष्या क्रोध की उपशाखा है। इसकी अभिव्यक्ति, मनुष्य के प्रति अप्रत्यक्ष रूप

से होती है जबकि क्रोध का सीधा सम्बन्ध मनुष्य से होता है। ईर्ष्या की अभिव्यक्ति झुंझलाहट के भाव के पास ही होती है। **डॉ. शील्ड** के अनुसार, 'ईष्यालु व्यक्ति, प्रेम करने वाले मनुष्य के प्रति अपने को सुरक्षित नहीं समझता है।' जो मनुष्य ईष्यालु होता है, वह थोड़े बहुत अंशों में असमायोजित हो जाता है। भारतीय घरों में प्रायः स्त्रियाँ अपनी देवरानी, जिठानी आदि के प्रति ईष्यालु देखी गई हैं। **वौलनर** (Vollner) ने कहा है–"ईर्ष्या प्रेम के टूटने, कम होने या उसके टूटने के डर के प्रति वास्तविक अनुक्रिया है।" बचपन में ईर्ष्या का भाव समाज के सम्पर्क तथा उसकी अनुक्रिया के कारण विकसित होता है। ईर्ष्या के संदर्भ में कुछ प्रमुख बातें निम्न प्रकार बतलाई गई हैं–

(1) ईर्ष्या-अनुक्रिया–प्रायः देखा गया है कि ईर्ष्यालु बच्चे का व्यवहार परिस्थिति के अनुसार निम्न होता है। एक ही व्यक्ति के प्रति ईर्ष्यालु बालक का व्यवहार निम्न होता है। उसके व्यवहार में अनिश्चितता व अविश्वसनीयता पाई जाती है। इन बच्चों में ईर्ष्या की अनुक्रिया प्रत्यक्ष या अप्रत्यक्ष दोनों ही रूपों में होती है। चोट पहुँचाना, लात मारना, काटना, धक्का देना, चूँटी भरना या इसी प्रकार का व्यवहार ईर्ष्या का द्योतक है। ये व्यवहार कभी-कभी बहुत भयानक हो जाते हैं। ईर्ष्या का भाव अनेक प्रतिक्रियाओं द्वारा व्यक्त होता है। यह अनुक्रिया निम्न प्रकार व्यक्त होती है–

(i) किसी भी मनुष्य के प्रति सीमातीत प्रतिरोध,

(ii) विरोधी भाव की पहचान,

(iii) प्रेमी मनुष्य से दूर हटना,

(iv) दमनात्मक प्रवृत्ति का विकसित होना,

(v) किशोरावस्था के मध्य ईर्ष्या का भाव उत्पन्न,

(vi) सृजनात्मक प्रतिस्पर्धा में उदात्तीकरण।

(2) ईर्ष्या के प्रति उद्दीपन–समाज में जब किसी मनुष्य को ठोकरें खानी पड़ती हैं तो उसकी समाज के प्रति ईर्ष्या की भावना उत्पन्न होने लगती है। समाज ही ईर्ष्या को जागरूक करने का एक प्रकार से मुख्य साधन है। बालक जिस मनुष्य से प्रेम अथवा स्नेह करते हैं, उसी व्यक्तिगत प्रेम व्यवहार में बदलाव आने के कारण उसी से ईर्ष्या भी करने लगते हैं। जब घर में कोई अन्य बच्चा आ जाता है तो यह स्वाभाविक है कि उसके प्रति ईर्ष्या-भाव हो, क्योंकि दूसरे बच्चे के कारण उसके अपने प्रति किये जाने वाले व्यवहार में बदलाव आने लगता है। घर में जब दूसरे बच्चे के आगमन की तैयारियाँ होती हैं, पहले बालक के मन में ईर्ष्या भाव का जन्म होने लगता

है। छोटा बच्चा सामाजिक परिस्थितियों को समझने के योग्य नहीं होता व इस कारण वह परिस्थिति का विश्लेषण नहीं कर सकता।

सहोदर बच्चों में आयु में अन्तर के कारण भी ईर्ष्या उत्पन्न होती देखी गई है। माँ-बाँप कभी-कभी अपने बच्चों के आदर्श बहुत ऊँचे निर्धारित करते हैं। उन लक्ष्यों को प्राप्त करने में बच्चे असफल रहते हैं, फलतः वे अन्य बच्चों से ईर्ष्या करने लगते हैं। प्रतिस्पर्धा की यह भावना, प्रेम, साहस, प्रशंसा अथवा सहानुभूति के बजाय ईर्ष्या की भावना विकसित करती है और बच्चा विध्वंसात्मक प्रवृत्ति का हो जाता है। भाई-बहनों में ईर्ष्या पाई जाती है। पाँच-छः वर्ष की उम्र में बच्चा घर के बाहर अधिक रहने लगता है। इस अवस्था में घर के सदस्यों के प्रति ईर्ष्या-भाव में कमी आने लगती है। साथियों, सहपाठियों, अध्यापकों इत्यादि के प्रति ईर्ष्या-भाव विकसित होने लगता है।

(3) ईर्ष्या दूर करना—बच्चों में ईर्ष्या का होना अच्छा नहीं है। इस भावना को विकसित होने से पहले ही उसे स्वस्थ दिशा प्रदान करनी चाहिये। बच्चों को ईर्ष्या से दूर रखने हेतु निम्नलिखित प्रयास किए जा सकते हैं—

1. बच्चों को किसी दोष के कारण चिढ़ाया नहीं जाना चाहिए।
2. बच्चे के स्वास्थ्य, दिनचर्या इत्यादि को नियमित किया जाना चाहिए।
3. जब भी यह लगे कि बच्चा ईर्ष्या भाव से पीड़ित है, कारणों की खोज कर ईर्ष्या भाव को खत्म करना चाहिये।
4. परिवार का वातावरण स्वस्थ, सन्तुलित एवं सुन्दर होना चाहिए, घर में अन्य बच्चों के साथ समान व्यवहार किया जाना चाहिए।

(4) व्यक्तिगत भिन्नतायें (Individual Variation)—ईर्ष्यालु बच्चों में ईर्ष्या का व्यवहार व्यक्तिगत भिन्नता लिये होता है। ईर्ष्या में यौन अन्तर (Sex Difference) का भी महत्त्व है। तीन लड़कियों में से दो ईर्ष्यालु पाई जाती हैं। तीन-चार वर्षों की उम्र में ईर्ष्या अधिकतम होती है। परिवार में भी बड़ा बच्चा ईर्ष्यालु पाया जाता है। ईर्ष्या घर की परिस्थितियों पर भी निर्भर है।

संवेग से मिलने वाला लाभ

अभिभावकों को संवेगों का ज्ञान होना जरूरी है। इसका फायदा उठाकर वे बालक के विकास को आसान बना सकते हैं। वे इस प्रकार संवेगों से फायदा उठा सकते हैं—

1. संवेगों का लाभ उठाकर वह बालकों के जीवन को सरस बना सकते हैं।

2. संवेगों का उपयोग करने से बच्चे पढ़ने में रुचि विकसित कर लेते हैं।
3. बालकों को पढ़ने के प्रति उत्साहित कर सकते हैं।
4. संवेगों के द्वारा ही बच्चों में अच्छी आदतों व चरित्र का निर्माण किया जा सकता है।
5. नए ज्ञान देने में उसे संवेगों से सहायता मिलती है।
6. संवेगों के संतुलित विकास से स्थायी भावों का विकास होता है।
7. अवांछित संवेगों को अच्छी दिशा में मोड़ा जा सकता है।

किशोरावस्था के दौरान होने वाले बदलाव

यह अवस्था लड़के में 14-17 वर्ष की उम्र, तथा लड़कियों में 13-16 वर्ष तक होती है। इस अवस्था में उसमें अनेक शारीरिक बदलाव होते हैं क्योंकि इस अवस्था में वह बालक से बड़ा होने लगता है। किशोरावस्था के दौरान होने वाले बदलाव को दो वर्गों में रखा जा सकता है—प्रारंभिक किशोरावस्था व उत्तर किशोरावस्था इस संदर्भ में वृहद् जानकारी निम्न प्रकार दी गई है—

प्रारंभिक किशोरावस्था—इस दौरान किशोर लड़कों के मुँह पर दाढ़ी मूँछ का उगना उनके शारीरिक बदलाव को दर्शाता है। लड़कियों में मासिक स्राव आरम्भ हो जाता है तथा स्तन उभर आते हैं। लड़कियों में लड़कों की अपेक्षा ऊँचाई व वजन दोनों की बढ़ने की तेजी पहले आती है व पहलें खत्म होती है। इस समय व्यवहार में भी फर्क आता है। बालक-बालिकाओं में विपरीत लिंग की ओर रुचि बढ़ जाती है। लड़कों की आवाज भारी तथा लड़कियों की आवाज मधुर हो जाती है।

1. संवेगों में तीव्रता—पूर्व किशोरावस्था कठिनाइयों तथा समस्याओं से भरी हुई अवस्था होती है। इस अवस्था में उसके विकासात्मक प्रक्रिया में वृद्धि होती है अतः इसे अधिक दूरी पैदा करने वाली अवस्था भी कहा जाता है। शारीरिक व मानसिक बदलाव के परिणाम अनेक भिन्नताएँ आती हैं। उसमें परिपक्वता का अभाव होता है। अतः वह अभिलाषा की उड़ानें भरता है व इच्छाएँ पूरी न होने पर दूर रहता है। वह काफी भावुक होता है व अधिक संवेदनात्मक जीवन बिताता है। उसमें अधिक उत्साह तथा गम्भीर निराशा देखी जा सकती है क्योंकि उसके विचारों को अपरिपक्व व अव्यावहारिक माना जाता है। किशोर में ज्यादातर तनाव के निम्नलिखित कारण होते हैं—

इस अवस्था में शरीर में अचानक कई बदलाव आने लगते हैं जिस कारण वह परेशान हो जाता है। उदाहरण के लिए लड़कों में दाढ़ी-मूँछ का उगना, लड़कियों में

मासिक स्राव आरम्भ होना, स्तन का उभरना। इस अवस्था में लड़कों की आवाज भारी और लड़कियों की आवाज मधुर होने लगती है इस समय वे अपने पहनावे के प्रति भी चिंतित रहते हैं। इस तरह वे तनावग्रस्त रहता है। इस अवस्था में कभी तो किशोर बहुत प्रसन्न दिखाई देता है और कभी बहुत दुःखी। अगर कोई उसकी प्रशंसा कर देता है अथवा उसकी बात मान लेता है तो वह खुश हो जाता है। उसकी आलोचना करते हैं तो वह दुःखी हो जाता है अतः वह सबसे घुलमिलकर रहना चाहता है। माता-पिता उसे बड़ा समझने लगते हैं, अतः प्रतिबन्ध लगाते हैं, मुख्य रूप से लड़कियों को बाहर आने-जाने पर रोक लगायी जाती है। बच्चों के साथ दिन भर खेलने से रोका जाता है। इसलिए वे परेशान रहती हैं। माँ-बाप उसकी स्वतन्त्र प्रवृत्तियों पर रोक लगाते हैं।

2. दुविधाजनक स्तर—शुरुआत में किशोर आश्चर्यजनक स्थिति में होता है क्योंकि यदि वह बच्चों जैसा व्यवहार करता है, तो कहा जाता है कि वह बच्चा नहीं है और बड़ों जैसे व्यवहार करता है तो कहा जाता है वह अभी प्रौढ़ नहीं हुआ है। इसलिए उसका स्तर दुविधाजनक होता है अतः वह जिस भी स्थिति को दर्शाता है उसे सब दुविधा में ही डालने की कोशिश करते रहते हैं।

3. विभिन्न समस्याओं से परेशान—अध्ययन द्वारा ज्ञात हुआ है कि युवा किशोरों की अनेक समस्याएँ होती हैं, जो शारीरिक बनावट तथा स्वास्थ्य, सामाजिक व्यवहार, भविष्य की योजना आदि, जैसे विषयों का चुनाव आदि से सम्बन्धित होती हैं। लड़कों की तुलना में लड़कियों की समस्याएँ अधिक होती हैं क्योंकि उन पर अधिक रोक-टोक होती है। कुशाग्र बुद्धि वाले किशोरों की समस्याएँ कम होती हैं।

4. चिंता—शारीरिक बदलाव की वजह से किशोर व्यवहार के प्रति अधिक चिंता खड़ी होने लगती है। उसे यह समझ नहीं आता कि वह घर और बाहर मिलने वाले लोगों से कैसा व्यवहार करे। ज्यादातर वे शान्त या झगड़ालू होने लगते हैं अतः वे इस अवस्था में नाखुश रहते हैं।

5. अस्थिरता—आरंभ में किशोर अपने आपको असुरक्षित समझता है। उसकी दोस्ती में भिन्नता आ जाती है। वह न बालकों के साथ खेल पाता है न बड़ों के साथ। वह अपने आप को असुरक्षित समझता है। इससे उसके व्यवहार में अस्थिरता व्याप्त हो जाती है। यह सब उसके शरीर में अचानक आए बदलावों के कारण होता है।

उत्तर किशोरावस्था—यह अवस्था लड़कियों में 16 से 20 वर्ष तक होती है तथा यह लड़कों में 17 से 21 वर्ष तक होती है। उत्तर किशोरावस्था में निम्न प्रकार के बदलाव देखने को मिलता है—

1. समस्याओं का सामना करने की क्षमता का विकास—अब किशोर समस्याओं को समझ कर सुलझाने लगता है। जब उसकी समस्याएँ थोड़ी सुलझने लगती हैं तो वह अच्छी तरह से समायोजन कर सकता है और अच्छी तरह से रह सकता है। अब वह परिवार के लिए समस्या नहीं होता।

2. स्थिरता में वृद्धि—इस समय किशोरों के व्यवहार में अत्यधिक स्थिरता दिखाई देने लगती है। वे अधिक परिपक्व व्यवहार करने लगते हैं। कहने का आशय यह है कि वे बड़ों से एक जैसा व्यवहार करने लगते हैं। उनके कपड़ों, रुचि, दोस्ती आदि में स्थिरता आ जाती है।

3. संवेगों पर नियंत्रण—उत्तर किशोरावस्था में किशोर का संवेगों पर अधिक नियन्त्रण हो जाता है। शारीरिक बदलाव भी हो जाते हैं। इस अवस्था में वे स्वतन्त्र रूप से काम कर सकते हैं। बड़ों का हस्तक्षेप कम होने लगता है। दोस्ती में भी स्थिरता आने लगती है। अतः वे जल्दी उतेजित नहीं होते तथा संवेगों पर नियन्त्रण कर सकते हैं।

4. अभिभावकों की निश्चिंतता—इस अवस्था में किशोरों की गिनती थोड़े बड़ों में होने लगती है। इस कारण अब बड़े उन पर कम ध्यान देते हैं तथा उन पर गढबन्धियाँ भी कम कराई जाती हैं। अब किशोर भी परिवार के लिए कम समस्या उत्पन्न करते हैं। इस अवस्था में वे शिक्षा भी पूरी करने वाले होते हैं।

5. बड़ों की आदतें सीखना—इस अवस्था में किशोर युवावस्था की ओर उन्मुख होने लगता है। अतः वह पहनावे, बात करने का ढंग आदि में बड़ों का अनुकरण करता है। बड़ों की आदतें, व्यवहार आदि अब उसमें दिखाई देने लगते हैं। अब वे बच्चा नहीं दिखना चाहते बल्कि चाहते हैं कि दूसरे मनुष्य उन्हें बड़ा समझें, ऐसा करके वह बड़ों से प्रोत्साहित होता रहता है।

6. वास्तविकता पर बल—इस अवस्था के अन्दर किशोर अपने-आपसे व समाज के द्वारा प्रकट किये गये अनुभवों पर वास्तविक रूप से ध्यान देने लगते हैं। इस कारण अब वे अधिक खुश तथा आशावान दिखाई देते हैं। इस अवस्था में वे किसी भी काम को सही रूप से देखते हैं।

किशोरों में उत्पन्न होने वाली रुचियाँ

किशोरावस्था के दौरान किशोरों में विभिन्न प्रकार की रुचियों की प्रबलता रहती है, जो निम्नलिखित हैं—

1. किशोरावस्था में यौन-ग्रंथियाँ क्रियाशील हो जाती हैं। अतः युवक यौन-विद्या में रुचि लेने लगता है। वह इन अवयवों के कार्यों के बारे में जानना चाहता है।
2. किशोर अपनी योग्यताओं को प्रदर्शित करने की इच्छा प्रकट करने लगते हैं, महत्ता और प्रशंसा प्राप्त करना चाहते हैं। वह अपने पहनावे और सजावट के कार्यों में विशेष रुचि रखता है। वह ऊँचे आदर्श स्थापित करता है और अपने आदर्शों के लिए हर उत्सर्ग करने के लिए तैयार रहता है।
3. किशोर अतीव सामाजिक प्राणी होता है। उसके एक या दो या अधिक दोस्त बन जाते हैं। वह सामाजिक कार्यों में भाग लेना और सामाजिक समस्याओं के हल में सहायता देना चाहता है।

इन रुचियों को दृष्टिगत करते हुए अध्ययन कराने के लिए कुछ तथ्य इस प्रकार दिये गये हैं–

1. किशोरावस्था में यौन-शिक्षा का प्रबन्ध होना चाहिए। यह कार्य स्कूल डॉक्टर कर सकते हैं। प्रकृति अध्ययन द्वारा इस बारे में कुछ ज्ञात किया जा सकता है।
2. पुस्तकालय में युवकों की रुचि के अनुकूल पुस्तकें होनी चाहिएँ जो सरलता से मिल सकें। पुस्तकालय में हर विषय पर तथा महापुरुषों की जीवनियों पर पुस्तकें होनी चाहिएँ।
3. किशोरों को महापुरुषों की जीवनियाँ पढ़ने को दी जानी चाहिएँ। धर्म, मानवता और देश के प्रति स्थायी भावों का विकास करना चाहिए। इसके लिए अनुकरण और उत्साह अपेक्षित है। परीक्षाओं का डर दूर रखना चाहिए।
4. सहपाठी क्रियाओं का प्रबन्ध होना चाहिए। स्काउटिंग को बढ़ावा देना चाहिए, क्योंकि यह युवक की रुचियों को सन्तुष्ट करती है। वह समाज-सेवा द्वारा आत्म-प्रदर्शन की प्रवृत्ति प्रदर्शित करता है। योग्य शिक्षक की निगरानी में विद्यालय में क्लब की स्थापना करनी चाहिए।

किशोरावस्था की प्रवृत्तियाँ

किशोरावस्था की कुछ प्रवृत्तियां निम्नलिखित होती हैं–

1. जीवन प्रवृत्ति– युवक भूख, भय, व्यक्तिगत आराम, उत्साह, क्रोध इत्यादि की जीवन-प्रवृत्तियाँ रखता है। अतः समय के साथ-साथ उसमें इन सभी प्रक्रियाओं में बदलाव आते रहते हैं।

2. खेल प्रवृत्ति– वह अपना अधिक समय मनोरंजन में गुज़ारना चाहता है। अतः इसके साथ वह कुछ ऐसे खेल भी खेलना पसंद करता है जो उसे शिक्षा प्रदान करते हैं।

3. सामाजिक प्रवृत्ति– वह अपनी रुचियों के अनुकूल व्यक्तियों का साथ करना चाहता है। डाकुओं के गिरोह इसी प्रवृत्ति का परिणाम हैं। क्योंकि समाज में रहने वाले कुछ लोग ही इन्हें जला-कटा सुनाकर इस मार्ग को चुनने हेतु प्रोत्सहित करते हैं।

4. आलोचनात्मक प्रकृति–किशोर के स्वभाव में बदलाव आने लगता है अतः वह आलोचनात्मक प्रकार के स्वभाव को दूसरों पर छलकाने लगते हैं तथा उनका मानसिक क्षेत्र इससे प्रभावित होने लगता है। वह अपने आस-पास के सामाजिक और भौतिक कार्यों में रुचि लेने लगता है।

5. यौन प्रवृत्ति– यह प्रवृत्ति भी इस अवस्था में बलवान होती है।

6. वीर पूजा वृत्ति– वह नायक की पूजा करता है। आदर्शों के प्रति उसका प्राकृतिक झुकाव होता है। अतः वह अपने से बड़ों का आदर सत्कार करने लगता है।

किशोरावस्था संबंधी समस्याएँ

किशोरावस्था के आरम्भ में बालक न छोटों में शामिल होता है और न बड़ों में। उसको पहले से अधिक जिम्मेदारियाँ दे दी जाती हैं। जिनके कारण अनेक परेशानियाँ पैदा हो जाती हैं और उनका घर, स्कूल तथा समाज के प्रति विरोध उत्पन्न होने लगता है। यह विरोध प्रारम्भिक किशोरावस्था में अधिक दिखाई देता है। घर, विद्यालय और समाज में विरोध के निम्न कारण हैं–

1. किशोर आत्मनिर्भर बनना चाहता है, इसलिए भी हर बात का विरोध करने लगता है।

2. माता-पिता, शिक्षकों द्वारा कड़ा अनुशासन होने पर किशोर बिरोध करते हैं।

3. नवीन सामाजिक सम्पर्कों पर अधिक रोक-टोक के कारण। जैसे लड़के और लड़कियों की दोस्ती पर रोक-टोक पर वे विरोध करते हैं।

4. किशोर में बुद्धि का पूर्ण विकास नहीं होता लेकिन तब भी वह अपनी बात को शत प्रतिशत सही मानता है और चाहता है कि सब उससे सलाह लें और उसके विचारों को मानें। दूसरों के न मानने पर वह विरोध करता है।

5. किशोरावस्था में परिपक्वतापूर्ण रूप से नहीं प्राप्त हो पाती जिसके कारण उन्हें पूर्ण उत्तरदायित्व नहीं मिलता अतः वे विरोध करने लगते हैं।

6. किशोर प्रत्येक बात को वैज्ञानिक दृष्टिकोण से देखता है। वह पुराने रीति-रिवाजों व रूढ़ियो को नहीं मानता। इस अवस्था में अगर उसके साथ जबरदस्ती की जाती है तो वह विरोध करता है।

7. कपड़ों के मामलों में माँ-बेटी में इस अवस्था में विरोध देखा गया है परन्तु 15 वर्ष की आयु के बाद यह कम होने लगता है।

समस्या के समाधान हेतु सुझाव—किशोरों द्वारा घर, विद्यालय तथा समाज में समन्वय स्थापित कर विभिन्न समस्याओं से निजात पाया जा सकता है। इस संदर्भ में निम्नलिखित बातों पर ध्यान दिया जा सकता है—

1. किशोरों के साथ सहानुभूतिपूर्ण व्यवहार अपनाना चाहिए। हर समय डाँटना भी नहीं चाहिए बल्कि उसे थोड़ा प्यार से भी समझाना चाहिए।
2. माता-पिता को चाहिए कि वे किशोरों को अपनी जिम्मेदारी सम्भालने के लिए उकसाने का प्रयास करते रहें जिससे उन्हें अपने पर आत्मनिर्भर होने का अहसास हो सके।
3. किशोरों द्वारा एक बार गलती करने पर उन्हें दण्ड नहीं देना चाहिए बल्कि उन्हें समझाना चाहिए और भविष्य में गलती न करने से बचाना चाहिए।
4. किशोरों को जरूरत के अनुसार स्वतन्त्रता भी देनी चाहिए। लड़के और लड़कियों के मिलने-जुलने पर अधिक पाबन्दी नहीं होनी चाहिए और उन्हें यौन शिक्षा भी देनी चाहिए जिससे वे पथ-भ्रष्ट न हो सकें।
5. इस अवस्था में लड़कियों पर भी बहुत अधिक पाबन्दी नहीं होनी चाहिए। आवश्यकतानुसार उन्हें भी थोड़ी बहुत छूट देनी चाहिए। उदाहरण के लिए कॉलेज जाना, बाजार जाना, मंदिर जाना, दोस्तों से मिलना आदि।
6. किशोरों की समस्याओं को सुनकर उन्हें सुलझाने की कोशिश करनी चाहिए जिससे उनमें हीन भावना घर न कर ले।

5

सृजनात्मक क्षमता का विकास

सृजनात्मकता का आशय किसी चीज का सृजन करने या निर्माण करने से है। सृजन की शक्ति प्रत्येक व्यक्ति में होती है। उसकी सृजनात्मक शक्ति का बोध उसके द्वारा किए जाने वाले कार्यों से होता है। जैसे—बढ़ई लकड़ी से मनचाही कलात्मक मेज बना सकता है, चित्रकार मनचाहे रंगों से नवीन कलाकृति की रचना करता है। कवि, कविता रचता है और गीतकार गीत रच सकता है। कहना यह है कि प्रत्येक व्यक्ति में सृजन की सम्भावनायें होती हैं और उनका विकास किया जाना चाहिये।

सृजनात्मकता : आशय एवं परिभाषाएँ

सृजनात्मकता शब्द अंग्रेजी के क्रियेटिविटी के पर्याय के रूप में प्रयुक्त होता है। इसके समानान्तर **विधायकता, उत्पादकता** शब्दों का प्रयोग होता है। **उत्पादकता में प्रोडक्टीविटी** का बोध होता है जो किसी वस्तु के उत्पादन का आभास कराता है। **विधायकता** में एकत्रीकरण का बोध होता है। एक और शब्द है—**खोज,** इसे डिस्कवरी के सन्दर्भ में प्रयुक्त किया जाता है। ये सभी शब्द **सृजनात्मकता** के इर्द-गिर्द घूमते हैं और उस आशय को पूरा नहीं करते। सृजनात्मकता के बिल्कुल समानान्तर शब्द भी है। सृजन में शून्य का भाव है और सृजन में विद्यमान में से नवीनता की, मौलिकता की सृष्टि करनी पड़ती है। **डॉ. कामिल बुल्के** ने क्रियेटिव शब्द के समानान्तर अर्थ—**सृजनात्मक, रचनात्मक, सृजक** बताये हैं। भारत सरकार के तकनीकी कोश में क्रियेटिविटी को **सृजनशीलता** कहा गया है। डॉ. रघुवीर ने क्रियेट का अर्थ—**सृजन, उत्पन्न करना, सर्जन करना,** बनाना कहा है।

सृजनात्मकता के आशय को विभिन्न विद्वानों द्वारा दी गई परिभाषाओं से भी समझा जा सकता है जो निम्नलिखित हैं–

स्टेन के अनुसार–"जब किसी कार्य का परिणाम नवीन हो, जो किसी समय में समूह उपयोगी एवं मान्य हो, वह कार्य सृजनात्मक कहलाता है।"

मेडेनिक के अनुसार–"सृजनात्मकता चिन्तन में साहचर्य के तत्वों का मिश्रण रहता है जो विशिष्ट आवश्यकताओं की पूर्ति हेतु संयोगशील होते हैं या किसी अन्य रूप में लाभदायक होते हैं। नवीन संयोग विचार जितने कम होंगे, सृजनात्मकता की सम्भावना उतनी ही अधिक होगी।"

जेम्स ड्रेवर के अनुसार–"अनिवार्य रूप से किसी नई वस्तु का सृजन करना है, विस्तृत अर्थ में जहाँ पर नये विचारों का संग्रह हो, वहाँ पर प्रतिभा का सृजन (विशेषतः तब जबकि स्वयं प्रेरित हो न कि अनुकूल) जहाँ पर मानसिक मात्र आह्वान न हो।"

सी. वी. गुड के अनुसार–"सृजनात्मकता वह विचार है जो किसी समूह में विस्तृत सांतत्य का निर्माण करता है। सृजनात्मकता के कारक हैं–साहचर्य, आदर्शात्मक, मौलिकता, अनुकूलता, सांतत्यता, लोच एवं तार्किक विकास की योग्यता।"

उपरोक्त परिभाषाओं के आलोक में यह कहा जा सकता है कि सृजन एक महत्वपूर्ण कार्य है। इस कार्य को समाज से मान्यता मिलनी चाहिए। कार्य की उपयोगिता होनी चाहिये। सृजनात्मक कार्य में दो या अधिक वस्तुओं के संयोग से नवीनता उत्पन्न की जानी चाहिये। सृजनात्मकता से प्रतिभा का विकास होता है। इन सभी तत्वों पर विचार करके हम सृजनात्मकता को नये अथवा नये ढंग से सोचने, करने तथा बनाने की प्रक्रिया को सृजनात्मकता कह सकते हैं।

यद्यपि कलाकारों के जीवन में सृजनात्मक शक्ति अधिक होती है। लेखक, चित्रकार, कवि, विद्वान, अभिनेता आदि सभी में सृजनशीलता विद्यमान रहती है। रचनात्मकता की प्रवृत्ति स्वाभाविक रूप से प्रत्येक मनुष्य में पायी जाती है। यदि उचित परिवेश मिले तो मनुष्य की इस योग्यता को विकसित किया जा सकता है। भारत में छात्रों में निहित सृजनशीलता के गुण का विकास न होने से हजारों-लाखों प्रतिभायें अविकसित रह जाती हैं और उनसे राष्ट्र की हानि होती है।

सृजनात्मकता के विविध आधार

सृजन का आधार चिन्तन है। यदि हम यह प्रश्न करें कि एक और एक

कितने होते हैं, इसका सीधा उत्तर में चिन्तन सरल एवं यांत्रिक होता है। दूसरे प्रकार का चिन्तन भिन्नता के लिए होता है। इसमें सोचने के पर्याप्त अवसर रहते हैं। अपसारी चिन्तन का विशेष लक्ष्य होता है। जिस चिन्तन में प्रत्यक्षतः यांत्रिकता रहती है, उसे अभिसारी चिन्तन कहते हैं। चिन्तन तथा सृजन के सन्दर्भ में पहली बार **गिलफोर्ड** ने विचार किया था कि व्यक्ति अपने उद्देश्य की पूर्ति के लिये प्रयत्न करता है और उसकी संतुष्टि होने पर वह भविष्य में प्रयत्न करता है। संतुष्टि की जाँच मूल्यांकन द्वारा होती है। अपसारी चिन्तन एवं मूल्यांकन के साथ-साथ अभिसारी चिन्तन सृजनात्मक शक्ति का तीसरा पक्ष है।

प्रायः देखा जाता है कि स्काउट्स साधनों के अभाव में लाठियों से कामचलाऊ स्ट्रेचर बना लेते हैं। किसी वस्तु के अभाव में दूसरी वस्तु से काम चला लेते हैं। इसका सीधा सा अर्थ है कि व्यक्ति में परिस्थिति की पुनर्व्याख्या की शक्ति होना आवश्यक है। इसे कार्यात्मक स्थिरता भी कहते हैं। बालकों के व्यक्तित्व के विकास में रचनात्मकता का महत्वपूर्ण स्थान है। सभी विद्यार्थियों में रचनात्मकता की प्रवृत्ति समान नहीं हो सकती है अतः विद्यार्थियों को कक्षा परिस्थितियों में ही रचना करने के मौके प्रदान किये जायें। इस प्रकार के अवसरों में लोच, स्वतन्त्रता तथा साहस के गुण होने चाहिएँ। समस्त कक्षा शिक्षण सृजनात्मक होना चाहिए। सृजनात्मक में रटन्त प्रणाली का बहिष्कार किया जाता है।

आज की शिक्षा प्रणाली में मौलिकता तथा नवीनीकरण का ध्यान नहीं रखा जाता। सच यह है कि सृजनात्मकता वह गुण है जिसे बोधगम्य होना चाहिये तथा उसका अनुकरण करना चाहिए। अपसारी, अभिसारी चिन्तन का मूल्यांकन सृजनात्मकता के अध्ययन के लिये किया जा सकता है। गिलफोर्ड ने अपसारी चिन्तन के लिए अनेक परीक्षणों का निर्माण किया है। सामान्यतः बुद्धि परीक्षण अपसारी चिन्तन का परीक्षण नहीं है। सृजनात्मकता के मूल्यांकन के लिए इनका परीक्षण किया जाता है।

सृजनात्मकता की पहचान हेतु गिलफोर्ड ने निम्नलिखित तत्व बताये हैं—

1. जिन बालकों में किसी तथ्य, समस्या की सम्पूर्ण अथवा आंशिक रूप में पुनर्व्याख्या करने की क्षमता होती है, सृजनात्मकता शक्तियों से पूर्ण होते हैं।
2. जो बालक तात्कालिक सन्दर्भ एवं परिस्थितियों के आधार पर उससे भी आगे जाकर चिन्तन, मनन तथा अभिव्यक्ति करते हैं, उनमें सृजनात्मकता के लक्षण पाये जाते हैं।
3. तर्क, चिन्तन तथा प्रमाणों के माध्यम से मौलिक एवं तर्कसंगत अभिव्यक्ति के द्वारा किसी अन्य व्यक्ति के विचार, विश्वास तथा धारणा में परिवर्तन करने वाले सृजनशील होते हैं।

4. वे बालक, चिन्तन, तर्क, कल्पना द्वारा प्रासंगिक असामान्य विचारों के साथ सामंजस्य स्थापित कर लेते हैं, सृजनशील होते हैं। ऐसे बालक आत्माभिव्यक्ति के लिए चुनौती को स्वीकार कर लेते हैं। और आत्मनिविष्ट हो क्रियाशील हो जाते हैं।

सृजनात्मकता के विविध पक्ष

सृजनात्मकता का ऐसा विचार है जिसके माध्यम से बालकों में निहित मौलिक सम्भावनाओं को विकसित किया जाता है। इसलिये कुछ शब्द तथा अवधारणायें प्रचलित हैं, जो इस प्रकार हैं—

(1) सृजनात्मक मूल्य—यह कार्य प्रणाली का एक रूप है जो पाठ्यक्रम के संशोधन में प्रयुक्त होता है। इसका मुख्य आधार सामग्री तथा निर्देशात्मक विधियों का चिन्तन तथा आत्माभिव्यक्ति को विकसित करने का लक्ष्य लेकर चयन करना है।

(2) सृजनात्मक शिक्षा—कोई भी मुक्त अभिव्यक्ति जो बालक भाषा, नृत्यकला, संगीत, गति, गत्यात्मकता के द्वारा व्यक्त करता है और अपनी भावनाओं की अभिव्यक्ति करता है, इससे उसमें प्रतिबोधात्मक स्पष्टता आती है एवं अभिव्यक्ति हेतु उसमें संवेगात्मक गहनता आती है, सृजनात्मक शिक्षा कहलाती है।

(3) सृजनात्मक विचार—सृजनात्मक विचार के अन्तर्गत मौलिक तथा तार्किक, मौखिक या लिखित अभिव्यक्ति पर विचार किया जाता है। **डोनाल्ड एम० जॉनसन के** अनुसार—"मौलिक हल का उत्पादन, विचारों का निर्माण तथा कल्पना का सृजन आता है।"

ऊपर दी गई तीनों अवधारणाएँ रचनात्मकता के विभिन्न पक्षों पर प्रकाश डालती हैं। वास्तविकता यह है कि रचनात्मकता व्यक्ति के जीवन का विकासात्मक पहलू है। छात्रों में निहित रचनात्मकता प्रवृत्ति को विकसित करने के लिए सजा और परितोषिक प्रदान किये जाते हैं। प्रायः यह देखा गया है कि पारितोषिक इस प्रवृत्ति को विकसित करने में अधिक महत्वपूर्ण है।

सृजनात्मकता का बुद्धि और परिपक्वता से संबंध

सृजनात्मक शक्तियों तथा क्षमताओं का विकास व्यक्ति तथा समाज दोनों के हित में जाता है। ज्ञान के विकास तथा परिस्थितियों की अनुकूलता से सृजनात्मकता को बल मिलता है। इसका सम्बन्ध बुद्धि तथा परिपक्वता से होता है।

बुद्धि—प्रश्न यह है कि क्या प्रत्येक बुद्धिमान बालक सृजनशील होता है? इस प्रश्न का उत्तर देने में मनौवैज्ञानिकों में मतभेद रहा है। **गेजल** (Gatzels) एवं **जैकसन** (Jackson) ने सृजनात्मकता तथा बुद्धि के सम्बन्ध को ज्ञात करने के लिये अध्ययन किये। इस अध्ययन में 132 बुद्धि-लब्धि वाले छात्रों को लिया गया। 500 छात्रों का परीक्षण किया गया। इस परीक्षण में सृजनात्मक व्यक्तित्व, शैक्षिक निष्पत्ति आदि टेस्ट बैटरी का इस्तेमाल किया गया।

इस परीक्षण में पता चला कि खेल एवं मजाक प्रतिभाशाली सृजन के लिए आवश्यक गुण होते हैं। सृजनशील बालक प्रत्येक वस्तु तथा घटना को नवीन रूप देने का प्रयत्न करते हैं। **कार्ल रोगर** ने इसे तत्व एवं अवधारणाओं के साथ खेलना कहा है, सृजनशील बालक नवीन अनुभवों के लिए अधिक व्यग्र होते हैं। तीसरी बात यह है कि सृजनशील बालक में कलाकार एवं वैज्ञानिक बनने की सम्भावनायें अधिक होती हैं। देखा गया है कि अधिक उच्च बुद्धि-लब्धि वाले छात्रों की सृजनात्मकता, डॉक्टर, इन्जीनियर, वकील आदि उच्च श्रेणी के व्यवसाय से सम्बन्धित होती है।

परिपक्वता—विकास काल अर्थात् परिपक्वता के सृजनात्मकता से पर्याप्त सम्बन्ध रहता है। टोरेन्स ने निष्कर्ष निकाला कि सृजनात्मकता शैशव से लेकर किशोरावस्था तक स्थिर रूप से नहीं बढ़ती। सृजनात्मक परीक्षण में कुछ बिन्दुओं पर झुकाव आते हैं। ये झुकाव या परिवर्तन पाँच वर्ष की अवस्था में दूसरी तथा तीसरी कक्षा में होते हैं। इसके बाद ग्यारहवीं कक्षा तक ये झुकाव आते हैं। टोरेन्स ने अपने अध्ययन का आधार अतः सांस्कृतिक (Cross-cultural) अध्ययन को बनाया है।

टोरेन्स ने सेवा-कालीन अध्यापकों को सृजनात्मक शिक्षण की विधियों को बताया परन्तु उसे सफलता न मिली। अतः उसने निर्देशात्मक सामग्री का निर्माण किया। उसने ड्रामेटिक, ऑडियो टेप पर सामग्री को भरा और उसका उपयोग किया। इसमें चिन्तन तथा सृजन सम्बन्धी अनेक समस्यायें थीं।

बच्चों के विकास का सृजन से वही सम्बन्ध है जो अधिगम तथा परिपक्वता का है। इसमें परिपक्वता का ध्यान रखते हुए इस प्रकार के प्रश्न पूछे जाते हैं—

1. आपके पिता यह किस प्रकार जानते हैं कि बाग में बीज किस प्रकार लगाया जाता है?
2. डॉक्टर यह निश्चय किस प्रकार करता है कि मरीज को कौन-सी दवाई देनी चाहिये?

सृजनात्मक शिक्षण के कुछ अभिगम—सृजनात्मक शिक्षण के तहत छात्रों

को समस्याओं के समाधान को हल करने के अवसर दिये जाते हैं। छात्रों से यह आशा करनी चाहिये कि वे नवीन आविष्कार करेंगे या सृजनात्मक ज्ञान देंगे। सृजनात्मक अध्यापन का लक्ष्य विद्यार्थियों को नयी जानकारी प्रदान करना है। जिससे छात्र सृजनात्मकता से जुड़ी कठिनाइयाँ व सिद्धान्तों को सही प्रकार से समझ सके। उसके, अनुचित उपयोग की जानकारी हो जाये। छात्रों को इसे करके सीखने की आदत पड़ जाती है। वे पुस्तकीय ज्ञान का पूरा-पूरा लाभ उठाते हैं। सृजनात्मक शिक्षण के लिये प्रायः विभिन्न अभिगमनों को प्रयोग में लाया जाता है जो निम्नलिखित हैं–

(1) अन्वेषण विधि का विलय–खोज विधि के तहत छात्रों के समक्ष समस्या पेश की जाती है तथा छात्रों से समस्या का निदान तलाशने के लिए कहा जाता है। विद्यार्थी अपनी रचनात्मकता शक्ति से दी गयी समस्या का हल तलाशते हैं।

(2) वर्गीकरण की योजना बनाना–अधिगम की सभी शाखाओं में तथ्यों एवं आँकड़ों का वर्गीकरण करने की आवश्यकता पड़ती है। कुछ विषयों में तो आँकड़ों का वर्गीकरण करके ही विषयों को समझा जा सकता है। व्याकरण का शिक्षण एवं अध्ययन वर्गीकरण पर ही आश्रित है। बालकों में सृजनात्मकता का शिक्षण देने के लिये आँकड़ों का वर्गीकरण उन्हीं से कराना चाहिये।

(3) साक्ष्यों के आधार पर सूचना का संग्रह–इस अभिगमन में एक समस्या द्वारा छात्रों को तथ्य (Data) प्रदान किया जाता है। उस तथ्य से अधिकतम निष्कर्ष ज्ञात करने के लिये कहा जाता है। इसी प्रकार ऐतिहासिक तथ्यों का निरूपण इस विधि से किया जाता है। इतिहास का अध्यापक प्राचीन मुद्रायें, अभिलेख आदि का इस्तेमाल कर सकता है। भूगोल में भी इस प्रकार के सन्दर्भ एवं स्रोत का इस्तेमाल करके वह छात्रों में सृजन की अभिलाषा उत्पन्न कर सकता है।

(4) सुधार प्रक्रिया–सृजनात्मक शिक्षण की सबसे अच्छी विधि यह कि है कि बालक को किसी कार्य या प्रक्रिया में सुधार हेतु संशोधन प्रस्तुत करने के लिये कहा जाये। विज्ञान क्षेत्र में नवीन आविष्कार इसी गुण का परिणाम है।

(5) निष्कर्ष का अनुमान लगाना–सृजनात्मक शिक्षण के लिये भावी परिणाम की कल्पना एक अच्छी विधि है। किसी भी समस्या परिणामों की कल्पना से बालकों को भावी जीवन में चिन्तन एवं निर्णय लेने की शक्ति का विकास होता है। **जुले वर्न** ने उन्नीसवीं शताब्दी (1865) में एक पुस्तक 'फ्राम अर्थ टु मून' लिखी। उसने जिस कल्पना का वर्णन किया। इसी प्रकार बालकों से "यदि मैं हैडमास्टर होता, यदि मैं प्रधानमन्त्री होता तो क्या करता" आदि कल्पनापूर्ण विवरण लिखाकर सृजनात्मकता विकसित की जा सकती है।

(6) तत्कालीन समस्याओं का निदान—सृजनात्मकता के शिक्षण के लिये तत्कालीन समस्यायें और उनके हल भी लिये जा सकते हैं। सामाजिक अध्ययन के शिक्षण के लिये यह विधि अधिक उपयोगी सिद्ध हुई है। छात्र असन्तोष, सार्वजनिक सम्पत्ति को हानि पहुँचाना, अशिक्षा आदि समस्याओं को प्रस्तुत करके उनके हल भी प्राप्त कर सकते हैं।

बालकों की सृजनात्मक शक्ति के लक्षण

बालकों में सृजनात्मकता की पहचान के अनेक रूप हैं। प्रोफेसर वेंकटारामैया के अनुसार सृजनशील बालक में ये गुण पाये जाते हैं—

1. सृजनशील बालक अत्यधिक संवेदनशील होते हैं। वे किसी कार्य को गम्भीरता से लेते हैं।
2. सृजनशील बालकों में उत्सुकता भी पाई जाती है। वे उत्सुकता के कारण एक कार्य को करने के अनेक ढंग सोचते रहते हैं। इन नवीन प्रणालियों द्वारा वे अपने विचारों की अभिव्यक्ति करते हैं।
3. सृजनशील व्यक्ति में मौलिकता अनेक रूपों में पाई जाती है। साधारण विचारों से उसे अधिक संवेदनशीलता अनुभव होती है। वह प्रेरणात्मक होता है और तथ्यों से परे देखता है। वह सदैव विशेष व्यक्ति के रूप में जाना जाता है।
4. सृजनशील बालकों में अपनी प्रभुसत्ता के प्रति अधिक लगाव होता है। वे अपने को उत्तरदायित्वपूर्ण ढंग से करते हैं, तथा कार्य को अपना समझ कर करते हैं। उनमें लक्ष्य पूर्ति होने तक बैचेनी बनी रहती है।
5. सृजनशील बालकों में परिहासप्रियता पाई जाती है। वे खेल, आनन्द एवं मजाक के रूप में सृजन करते रहते हैं।
6. सृजनशील बालक में किसी समस्या पर स्वतः निर्णय लेने की क्षमता होती है। वह वस्तुओं को अपने ढंग से प्रस्तुत करता है। वह दूसरों के सुझावों को स्वीकार नहीं करता।

सृजनात्मक क्रियाओं से संबंधित महत्वपूर्ण तथ्य

सृजनात्मक क्रियाओं के संदर्भ में निम्नलिखित बातों को मद्देनजर रखना आवश्यक होता है—

(1) विश्वास की भूमिका—बालक का जीवन ऐसी घटनाओं से परिपूर्ण रहता है कि मानसिक जीवन में उसे विश्वास की भूमिका अनिवार्य रूप से निभानी पड़ती

है। वह यथार्थ से मुक्त होकर खेलता है। वह अनेक परिस्थितियों का सृजन तथा पुनर्सृजन करता है। ऐसे बालक घर में अनेक प्रकार का अभिनय करते हैं। पापा की ऐनक लगाकर पापा बनते हैं, आदि।

(2) मनतरंग की भूमिका—मनतरंग की भूमिका से बच्चों में कल्पना और संवेग विकसित होती हैं। बच्चों द्वारा पढ़ा गया साहित्य अथवा सुनी व याद की कथा, गीत आदि बालकों के लिए काल्पनिक चीजें बन जाती हैं। पढ़े जाने वाले साहित्य का प्रभाव उन पर पड़ता है और वे साधारणीकरण की प्रक्रिया में प्रवाहित होते रहते हैं।

(3) सृजनात्मक अभिव्यक्ति—बालक की कल्पना तभी साकार होती है जबकि उसे सृजनात्मक रूप से अभिव्यक्त किया जाये। बालकों में वैयक्तिक भिन्नता पाई जाती है। उनमें सृजनात्मक अभिव्यक्ति की क्षमता भी भिन्न होती है। इसके लिये संवेगों की अभिव्यक्ति, ज्ञान एवं अनुभव के पुनर्गठन की आवश्यकता पड़ती है। चित्रकला, पेंटिग, कला, हस्तकला के द्वारा बालक को सृजनशीलता के अवसर दिये जा सकते हैं। बड़े बालकों को लिखने की अभिव्यक्ति के अवसर देकर सृजनशीलता गत्यात्मक अभिव्यक्ति द्वारा दी जा सकती है। कलात्मक वस्तुओं का सृजन तथा उनकी प्रशंसा से भी सृजनात्मकता का विकास होता है।

सृजनात्मकता मापन संबंधी मनोवैज्ञानिक प्रयोग

सृजनात्मकता के परीक्षणों के लिये **गिल्फोर्ड** ने अनेक परीक्षणों की रचना की है। टोरेन्स (Torrance) ने भी इस दिशा में महत्वपूर्ण कार्य किया है। उसके परीक्षण **निरन्तरता** (Fluency), **लोचनीयता** (Flexibility), **मौलिकता** (Originality) एवं **विस्तार** (Elaboration) आदि का मापन करते हैं। टोरेन्स ने चार परीक्षणों की एक **बैटरी** का निर्माण बच्चों में सृजनात्मकता के मापन हेतु किया है। इस बैटरी के दो परीक्षण मौखिक तथा दो लिखित हैं। ये परीक्षण इस प्रकार हैं—

(1) टीन के डिब्बों के उपयोग—छात्र को खाली डिब्बों के नूतन उपयोग बतलाने के लिये कहा जाता है। यह परीक्षण गिलफोर्ड के ब्रिक्स टैक्ट जैसा है। इसमें डिब्बों की संख्या का कोई बन्धन नहीं होता।

(2) प्रोडक्ट इम्प्रूवमैन्ट टास्क—कुत्ते के खिलौने का चित्र बालक के सम्मुख प्रस्तुत किया जाता है। इसमें उसको चालाकी से कुत्ते बदलने की घटना तथा उपायों को लिखने के लिये कहा जाता है। इस परीक्षण में **निरन्तरता, लोच, मौलिकता** एवं **विस्तार** के सन्दर्भ में नूतन विचार को अंक दिये जाते हैं।

(3) चित्रपूर्ति परीक्षण–इस परीक्षण के अन्तर्गत छात्रों को अधूरे चित्र प्रदान करके मौलिकता के आधार चित्रों को पूरा करके नयी चित्र रचना करने के लिए कहा जाता है। इसके आधार पर एक कहानी का निर्माण करने के लिये कहा जाता है। चित्र तथा कहानी का शीर्षक निर्माण करने के लिये भी कहा जाता है।

इस परीक्षण के प्राप्तांकों का निर्धारण **निरन्तरता** (Fluency) तथा **लोचनीयता** (Flexibility), **मौलिकता** (Originality) तथा **विस्तार** (Elaboration) के आधार पर किया जाता है।

(4) वृत्त परीक्षण–पहले परीक्षण की भाँति दूसरा परीक्षण है। इसमें छात्र को वृत्त के अन्दर चित्र बनाने के लिये कहा जाता है। चित्र के लिये छात्र वृत्त के अन्दर की जगह को इस्तेमाल करता है। वह मनचाहे चित्र बनाता है। इसमें **निरन्तरता, लोच, मौलिकता** तथा **विस्तार** के आधार पर अंक प्रदान किये जाते हैं।

प्रत्येक परीक्षण की कालावधि 19 मिनट होती है। इसमें बालकों को असम्भवता (Impossibilities) की सूची भी बनानी पड़ती है। इसमें इस प्रकार के परिकल्पनात्मक (Hypothetical) प्रश्न करने पड़ते हैं–जैसे पृथ्वी में आर-पार छेद कर दिया जाये तो क्या होगा? यदि व्यक्ति जब चाहें अदृश्य हो जायें तो क्या होगा, आदि।

इन परीक्षणों के अलावा मैडनिक का रिमोट एसोसिएशन (Remote Association Test) परीक्षण, जॉन सी० फ्लैंगन (John C. Flangan) का मेजरमेंट ऑफ इनजेनुइटी (Barron Welsh Art Scale) भी सृजनात्मकता के मापन के लिये प्रसिद्ध है।

गोल्ड बर्गर एवं हॉल्ट (1951) ने रोर्शा परीक्षण को कालेज के 14 पुरुष छात्रों पर प्रयोग किया। इस परीक्षण से उसने छात्रों में व्यवहार में परिवर्तन अनुभव किया। कोहन (1951) ने हॉल्ट एवं हैवल (Havel) की प्रणाली की पुनर्व्याख्या की। उसने इसमें अनुकूली अंक (Adaptive Scores) तथा अनुकूली प्रतिगमन अंक (Adaptive Regression) को सम्मिलित किया। रोर्शा का उपयोग बैरन (Barron 1957) एवं हैमर (Hemmer, 1961) ने भी किया। इन सभी परीक्षणों का उपयोग इस आधार पर किया गया। इससे विषय (Subject) का प्रक्षेपण (Projection) हो जाता है।

पाईन एवं हॉल्ट (Pine and Halt, 1960), गोल्डन बर्गर एवं हॉल्ट (1961) तथा कोहन (1951) ने भी रोर्शा को सृजनात्मकता के परीक्षण हेतु उपयोग किया।

है। पाईन एवं हॉल्ट ने कल्पना के विभिन्न परीक्षणों के परिणामों, उत्पादों (Productions) के गुण तथा सामग्री की प्रक्रिया के सम्बन्धों को ज्ञात करके वांछित परिणाम प्राप्त किये टी० ए० टी०, साइन्स टैस्ट, हयूमर Humour) टैस्ट, पशु चित्रण तथा गिल्फोर्ड के ब्रिक्स-यूज (Bricks Use) तथा कान्सीक्वेंसेज टैस्ट का भी बहुतायत में प्रयोग किया गया।

जहाँ तक मनोविश्लेषणवादियों के मत का प्रश्न है, सृजनात्मकता के परीक्षण के लिये रोर्शाच परीक्षणों के उदाहरण प्रस्तुत करते हैं। हॉल्ट एवं हैवल (1960) ने प्राथमिक तथा माध्यमिक स्तर पर रोर्शा का उपयोग किया। इसका उपयोग व्यक्ति की योग्यता, उत्पादकता, अहं-संप्रयुक्तता को जानने के लिये किया गया। अंक, श्रेणी विषय तथा सामान्य चर (Variables) या अपसार (Deviation) के तीन समूहों में अंक प्रदान किये गये। अंकों की इस प्रणाली को अनुसन्धान साधन (Research Tool) के रूप में लिया गया। बर्नार्ड मैकलर (Bernard Mackler) ने अननुकूली (Mal Adaptive) तथा अनुकूली-प्रतिगमन (Adaptive Regression) सृजनशीलता की पहचान के लिये इसका उपयोग किया है।

मैल्जमैन (Maltzman) तथा उसके साथियों ने 1960 में गिलफोर्ड का अनयूजवल यूजेज टैस्ट (Unusual Uses Test) का प्रयोग किया। मैडनिक (Mednick 1962) ने 30 पदों वाले रिमोट एसोसियेशन परीक्षणों का प्रयोग किया।

इस समय भी 39 परीक्षणों का प्रयोग सृजनात्मक परीक्षणों के लिये किया जा रहा है। ये परीक्षण मौखिक और अमौखिक (Non-Verbal) क्षेत्रों को पूरा करते हैं। इनमें टोरेन्स (Torrance), गेजल (Getzal) तथा जैक्सन (Jackson) के परीक्षण निरन्तरता (Fluency), नमनीयता (Flexibility), मौलिकता (Originality) तथा व्याख्या (Elaboration) की ओर संकेत करते हैं। इन परीक्षणों के अतिरिक्त मैडनिक का रिमोट एसोसियेशन एवं मेजरमेंट ऑफ इन्जेनुएटी (John C. Flanagan) एवं बैरन बैल्श आर्ट स्केल भी सृजनात्मकता के अध्ययन के लिये प्रचलित है। सृजनात्मकता के परीक्षण के लिये ये कुछ टैस्ट भारत में बनाये गये हैं। इनका उपयोग निरन्तर किया जा रहा है।

सृजनात्मक शक्ति को बढ़ाने की विधियाँ

बालकों में सृजनात्मक शक्ति बढ़ाने के उद्देश्य से विभिन्न प्रकार की विधियों का इजात किया गया है, जो निम्नलिखित हैं–

1. जो भी कुछ बतलाया उसमें **समस्या के स्तरों को पहचानने का शिक्षण** अवश्य हो। बालक यह अवश्य जान लें कि समस्या किस स्तर की है?
2. सृजनात्मक शिक्षण के लिये **समस्या-समाधान के सन्दर्भ में तथ्यों का अधिगम** कराया जाये। इनमें क्या किया, क्या न किया जाना चाहिये आदि प्रश्नों के माध्यम से आगे बढ़ा जा सकता है।
3. सृजनात्मकता के शिक्षण के लिये **मौलिकता की उद्भावना** विकसित करने के लिये शिक्षा प्रदान करनी चाहिये। सृजन और मौलिकता से अभिप्राय ज्ञान के तथ्यों को नवीन रूप से ढालना है।
4. बालकों में **सही मूल्यांकन** करने की प्रवृत्ति विकसित होनी चाहिये। यह सृजनशक्ति को अधिक विकसित करती है।

उपरोक्त तथ्यों के आधार पर निष्कर्ष निकलता है। बालकों में सृजनात्मकता को विकसित करने हेतु मौलिकता, सही मूल्यांकन करने की प्रवृत्ति, समस्या के स्तर को पहचानना, आदि गुणों के विकास के लिए उनके क्या, कहाँ, क्यों और कैसे प्रश्नों का उत्तर देकर उन्हें अग्रसर किया जा सकता है।

6

मूल्यों का विकास

मूल्य : आशय एवं परिभाषाएँ

मानव जीवन में मूल्यों का विशेष महत्व होता है इसीलिए बाल्यावस्था में ही इसके विकास के प्रति खास ध्यान देने की ज़रूरत होती है। ऐसा माना जाता है कि व्यक्तित्व की परिपक्वता मूल्यों पर आधरित है। मानव जीवन को सार्थक और अर्थपूर्ण बनाने में मूल्यों का विशेष योगदान होता है। मूल्य ही बालक की शिक्षा का बोध कराते हैं। सामान्य रूप से इच्छाओं को सन्तुष्ट करने वाली वस्तुएँ मूल्यवान कहलाती हैं। इस तरह बैंक एकाउंट, कलात्मक वस्तुएँ, मित्र तथा तरह-तरह की यादगारें सब मूल्यवान हैं। जबकि कलात्मक वस्तुएँ और तरह-तरह की यादगारें गुणात्मक उल्लेख करता है। मूल्य ज़ीवन के उद्देश्य की ओर विकास में सहायक है। यह आत्म-साक्षात्कार और आत्म-विश्वास की ओर ले जाता है। मूल्य का मनुष्य रुचि से घनिष्ठ सम्बन्ध है। जिस मनुष्य या समाज अथवा समूह को जिस वस्तु में रुचि होती है, वही उसे मूल्यवान जान पड़ती है। मूल्य की परिभाषा कुछ इस तरह से है—"कोई भी वस्तु जो व्यक्ति के लिए वांछनीय हो।" मूल्य के अर्थ को वृहद् रूप में समझने हेतु विभिन्न विद्वानों द्वारा दी गई इसकी परिभाषाओं पर निम्न प्रकार प्रकाश डाला गया है—

सन् 1958 में इंगलिश और इंगलिश द्वारा दी गई मूल्य की परिभाषा इस प्रकार है—"मूल्य अमूर्त्त प्रत्यय है जो मनुष्य अथवा परिवार अथवा समुदाय इत्यादि के लिए उद्देश्य प्राप्ति के साधनों को निर्धारित करते हैं। मूल्यों को मनुष्य शनैः-शनैः ग्रहण करता है और इन मूल्यों को अपने चरित्र और आचरण की निजी कसौटी बना लेता है।"

अर्बन के शब्दों में, "मूल्य वह है जो मनुष्य इच्छा की पूर्ति करता है।" **पाल** के शब्दों में, "मूल्य वह शब्द है जो सामान्य भाषा में उन वस्तुओं के लिए लागू होता है जो पसंद कहलाने वाले सम्बन्ध के बाहरी सिरे पर स्थित है, जिसका आन्तरिक सिरा एक मानव मन है जो कि पसन्द करता है।"

उपरोक्त परिभाषाओं के अध्ययन से पता चलता है कि रुचि के अन्तर से मनुष्य के मूल्य में अन्तर हो जाता है। जहाँ विद्वानों को किताबें मूल्यवान लगती हैं, वहीं गंवार आदमी के लिए उनका कोई मूल्य नहीं है। वस्त्रादि में रुचि लेने वाली महिलाओं को वस्त्र ही सबसे अधिक मूल्यवान हैं। गायकों के लिए उनका स्वर सबसे अधिक मूल्यवान है। इसी तरह पहलवान की शारीरिक शक्ति उसके लिए सबसे अधिक मूल्यवान होती है।

मूल्य के विविध स्वरूप

मूल्य को दो वर्गों में रखा जा सकता है– आन्तरिक मूल्य और बाह्य मूल्य। इन दोनों प्रकार के मूल्यों को निम्न प्रकार स्पष्ट किया गया है–

1. आन्तरिक मूल्य—आन्तरिक मूल्य के सन्दर्भ में **राईट** महोदय ने लिखा है–"एक आन्तरिक मूल्य खुद अपने कारण मूल्यवान है, एक साधन मूल्य अपने परिणाम के कारण मूल्यवान है।" आन्तरिक मूल्य के उदाहरण हैं–सत्य, सौन्दर्य, शुभ इत्यादि। ये तीन शब्द अपने ही आप से साध्य हैं, अतः किसी अन्य वस्तु को प्राप्त के साधन नहीं हैं। ये किसी व्यक्ति पर निर्भर नहीं होते अपितु व्यक्ति ही इन पर निर्भर होता है। अतः यह मनुष्य को किसी भी रूप में आध्यात्मिक संतोष प्रदान करते हैं। ये सत्य, सौन्दर्य एवं शुभ मानव के ज्ञानात्मक एवं क्रियात्मक पहलुओं को भी संतोष प्रदान करते हैं।

आन्तरिक मूल्य का उदाहरण नैतिक मूल्य है। नैतिक मूल्य सदाचार की ओर ले जाता है। वह खुद शुभ है, उसमें नैतिक कर्त्तव्य और नैतिक बाध्यता निहित है। ये दो प्रकार के होते हैं–

मूल्यात्मक आत्मवादी और वस्तुवादी और वस्तुवादी सिद्धांत–पार्कर के शब्दों में, "मूल्य पूर्णतया आन्तरिक विश्व मनस से सम्बन्ध रखते हैं। अकांक्षा ही मूल्य का एकमात्र आधार हैं। मूल्य खुद कोई अस्तित्त्व नहीं रखता जब तक कि इससे इच्छा की पूर्ति नहीं होती। इस दृष्टिकोण से यदि इच्छाएँ न हों तो मूल्य नहीं हो सकते।

वस्तुवादी सिद्धान्त–मूल्य को आन्तरिक मानने वालों में कुछ लोग वस्तुवादी हैं। इनमें आसान वस्तुवादियों के अनुसार कोई भी वस्तु मूल्यवान है, यदि मूल्यवान

प्रतीत होती है। **प्लेटो** के वस्तुवाद के अनुसार किसी वस्तु में मूल्य उस सीमा तक होता है, जहाँ तक कि वह अपने आदर्श प्रत्यय की अभिव्यक्ति करती है। राजर्स के शब्दों में, "एक वस्तु शुभत्व रखने वाली मानी जाती है, इसलिए नहीं कि उसके प्रत्यक्ष अनुभव में कोई विशेष गुण है, बल्कि इसलिए कि उसके कारण हमारे मनस में स्वीकृति का निर्णय पैदा होता है।" इस तरह वस्तु का मूल्य स्वीकृति का निर्णय उत्पन्न करने की सामर्थ्य पर निर्भर है। आन्तरिक मूल्यों के मानने वाले अनेक आत्मगत और वस्तुगत कसौटियों का समन्वय करते हैं।

2. बाह्य मूल्य– इसके तहत उन साधनों को शामिल किया जाता है जो किसी उद्देश्य की प्रप्ति में सहायक होते हैं। उदाहरण के लिए धन-दौलत बाह्य मूल्य माने जाते हैं, क्योंकि उनका खुद कोई मूल्य नहीं है, बल्कि वे इसलिए मूल्यवान हैं क्योंकि हम उनसे तरह-तरह की वस्तुएँ खरीद सकते हैं।

मूल्यों का पूर्ण रूप से वर्ग विभाजन नहीं किया जा सकता है। सामान्य जीवन में हम यह देखते हैं कि जो वस्तु एक व्यक्ति के लिए आन्तरिक मूल्य रखती है, वही दूसरे के लिए बाह्य मूल्य रखने वाली हो सकती है। उदाहरण के लिए कंजूस के लिए धन स्वयं साध्य है, चाहे दूसरों के लिए वह साधन मात्र भले ही हो। इसी प्रकार स्वास्थ्य कुछ लोगों के लिए साधन मात्र होता है। जबकि कुछ अन्य लोगों के लिए साध्य बना देते हैं। इसी विश्व की अनेक वस्तुएँ अलग-अलग मनुष्यों के लिए साध्य अथवा साधन हो सकती हैं। आर्थिक मूल्यों को लेकर कितने भयंकर युद्ध हुए हैं, मानों कि आर्थिक मूल्य परम साध्य हो। क्या सत्य सब लोगों के लिए खुद साध्य है? ऐसे लोग भी मिल जाएँगे जो सत्य तभी तक बोलते हैं, जब तक उन्हें ऐसा करने से आर्थिक अथवा अन्य लाभ हो। यदि उन्हें सच बोलने से हानि होने लगती है तो वे सत्य के स्थान पर असत्य को अधिक उपयुक्त मानते हैं।

ऐविरिट्ट द्वारा बतलाए गये मूल्य

मूल्यों का विभाजन वाल्टर जी. ऐविरिट्ट नामक एक विद्वान ने भी किया है। इन्होंने निम्न प्रकार के मूल्य बतलाए हैं–

1. धार्मिक मूल्य (Religious Values)–धार्मिक मूल्यों में पूजा, भक्ति और विश्वास के प्रति दृढ़ आस्था शामिल हैं।

2. आर्थिक मूल्य (Economic Values)–बाजार की कीमतों से आर्थिक मूल्यों का पता चलता है। इनमें वे सभी चीज़ें शामिल हैं, जिन्हें खरीदा जा सकता है।

3. आचरण मूल्य (Character Values)–इन मूल्यों के अन्दर उन सभी

वैयक्तिक व सामाजिक मूल्यों को शामिल किया जा सकता है, जो वांछनीय हैं, जैसे न्याय, परोपकारिता, आत्म-नियन्त्रण इत्यादि।

4. बौद्धिक मूल्य (Intellectual Values)—ज्ञान का महत्त्व और सत्य की प्राप्ति की इच्छा बौद्धिक मूल्य के अन्दर आते हैं।

5. मनोरंजक मूल्य (Recreational Values)—मनोरंजन मूल्य उस खेल व अवकाश काल के मूल्यों से सम्बन्धित हैं, जो जीवन को सम्बद्ध बनाते हैं।

6. सौन्दर्यात्मक मूल्य (Aesthetic Values)—प्राकृतिक सौन्दर्य और कलात्मक रचना सौन्दर्यात्मक मूल्यों के अन्दर आते हैं।

7. शरीर सम्बन्धी मूल्य (Bodily Values)—ये मूल्य शीरीरिक स्वास्थ्य व शारीरिक सौन्दर्य के साथ सम्बन्धित हैं।

अन्य प्रकार के मूल्य–

उपरोक्त प्रकार के मूल्यों के अलावा कुछ अन्य प्रकार के भी मूल्य बतलाए गये हैं जो निम्नलिखित हैं–

(1) स्थायी और अस्थायी मूल्य—मूल्यों को अस्थायी एवं स्थाई जैसे अन्य भागों में भी बाँटा जाता है। अस्थायी बाह्य एवं साधन मूल्य है और स्थायी आंतरिक एवं साध्य मूल्य है। अस्थाई के उदाहरण हैं– सम्पत्ति, धन आदि का महत्त्व स्थाई है प्रत्येक परिस्थिति में एक-सा रहता है। जबकि अस्थाई मूल्य देशकाल के साथ परिवर्तित होते रहते हैं। स्थाई मूल्यों में इस प्रकार बदलाव नहीं होता। सामान्य जीवन में हर मनुष्य अपने चेतने के स्तर के अनुसार अनेक वस्तुओं को मूल्यवान समझता है। मूल्यों के तुलनात्मक अध्ययन से यह ज्ञात होता है कि सभी मूल्य सपरिणाम हैं अर्थात् हर मूल्य को तोलकर मूल्यों के स्तर में उसका स्थान निर्धारित किया जा सकता है। परन्तु नैतिक मूल्य स्थाई, अनुपम और अपूर्व हैं। वे अन्य मूल्यों के साथ सपरिणाम नहीं हैं। उनके ज्ञान से कर्त्तव्य, बुद्धि या नैतिक बाध्यता की उत्पत्ति होती है। उनके साथ नैतिक भावनाएँ लगी रहती हैं। ये नैतिक मूल्य हैं, सत्य, सौन्दर्य और शुभ। ये तीनों मिलकर आत्म-साक्षात्कार का परम मूल्य निर्माण करते हैं। आत्म-साक्षात्कार स्थाई परम मूल्य है। इसमें अन्य सभी अस्थाई, बाह्य और साधक मूल्यों को उचित स्थान दिया जाता है।

(2) साधन मूल्य और परम मूल्य—आन्तरिक और बाह्य मूल्यों के वर्गीकरण के अलावा मूल्यों को साधन मूल्य और परम मूल्य के वर्गों में भी बाँटा गया है। साधन मूल्य वे हैं जो कि परम मूल्य की ओर ले जाते हैं, परम मूल्य नैतिक मूल्य हैं। वह

खुद शुभ है उसी के द्वारा शुभाशुभ का निर्णय किया जाता है, धन, खेलकूद, व्यायाम और भोजन आदि जीव रक्षा के साधन होने के कारण साधन मूल्य हैं। सम्मान और अधिकार इत्यादि भी जीवन में सहायक होने के कारण साधन मूल्य हैं। परन्तु न्याय और सत्य साधन न होकर खुद साध्य हैं। ये नैतिक मूल्य हैं। इनमें नैतिक परशुभ मूल्य माना जाता है।

प्रमुख सिद्धान्त

1. उपयोगिता का सिद्धान्त—जो वस्तु उपयोगी है, वही मूल्यवान है। प्रयोजनवाद इस बात में विश्वास करता है।

2. सुखवादी सिद्धान्त— मनुष्य की इच्छाओं को संतुष्ट करने की शक्ति से ही किसी वस्तु के मूल्य के निर्धारण का पता चल जाता है।

3. अस्तित्त्व का सिद्धान्त—वस्तु का मूल्यवान होने के लिए अस्तित्त्व में होना जरूरी है।

4. प्रयोगात्मक सिद्धान्त—भूत और वर्तमान में किये गये सार्थक उपयोग ही 'मूल्य' हैं।

5. नियमन का सिद्धान्त—जो नियमित रूप से समाज के संगठन में सहायक हो वह 'मूल्य' है।

6. अंश व पूर्ण का सिद्धान्त—मूल्यों का अनुभव कभी आंशिक रूप से और अनेक बार पूर्ण रूप से होता है।

7. भावात्मक सिद्धान्त—मनुष्य अपनी भावनाओं के आधार पर 'मूल्यों' को निश्चित करता है।

8. परिपूर्णता का सिद्धान्त—जो भी जीवन को पूर्ण बनाने में सहायक है और मूल्यवान है।

9. वस्तुपरक एवं व्यक्तिपरक सिद्धान्त—मूल्य का आधार मनुष्य के अपने विचार अथवा उसकी परिस्थितियाँ होती हैं।

शिक्षात्मक मूल्य का महत्व (Educational Values and their Contribution)—शिक्षात्मक मूल्यों का व्यक्तिगत दृष्टि से और सामाजिक दृष्टि से बहुत महत्त्व है। अवकाश के समय का सदुपयोग। और जीवन के अनुभवों के पुनर्गठन तथा पुनर्निमाण करने में सहायता प्रदान करता है। इनसे व्यावसायिक निपुणता, और शारीरिक, मानसिक, बौद्धिक व आध्यात्मिक शक्तियों का विकास होता है। शिक्षात्मक मूल्य सामाजिक कुशलता और निपुणता का विकास करते हैं

इनसे चरित्र निर्माण में भी सहायता मिलती है। ये मनुष्यों को कर्त्तव्यों और अधिकारों के प्रति सजग रहने और महान् नेताओं, देशभक्तों, शहीदों, समाज सुधारकों के पद चिन्हों पर चलने की प्रेरणा देते हैं। पर्यावरण को प्रदूषणरहित करने एवं उसे साफ करने में सहायता प्रदान करता है। व्यक्ति को अपने अस्तित्त्व का बोध कराता है जिससे वह अपने को समाज का अटूट हिस्सा मानने लगता है। सांस्कृतिक मूल्यों का विकास और उनका एक पीढ़ी से दूसरी पीढ़ी को स्थानान्तरण होता है। यह मनुष्य की इच्छाओं की पूर्ति में भी सहायक है। इससे लोगों संसार बन्धुत्व की भावना का विकास होता है।

अहिंसा गुण का विकास करने हेतु 'जीयो और जीने दो' के सिद्धान्त को व्यावहारिक जीवन में कार्यान्वित करने में इस मूल्य की अहम् भूमिका होती है।

मूल्यों के विविध स्रोत

मूल्य के विविध स्रोत बतलाए गये हैं जैसे—धर्म, दर्शन साहित्य, सामाजिक रीति-रिवाज, विज्ञान इत्यादि। इन सभी स्रोतों पर वृहद् रूप में निम्न प्रकार प्रकाश डाला गया है—

1. दर्शन—दर्शन के अन्दर हम प्रमुख रूप से तत्त्व मीमांसा, ज्ञान मीमांसा, मूल्य मीमांसा की बात करते हैं। मूल्य मीमांसा का प्रत्यक्ष रूप से मूल्यों से ही सम्बन्ध है। इस तरह सभी शिक्षा सम्बन्धी दर्शनों ने शिक्षा के मूल्यों पर प्रकाश डाला है। शिक्षा दर्शन के अन्दर हम भौतिकवाद, प्रकृतिवाद का अध्ययन करते हैं। इन सभी दर्शनों के जीवन में मूल्यों पर प्रकाश डाला है अर्थात् हम जिस दर्शन का अध्ययन करते हैं वह दर्शन हमारे जीवन, समाज और राष्ट्र के जीवन पर जरूर ही प्रभाव डालता है। भौतिकवाद भौतिक जीवन में सम्बन्धित मूल्यों का उल्लेख करता है और आदर्शवाद जीवन के ऊँचे मूल्यों को दर्शाता है।

2. धर्म (Religion)—धर्म को मानव जीवन का एवं मूल्यों का अहम् हिस्सा माना जाता है। हमारे जीवन के अत्यधिक नैतिक सिद्धान्त एवं जीवन मूल्यों का आधार भी धर्म ही है। धर्म का शाब्दिक अर्थ व्यक्ति को व्यक्ति से बाँधना है। इसका तात्पर्य यह है कि धर्म नैतिक बन्धनों की ओर ले जा सकते हैं जो स्नेह सहयोग, दया, सहानुभूति, करुणा, परोपकार, समाज सेवा व मानव सेवा द्वारा मानव समाज में सम्बन्ध स्थापित होते हैं। समाज के प्रति हमारा आभार व कर्त्तव्य ही वास्तव में मूल्य है। धर्म अपने विस्तृत रूप में सामाजिक, नैतिक और आध्यात्मिक मूल्यों का प्रमुख स्त्रोत है। एक सच्चा धार्मिक मनुष्य ही नैतिक मूल्यों का पालन करने में समर्थ

हो सकता है। इस बात को दूसरे शब्दों में कह सकते हैं कि धर्म सामाजिक, नैतिक और आधात्मिक मूल्यों का निर्माण करते हुए अनेकता रखते हुए भी सार रूप में एक है। सभी धर्मों का निचोड़ एक है और सद्मूल्यों को धारण करने की प्रेरणा देते हैं। ये मूल्य निम्न हैं–प्रार्थना, सहनशीलता, सहयोग, धैर्य, क्षमता, सादगी, परोपकार, पवित्रता, अहिंसा, अपरिग्रह, एकता, भाईचारा, समाज सेवा, मानव सेवा, शांति, विश्व-बंधुत्व की भावना, उदारता, सादा जीवन उच्च विचार, श्रम की भव्यता, न्याय-प्रियता इत्यादि। **बट्रेण्ड रस्सल** (Bertrand Russell) के विचारानुसार, "धर्म सामाजिक कृतज्ञता की भावना का स्त्रोत है।" जर्मन दार्शनिक **कांट के** अनुसार, "धर्म हमारे सभी कर्त्तव्यों को धर्मिक आदेशों के रूप में स्वीकार करता है।"

3. सामाजिक रीति-रिवाज़ (Social Customs)–प्राचीन युग में तो हमारे अधिकतर मूल्यों का आधार रीति-रिवाज़ ही थे, लेकिन आज भी मूल्यों के स्त्रोत में रीति-रिवाज़ की प्रमुख भूमिका है। हमारे समाज के विश्वास, सामाजिक नियम, सामाजिक क्रिया-कलाप और सांस्कृतिक धरोहर, आचार-विचार, खान-पान, अतिथि सत्कार, नारी का स्थान, विवाह, जन्म-मरण, संयुक्त परिवार, भाषा, व्यवसाय, कला कौशल, संगीत, नृत्य और चित्रकला इत्यादि सभी किसी-न-किसी तरह के मूल्यों का स्त्रोत हैं।

4. विज्ञान (Science)–आज मानव जीवन में विज्ञान की एक अहम् भूमिका हो गई है, जीवन के कई क्षेत्रों में असम्भव सामाजिक प्रक्रिया का वास है। इसलिए आज के युग में विशेषकर भौतिक मूल्यों के लिए विज्ञान ने महत्त्वपूर्ण भूमिका निभाई है। इससे मानव अस्तित्त्व और समस्त संसार में बदलाव हो रहा है। आज हम यातायात, संचार, व्यवसाय, स्वास्थ्य, उत्पादन देश की राष्ट्रीय नीति में बदलाव देख रहे हैं। विज्ञान ने मनुष्य के दृष्टिकोण में परिवर्तन कर दिया है। राष्ट्र से राष्ट्र की दूरी को खत्म कर दिया है। विज्ञान के कारण ही आज हम संसार-बंधुत्व और संसार नागरिकता की बात कर रहे हैं। आज मानव जीवन का हर पहलू विज्ञान के प्रभाव में है।

5. साहित्य (Literature)–समाज एवं साहित्य का गहरा संबंध माना गया है। इसी संबंध को देखते हुए कहा जाता है कि साहित्य समाज का दर्पण है। साहित्य सामाजिक मूल्यों का सबसे बड़ा स्त्रोत है। साहित्य की कई विधाएँ हैं, जैसे काव्य, उपन्यास, नाटक एकांकी, कहानी इत्यादि। ये सभी विधाएँ सामाजिक मूल्यों को दर्शाती हैं। हमें इनके माध्यम से समाज का जीता-जागता चित्रण पढ़ने को मिलता है। साहित्य का अध्ययन मानव के जीवन चरित्र से बहुत सम्बन्धित है। यह मानव

में उचित दृष्टिकोण, रुचियों और सकारात्मक भावनाओं और मूल्यों का निर्माण व विकास करता है।

मूल्य और शिक्षा

शैक्षिक प्रक्रिया में मूल्यों का विशेष महत्व होता है। मूल्यों पर आधारित शिक्षा की आवश्यकता व उपयोगिता को निम्न प्रकार स्पष्ट किया गया है–

1. सांस्कृतिक विकास में सहायक–यह शिक्षा संस्कृति के विकास के लिए पूर्ण रूप से सहायता प्रदान करती है। यह संस्कृति को पूर्ण रूप से स्वतन्त्र बनाने एवं इसका विकास करने के लिए पूर्ण रूप से भूमिका अदा करती है। मूल्य और संस्कृति साथ-साथ विकसित होते हुए परस्पर एक-दूसरे को प्रभावित करते हैं। मूल्य संस्कृति को गतिशील बनाते हैं और इसलिए सांस्कृतिक विकास हेतु पाठ्यक्रम में मूल्यों की शिक्षा को आवश्यक स्थान देना चाहिए।

2. नैतिक विकास में सहायक –मूल्यों पर आधारित शिक्षा भावी नागरिकों का चारित्रिक और नैतिक विकास करने में पूर्ण रूप से सहायक है। यह शिक्षा छात्र-छात्राओं में सहनशीलता, संतोष, सहयोग, प्रेम, विनम्रता, समाज सेवा, सहानुभूति जैसे मानवीय गुणों का विकास करती और चरित्र का निर्माण करती है।

3. विद्यार्थियों की प्रजातान्त्रिक सीख देना–मूल्यों पर आधारित शिक्षा विद्यार्थियों में प्रजातान्त्रिकता का विकास करती है। प्रजातान्त्रिक गुण प्रजातन्त्र की सफलता के लिए बहुत जरूरी है। इससे छात्रों में स्वतन्त्रता, समानता, न्याय, सहयोग जैसे गुणों का विकास होता है।

4. दृष्टिकोण को उदार बनाया–यह शिक्षा छात्र-छात्राओं के दृष्टिकोण को विकसित करती है। उनकी सोच को नई दिशा प्रदान करती है। इस तरह की शिक्षा से उनमें चेतनता और जागरूकता आती है। वे समाज कल्याण के लिए अपने हितों के त्याग की बात सोचते हैं। स्वार्थ की भावना को त्यागकर परमार्थ कार्यों में रुचि लेते हैं। वे सादा जीवन व उच्च विचार के रास्ते चलने की कोशिश करते हैं।

5. नकारात्मक कार्यों से रोकना–यह शिक्षा व्यक्ति की मूल प्रवृत्तियों तथा संवेगों का परिष्कार करने में पूर्ण रूप से सहायक है। मानव में सशक्त काम वासना होती है और मूल्यों की शिक्षा से कार्य शक्ति को नई और सही दिशा प्रदान की जा सकती है। इससे मानव किसी प्रकार का नकारात्मक काम करने की अपेक्षा उस शक्ति का उपयोग समाज कल्याण के कामों में करता है, जिससे मानव और समाज दोनों का ही विकास होता है।

6. विवादों का निदान–आज के युग में सभी मनुष्यों के विचार एक जैसे नहीं हैं अतः आज परम्परागत विचारों एवं आधुनिक विचारों में कुछ-2 टकराव होते रहते हैं। समाज की प्रगति के लिए झगड़े को खत्म करना अति जरूरी है। मूल्यों की शिक्षा मनुष्य को दूसरों की भावना का आदर करना सिखाती है। मनुष्य में अगर सन्तोष और सहनशीलता की भावना होगी तो वह जरूर ही दूसरों के विचारों का आदर करेगा। स्वाभाविक बात है कि इससे फर्क और विवाद की समस्या का समाधान होगा।

7. मानवतावाद पर आधारित शिक्षा–शिक्षात्मक मूल्यों के अंतर्गत आने वाली शिक्षा पूर्ण रूप से मानवीय शिक्षा है इसका आधार मानवतावाद है इससे हम सम्पूर्ण मानवता के मन की बात करते हैं। इसमें सभी बुराइयों को जड़ मूल से उखाड़ने की बात आती है। यह शिक्षा संसार शांति और विश्व-बन्धुत्व की भावना का संदेश देती है। यह शिक्षा समता भावना का विकास करती है। और विश्व के सभी मनुष्यों को प्रेरित करती है कि 'खुद जीओ और दूसरों को जीने दो' की नीति का पालन करो। इस नीति का पालन करते हुए मानव अपना कल्याण करने के साथ-साथ दूसरों के कल्याण में भागीदार हो सकता है।

8. आपसी सामंजस्य पर बल–इस शिक्षा के द्वारा समाज के सभी प्राणी एक-दूसरे का सहयोग करके शांति का जीवन व्यतीत करते हैं। सहयोगपूर्ण जीवन मनुष्य और समाज-दोनों के लिए हितकर है। सच्चा सहयोगपूर्ण जीवन इस बात की प्रेरणा देता है कि सब के लिए जीयो।

मूल्यात्मक शिक्षा के माध्यम

मूल्यात्मक शिक्षा प्रदान करने हेतु विद्यालय विभिन्न प्रकार के माध्यम अपना सकते हैं जो निम्नलिखित हैं–

1. प्रातः कालीन सभा–स्कूल में शिक्षण कार्य आरम्भ करने से पहले प्रातः कालीन सभा का होना बहुत जरूरी है। इसकी समय अवधि बहुत ज्यादा न होकर 15 से 20 मिनट तक की हो सकती है। इस समय में प्रार्थना तो होनी ही चाहिए, लेकिन प्रार्थना के अलावा समय के अनुसार कभी धार्मिक प्रवचन, देश स्नेह के गीत, शिक्षक और छात्रों द्वारा नैतिक भाषण की व्यवस्था की जा सकती है।

2. अनिवार्य विषय–अनिवार्यता से यहाँ अभिप्राय यह है कि नैतिक शिक्षा को विषय का नाम देकर अन्य विषयों की प्रकार जरूरी विषय बना दिया जाए। इस विषय में सभी धर्मों के बारे में पूर्ण रूप से जानकारियाँ उपलब्ध होनी चाहिएँ। किसी

विशेष धर्म की शिक्षा न देकर सभी धर्मों के सिद्धान्त जो समान रूप से भी धर्मों के निचोड़ हैं उसकी शिक्षा देनी चाहिए। सप्ताह में कम-से-कम दो पीरियड का समय सारणी में प्रावधान होना चाहिए। गृह परीक्षाओं में इस विषय को भी स्थान दिया जाना चाहिए।

3. पाठ्यक्रम का रूप परिवर्तन—मूल्यों की शिक्षा हेतु पाठ्यक्रम में रूप बदलाव की जरूरत है। कुछ विषयों में कुछ इस तरह का बदलाव किया जाए जिससे उन विषयों का सामाजिक, नैतिक, सांस्कृतिक और राष्ट्रीय मूल्यों को ध्यान में रखते हुए पढ़ाया जाए। इतिहास, भूगोल, सामाजिक अध्ययन, भाषाएँ, साहित्य, कला, संगीत इत्यादि विषयों द्वारा ऐसा सम्भव हो सकता है।

4. व्यंग एवं नाटक (Skits and Drama)— लघु नाटक के माध्यम से भी मूल्यों की शिक्षा सहज रूप से प्रदान की जा सकती है। लघु नाटिका के विषय और ड्रामा के विषय नैतिक, सामाजिक और सांस्कृतिक मूल्यों से सम्बन्धित होने चाहिएँ।

5. भाषण प्रतियोगिता (Declamation Contests)— विद्यालय में शिक्षात्मक मूल्यों से सम्बन्धित विषय अथवा शीर्षकों को लेकर भाषण प्रतियोगिताओं का आयोजन किया जाना चाहिए। छात्र-छात्राओं को भाग लेने के लिए प्रोत्साहित भी करना चाहिए। समय-समय पर ऐसे विद्वानों को संस्था में शामिल करना चाहिए जिनको नैतिक विषयों का पूर्ण रूप से ज्ञान प्राप्त हो। विद्वानों को विस्तार भाषण के अन्दर धर्म विशेष की शिक्षा के ऊपर अपने विचार प्रकट न करके मनुष्य हित के विषयों पर प्रकाश डालना चाहिए।

6. अन्तर्राष्ट्रीय दिवस मनाना (Celebration of International Days)—अन्तर्राष्ट्रीय दिवस भी विद्यालय में मनाये जाने चाहिएँ। जैसे संसार शान्ति दिवस, मानव अधिकार दिवस, यू. एन. ओ. दिवस आदि। ऐसा करने से बालकों में विश्व बन्धुत्व की भावना का विकास होगा।

7. जन्म दिवस मनाना (Celebration of Birthdays)— हमारे महान् पुरुष, जिन्होंने जीवन-पर्यन्त उच्च मूल्यों का प्रचार किया और अपना आदर्श रूप समाज में प्रस्तुत किया उनके जन्म दिवस विद्यालय में मनाये जाने चाहिएँ जिससे बच्चों को इनकी प्रति पूर्ण रूप से जानकारी प्राप्त हो सके जैसे महात्मा गाँधी, गुरु नानक देव, महात्मा बुद्ध, डॉ. राधा कृष्णन आदि। इन महान् पुरुषों के जन्म दिवस मनाने से बालकों को प्रेरणा मिलेगी और वे इनके बताये गये रास्ते पर चलने की कोशिश करेंगे।

8. मूल्य उन्मुख पत्रिका (Value-oriented Magazine)—विद्यालय द्वारा जो पत्रिका प्रकाशित की जाए उसमें रचनाओं का जो संग्रह किया जाए वो ऐसा होना चाहिए, जिससे उन रचनाओं के माध्यम से छात्र-छात्राओं को कुछ शिक्षा मिल सके और उनका चारित्रिक विकास हो सके।

9. राष्ट्रीय सेवा योजना (N.S.S)—राष्ट्रीय सेवा योजना के माध्यम से छात्र-छात्राओं में समाज सेवा और राष्ट्रीय सेवा भावना का विकास किया जा सकता है। सेवा सम्बन्धी कामों के करने से छात्र-छात्राओं में सामाजिक, नैतिक, सांस्कृतिक गुणों का विकास किया जा सकता है।

10. जन माध्यम के प्रयोग (Uses of Mass Media)—बच्चों को मूल्यों की शिक्षा प्रदान कराने के लिए शिक्षकों को जनसंचार साधनों को अत्यधिक उपयोग में लाना अनिवार्य होता है। पत्र-पत्रिकाओं, दूरदर्शन, रेडियो का प्रयोग करने से बालकों में मूल्यों के प्रति जागरुकता उत्पन्न की जा सकती है।

11. अध्यापक की भूमिका (Role of the Teacher)—बालक इस संसार में आने के बाद जो कुछ सीखता है, वह दूसरों का अनुकरण करके ही सीखता है अध्यापकों को ही अपना आदर्श मानते हैं। और जो कुछ उनके गुरुजन करते हैं, वैसा ही वे खुद करने का कोशिश करते हैं। मूल्यों के निर्माण की जब बात की जा रही है तो शिक्षकों को अपने विद्यार्थियों के समक्ष अपना आदर्श रूप प्रस्तुत करना चाहिए। अध्यापक का दृष्टिकोण उदार होना चाहिए। अध्यापक मूल्य-उन्मुख शिक्षा तभी दे सकता है, जब उसका स्वयं का मूल्य-उन्मुख शिक्षा में विश्वास हो। शिक्षक को अपनी कही गई बातों पर विशेष रूप से ध्यान देना चाहिए।

शिक्षक का हमेशा यह प्रयास होना चाहिए कि पढ़ाते समय जब भी कोई मूल्य के सन्दर्भ में बात हो तो उसका स्पष्टीकरण करना चाहिए और मूल्य-उन्मुख शिक्षा पर जोर देना चाहिए। समाज में शिक्षक ही एक ऐसा व्यक्ति है जिसके द्वारा छात्र-छात्राओं का सामाजिक, नैतिक, सांस्कृतिक और आध्यात्मिक विकास सम्भव है। इसलिए अध्यापकों का खुद का जीवन साफ-सुथरा, स्पष्ट और अनुकरणीय होना चाहिए ताकि वे अपने छात्र पर अपने व्यक्तित्व की अमिट छाप छोड़ सकें।

नैतिक विकास : आशय एवं परिभाषाएँ

नैतिकता सामाजिक नियन्त्रण का साधन है। समाज-सम्मत व्यवहार तथा आदर्शों का सम्मिलित रूप ही नैतिकता का स्वरूप धारण करता है। समाज के आदर्शों के प्रति स्वेच्छा से आचरण करना इसका ध्येय है। बाहर से अन्दर (From

External to Internal) की ओर अधिकार की पुष्टि ही इसका ध्येय है। भय न होकर स्वेच्छा ही इसके आचरण का आधार है। व्यक्ति की भावनायें कार्य से जुड़ जाती हैं। किसी कार्य को करते समय व्यक्ति यह सोच लेता है कि वह कार्य अनैतिक तो नहीं है। सच्ची नैतिकता जटिल होती है। नैतिकता के सन्दर्भ में विभिन्न विद्वानों द्वारा दिये गये विचारों को निम्न प्रकार स्पष्ट किया गया है–

एल्डरिच (Aldrich) के अनुसार–"बालक जब भी किसी कार्य को करने की इच्छा करता है तो उसे समाज से स्वीकृति प्राप्त करना आवश्यक हो जाता है। जब भी सामाजिक नियमों तथा वैयक्तिक व्यवहार में संघर्ष होता है, तब नैतिक रूप से परिपक्व व्यक्ति उनके लिए संघर्ष की स्थिति को कुशलतापूर्वक सम्भाल लेता है।"

सी. वी. गुड ने नैतिकता की परिभाषायें की हैं–"(i) उचित-अनुचित व्यवहार के सिद्धान्त की प्रणाली, जिसमें यथार्थ अथवा आदर्श निहित हों, तथा प्रजातांत्रिक नैतिकता, धार्मिक नैतिकता, (ii) किसी सिद्धान्त या उचित-अनुचित नियम का या प्रशिक्षण के सन्दर्भ में उत्तम आचरण का अनुपालन तथा नैतिकता का प्रशिक्षण।"

डॉ. कामिल बुल्के ने अंग्रेजी-हिन्दी कोश में नैतिकता के अर्थ–सदाचार, नीतिशास्त्र, नैतिक शिक्षा, उपदेश आदि बताये हैं। इसी प्रकार **बील्ड** ने नैतिकता के बारे में कहा है–"नैतिकता का अर्थ उपदेश, आचरण संहिता, सही गलत, नैतिक आचरण तथा चरित्र आदि से है। इसका एक अर्थ यह भी है–आचरण के सही नियमों का पालन, नैतिक उत्कृष्टता तथा गुण, विशेष रूप से यौन व्यवहार में शालीनता।"

सी० वी० गुड ने के अनुसार–"वैयक्तिक आचरण के स्तर पर नैतिकता से अभिप्राय किसी समूह के रीति-रिवाजों के अनुकूलन से है। इसमें आत्म-चेतन, दार्शनिकता या समाज में स्थापित किसी मान्यता के आधार पर परखे जाने वाले व्यवहार या रूढ़ियाँ आते हैं।"

नैतिक व्यवहार अर्जित किया जाता है। यह संचेतना (Conscience) परिवार में विकसित होती है। यही कारण है कि परिवार में यदि कोई बालक विपरीत आचरण करता है तो यह समझा जाता है कि परिवार इसके लिए उत्तरदायी है। ऐसी धारणा वाले व्यक्तियों का यह भी विश्वास होता है कि ऐसे बालकों को सुधारा नहीं जा सकता। शारीरिक दण्ड ऐसे बालकों को नैतिकता के मार्ग पर लाने की दुहाई दी जाती है। किन्तु ऐसी धारणा वाले व्यक्ति यह भूल जाते हैं कि बालक में अच्छे तथा

बुरे की धारणा का विकास नहीं होता। उनसे धीरे-धीरे सामाजिक सम्पर्क के कारण ही नैतिक मानदण्डों तथा उसकी आवश्यकताओं का ज्ञान होता है। साथ ही यह भी सत्य है कि कोई भी बालक अपना स्वयं का नैतिक आचरण विकसित नहीं कर सकता। सामाजिक आचरण का अनुपालन एकदम नहीं हो पाता, इसके लिए सतत् प्रयत्न नैतिक शिक्षा और समय की आवश्यकता है। बारह वर्ष की अवस्था तक पहुँचने पर बालक इस योग्य होता है कि उसका व्यवहार स्थायी हो। यह भी देखा गया है कि जिन घरों में दोहरे नैतिक मानदण्ड पाये जाते हैं, वहाँ पर बालक के नैतिक विकास में संघर्ष पाया जाता है।

विविध चरण

नैतिक ज्ञान मात्र संकेत करता है। आचरण के विकास में यह सहायक नहीं होता। बालक का व्यवहार अनेक कारकों द्वारा अभिप्रेरित होता है। सामाजिक दबाव (Social pressure), बालक की इच्छाओं का दमन करते हैं और विरोध की भावना, अनैतिक वयवहार को विकसित करती है। स्वार्थीपन (Selfishiness) की भावना को लेकर किये गये अध्ययन इसी प्रकार के परिणामों की ओर संकेत करते हैं।

नैतिक विकास की प्रक्रिया प्रमुखतः दो चरणों से होकर गुजरती है—नैतिक व्यवहार का विकास और नैतिक अवधारणा का विकास। इनका वृहद् विवेचन निम्न प्रकार है—

(1) नैतिक व्यवहार का विकास—समाज समस्त व्यवहार को ग्रहण करने में व्यक्ति को अनेक वर्ष लगते हैं। इसमें कुछ नैतिक व्यवहारों को वह दण्ड एवं पुरस्कार के कारण सीखता है, कुछ को अनुकरण द्वारा सीखता है और कुछ को प्रतिबिम्बित चिन्तन (Reflective thinking), अनुशासन (Discipline) की भावना विकसित करना है। यदि अनुशासन की धारणा स्पष्ट है तो नैतिक व्यवहार को सरलतापूर्वक सीख लेता है। बालक को सही-गलत सिखाना मात्र ही नैतिक व्यवहार का अधिगम नहीं है। ईमानदारी (Honesty) का का अध्ययन करके यह परिणाम निकाला गया कि विशिष्ट परिस्थितियों में ऐसे गुणों का विकास किया जा सकता है। कभी-कभी ऐसी भी परिस्थिति आती हैं कि बालक सही निर्णय लेने में संघर्ष की स्थिति से गुजरता है।

नैतिक व्यवहार को सिखाने के लिए यह आवश्यक हो जाता है कि—बालक को विशिष्ट परिशिष्ट में सही कार्य करने की कुशलता अर्जित करनी चाहिए। सही

गलत की युद्ध अवधारणाओं (Concepts) का विकास होना चाहिए। विभिन्न परिस्थितियों में समान विशेषताओं वाले व्यवहार का अर्जन करना चाहिए।

(2) नैतिक अवधारणा का विकास—नैतिक विकास प्रक्रिया में नैतिक अवधारणा का विकास आवश्यक पहलू है। जब हम सही/गलत की बात करते हैं तो हम यह मान लेते हैं कि यह भावात्मक विचार है। भावात्मक अवधारणाओं को ग्रहण करने तथा समझने के लिए यह आवश्यक है कि मानसिक तथा शारीरिक परिपक्वता में संतुलन हो। अवधारणा के विकास का सम्बन्ध बालक की बुद्धि, उसके सामाजिक सांवेगिक विकास, सांस्कृतिक वातावरण एवं उसकी प्रक्रिया से उत्पन्न गुणों का प्रभाव पड़ता है। निःस्वार्थ भावना का विकास स्वार्थी भावना-युक्त आत्म-केन्द्रियता, सामाजिक-केन्द्रीयता, आज्ञा-पालन, धर्म तथा नैतिकता के नियमों का अनुपालन, सामाजिक अस्वीकृति का भय तथा पारस्परिक-अनुक्रिया द्वारा होता है।

नैतिक अवधारणाओं के विविध सोपान

(1) सामान्य नैतिक धारणायें—अवधारणाओं का विकास सामान्य परिस्थितियों में होता है। इसके अन्तर्गत बालक का नैतिकता के सिद्धान्त को उचित-अनुचित के सन्दर्भ में समझता है। धीरे-धीरे सामान्य रूप से उसमें नैतिक धारणायें विकसित होने लगती हैं। इन धारणाओं का बुद्धि तथा परिपक्वता से घनिष्ठ सम्बन्ध है। नौ-दस वर्ष की आयु तक बालकों में सामान्य नैतिक अवधारणा का विकास हो जाता है। मैकॉल तथा वाटकिन्स ने 2500 बालकों से सबसे अधिक पापपूर्ण बातों की सूची बनाने को कहा। इनमें रोचक तथ्य यह रहा कि माता को चोट पहुँचाना तथा पशुओं को सताना ही पापपूर्ण कार्य था।

(2) नैतिक मूल्य—बालक में सामान्य स्तरों के विकसित होने से उचित-अनुचित का ज्ञान विकसित होता है। बचपन में जिन मूल्यों (Values) से बालक का सम्पर्क होता है। उन्हीं से उसका सामान्य ज्ञान प्रत्यय विकसित होता है।

(3) आत्म निर्णय—आयु के विकास के साथ-साथ एक अवस्था ऐसी आती है कि बालक में सही/गलत के प्रति आत्म-निर्णय की क्षमता विकसित हो जाती है। बड़े होने के साथ-साथ वह अपने व्यवहार को अच्छे तथा बुरे के सन्दर्भ में अभिव्यक्त करने लगता है। कभी-कभी बालक अपने दल की बातें अपने माता-पिता को खूब बढ़ा-चढ़ाकर कहता है, परन्तु इन की निगाह में यह कार्य अनुचित है। अतः वह इस तथ्य की अच्छाई/बुराई को समझने लगता है। आत्म-निर्णय की धारणा का

विकास दण्ड तथा पुरस्कार की भी भावना पर निर्भर करता है। आत्म-निर्णय लेने में बालक कितना सशक्त है, यह इस बात पर निर्भर करता है कि बालक का नैतिक प्रशिक्षण किस प्रकार हुआ है।

बालक की विभिन्न अवस्थाओं में नैतिक विकास की प्रक्रिया

नैतिक विकास, अन्य अवस्थाओं में जिस प्रकार विकसित होता है, उसका एक क्रम होता है। किस अवस्था में कितना नैतिक विकास हुआ है, इसकी सीमा-रेखा नहीं बाँधी जा सकती।

(1) शैशवावस्था—शिशु एक स्वच्छ स्लेट की भाँति होता है। स्वच्छ स्लेट पर चाहे जो कुछ लिखा जा सकता है, उसी प्रकार शिशु के मानसपटल पर चाहे जैसे अनुभव तथा धारणायें विकसित की जा सकती हैं। वह न तो नैतिक होता है और न अनैतिक। सही-गलत का निर्णय भी वह नहीं ले सकता। बालक में स्वामित्व की भावना भी विकसित नहीं होती। यह भावना कालान्तर में विकसित होती है। इस अवस्था में (i) सुखद अथवा दुःखद अनुभव के आधार पर अच्छे-बुरे की पहचान तथा (ii) पश्चाताप की भावना न होना शिशु के नैतिक विकास के लक्षण हैं।

(2) पूर्व बाल्यावस्था—तीन से छः वर्ष की आयु नैतिक व्यवहार की आधारशिला है। इस समय तक बालक यह नहीं जान पाता कि कोई कार्य क्यों अच्छा अथवा बुरा है। उसे केवल कार्य करने के लिये कहा जाता है। इस अवस्था में उनके नैतिक व्यवहार के लक्षण इस प्रकार विकसित होते हैं—(i) औचित्य-अनौचित्य के कारण को न समझना, (ii) समूह का अनुकरण करना, (iii) न्याय तथा आदर को समझना, (iv) माता तथा पिता के पृथक्-पृथक् नैतिक स्तर को जानना।

(3) किशोरावस्था—किशोरावस्था में नैतिक विकास परिपक्व हो जाता है, बालक में अन्याय के प्रति विद्रोह उत्पन्न हो जाता है। गलत बात को वह सहन नहीं कर पाता। दल के आदर्शों को मानना वह अपना कर्त्तव्य समझता है। यौन सम्बन्धी नैतिकता के प्रति वह जागरूक हो जाता है। माता-पिता के दोहरे नैतिक स्तर को वह जानने लगता है। आत्मालोचना (Self crticism) करने तथा आत्मनिर्णय पर चलने के प्रति उसमें भावनायें पाई जाती हैं।

बालक के नैतिक विकास पर विभिन्न तत्वों का प्रभाव

बालक को नैतिक विकास को प्रभावित करने वाले विभिन्न तत्वों को निम्न प्रकार स्पष्ट किया गया है—

(1) नैतिक विकास पर परिवार का प्रभाव—परिवार बालक की प्रथम पाठशाला है। इसमें रहकर वह अनेक प्रकार के व्यवहार सीखता है। परिवार के सदस्यों के व्यवहार को बालक आदर्श मानकर चलता है। परिवार के सदस्यों में आपसी सम्बन्ध किस प्रकार के हैं, इस पर बालक का नैतिक व्यवहार निर्भर करता है। परिवार की सामाजिक, आर्थिक स्थिति भी इसके लिए उत्तरदायी होती है। परिवार नैतिक विकास पर निम्न प्रकार प्रभाव डालता है :

(i) बालक परिवार के व्यवहार को आदर्श मानकर तदानुकूल अनुकरण करता है।

(ii) दण्ड एवं पुरस्कार, प्रशंसा तथा प्रताड़ना बालक को नैतिक व्यवहार सिखाते हैं।

(iii) दण्ड तथा प्रताड़ना द्वारा बालक को अवांछित कार्य करने से रोका जाता है।

(iv) अच्छे कार्यों को करने की प्रेरणा देकर बालक को नैतिक रूप से विकसित किया जाता है।

(2) नैतिक विकास पर विद्यालय का प्रभाव—विद्यालय बालक के लिए सम्पूर्ण दुनिया है। इस दुनिया के अपने कायदे-कानून हैं। इन कायदे-कानूनों का पालन करना प्रत्येक बालक के लिये अनिवार्य होता है। यहाँ पर (i) बालक-बालक के मध्य, (ii) कक्षा-कक्षा के मध्य, (iii) बालक-अध्यापक, एवं (iv) बालक-कर्मचारी के प्रति व्यवहारों का विकास होता है। **एण्डरसन** के अनुसार—"जब छात्र-अध्यापक के मध्य मधुर सम्बन्ध होते हैं तो बालक के नैतिक व्यवहार का आदर्श अध्यापक हो जाता है। सम्पूर्ण कक्षा पर इस बात का प्रभाव पड़ता है।" विद्यालय में प्रतियोगितात्मक खेल, छात्र-परिषद् तथा अन्य सांस्कृतिक संगठनों के माध्यम से बालक में नैतिक व्यवहार का विकास होता है।

(3) नैतिक विकास पर खेल के साथियों का प्रभाव—बालक के नैतिक व्यवहार पर खेल के साथियों (Play-mates) का भी प्रभाव पड़ता है। खेल में अनेक नियमों का पालन करना आवश्यक होता है, इसलिये खेल के मैदान में खेल के साथियों के बीच जाने-अनजाने अनेक प्रकार के नैतिक व्यवहारों तथा अवधारणाओं का बालक विकास करता है।

(4) नैतिक विकास पर मनोरंजनात्मक क्रियाओं का प्रभाव—खाली समय में बालक अपना समय किस प्रकार व्यतीत करता है, इस पर उसका नैतिक व्यवहार

निर्धारित होता है। बालक के पढ़ने की पुस्तकों, खेल, कहानियाँ तथा अन्य प्रकार की मनोरंजनात्मक क्रियाओं का प्रभाव उसके नैतिक व्यवहार को किसी न किसी प्रकार प्रभावित करता है। जो बच्चे सिनेमा आदि देखते हैं, उनके नैतिक व्यवहार में शीघ्र परिवर्तन दिखलाई देता है।

(5) नैतिक विकास पर धर्म का प्रभाव—माता-पिता किस धर्म में आस्था रखते हैं और उसका समूह किस धर्म को मानता है, यह तथ्य भी बालक के विकास को प्रभावित करता है। प्रायः देखा गया है कि माता-पिता के धर्म के नियमों को बालक शीघ्र ग्रहण करता है। धार्मिक मूल्यों तथा आस्थाओं का प्रभाव स्थायी होता है।

(6) लिंग का प्रभाव—यौन अथवा सैक्स का नैतिक व्यवहार से सम्बन्ध है। हमारी संस्कृति में लड़के या लड़कियों के व्यवहार में भिन्न प्रतिमान पाये जाते हैं। एक निश्चित अवस्था आने पर यदि दोनों में से कोई भी उन प्रतिमानों को तोड़ता है तो वह दोषी तथा अनैतिक माना जाता है।

(7) बुद्धि का प्रभाव—नैतिक व्यवहार तथा बुद्धि का पारस्परिक सम्बन्ध है। **हार्टशोन** तथा **मे** ने एक अध्ययन से परिणाम निकाला कि बुद्धि तथा नैतिकता का सह-सम्बन्ध 0.50 है। बुद्धिमान बालक सही-गलत का निर्णय शीघ्र लेते हैं।

7

व्यक्तित्व का विकास एवं समायोजन

व्यक्तित्व का वास्तविक विकास बाल्यावस्था में ही होता है। दूसरे शब्दों में यह कहा जा सकता है कि बचपन में ही व्यक्तित्व का सर्वांगीण विकास होता है। व्यक्तित्व के विचारों को विभिन्न विद्वानों द्वारा स्पष्ट किया गया है। मनोवैज्ञानिक भाषा में मनुष्य अपने आपमें जो कुछ भी है वही उसका व्यक्तित्व है। कहने का अर्थ यह है कि अपने प्रति तथा दूसरों के प्रति किये जाने वाले व्यवहारों का एक समग्र चित्र व्यक्तित्व है। इसके तहत मनुष्य के निकट शारीरिक, मानसिक, संवेगात्मक सामाजिक और आध्यात्मिक रूप से जो कुछ भी होता है सभी को सम्मिलित किया जाता है।

व्यक्तित्व : आशय एवं परिभाषाएँ

व्यक्तित्व एक व्यापक शब्द है। इसके अर्थ को स्पष्ट करना एक जटिल काम है। कई विद्वान व्यक्तित्व को चरित्र का उदगम मानते हैं। कुछ व्यक्तित्व का अर्थ बाह्य शारीरिक गठन आदि को मानते हैं। कुछ व्यक्तित्व का अर्थ व्यक्ति के मानसिक विकास से लेते हैं। विभिन्न तथ्यों से यह स्पष्ट या प्रकट होता है कि निश्चित रूप से व्यक्तित्व शब्द बाह्य रूप, आकृति और व्यवहार से अधिक गूढ़ अर्थ संजोए हुए है। वास्तव में व्यक्तित्व तो समग्रता है जिसमें मनुष्य के संपूर्ण आंतरिक एवं बाह्य गुणों व अवगुणों का समावेशित दिग्दर्शन होता है।

एक सम्पूर्ण व्यक्तित्व में विभिन्न बातों का समावेश होता है जैसे—देखने का तरीका, वस्त्र पहनने का तरीका, बोलने का तरीका, चलने का तरीका, कार्य करने का तरीका, व्यावहारिक कुशलता, स्वास्थ्य आदि।

व्यक्तित्व के अर्थ को और अधिक स्पष्ट रूप में समझने हेतु विभिन्न विद्वानों द्वारा दी गईं परिभाषाओं का अध्ययन आवश्यक है। हालाँकि व्यक्तित्व की बहुत सारी परिभाषाएँ दी गई हैं। अतः सभी को प्रस्तुत नहीं किया जा सकता लेकिन कुछ प्रमुख परिभाषाओं पर निम्न प्रकार प्रकाश डाला गया है–

आर. बी. कैटल के अनुसार–"व्यक्तित्व वह है, जिसके द्वारा हम यह भविष्यवाणी कर सकते हैं कि कोई व्यक्ति किन्हीं परिस्थितियों में क्या करेगा।"

मंयर हैड के अनुसार–"व्यक्तित्व सम्पूर्ण व्यक्ति का समावेश है। यह व्यक्ति के गठन, रुचि, अभिरुचि, क्षमता तथा योग्यताओं व अभिवृत्तियों का विशेष संगठन है।"

ट्रैक्लर के अनुसार–"व्यक्तित्व से तात्पर्य मनुष्य के संपूर्ण व्यवहार से है, जो कि सामाजिक स्थितियों में दृष्टिगोचर होता है। व्यवहार में केवल बुद्धिमुखी कार्य ही नहीं आते अपितु आन्तरिक भाव भी, जो कि किसी स्थिति द्वारा पैदा होते हैं।"

एच. सो. वारने के अनुसार–"व्यक्तित्व व्यक्ति का संपूर्ण मानसिक संगठन है, जो उसके विकास की किसी भी व्यवस्था में होता है।"

रैक्स रॉक के अनुसार–"व्यक्तित्व समाज द्वारा मान्य तथा अमान्य गुणों का संतुलन है।"

देशाइल के अनुसार–"व्यक्तित्व व्यक्ति के व्यवहारों का एक समायोजित संकलन है जो कि व्यक्ति अपने सामाजिक व्यवस्थापन के लिए करता है।"

केम्प के अनुसार–"व्यक्तित्व आदतों की उन व्यवस्थाओं का समन्वय है जो वातावरण के साथ व्यक्ति के विशिष्ट अभियोजन का प्रतिनिधित्व करता है।'

विलियम हीली के अनुसार–"व्यक्तित्व वातावरण के साथ, विशेषतया सामाजिक वातावरण संबंधी आदतों के समयोजन की समन्वित व्यवस्था है।"

गेट्स के अनुसार–"व्यक्तित्व से हमारा तात्पर्य है गुणों का प्रारूप न कि कुछ ही विशेषतओं की सूची।"

बोरिंग के अनुसार–"वातावरण के साथ सामान्य एवं स्थायी समायोजन ही व्यक्तित्व है।"

आईजैन्क के अनुसार–"व्यक्तित्व व्यक्ति के चरित्र, स्वभाव, बुद्धि और शारीरिक बनावट का थोड़ा बहुत ऐसा स्थायी और स्थिर संगठन है जो वातावरण के साथ उसके अपूर्व समायोजन का निर्धारण करता है।"

वाटसन के अनुसार–"विश्वसनीय सूचना प्राप्त करने के दृष्टिकोण से काफी लम्बे समय तक वास्तविक निरीक्षण या अवलोकन करने के पश्चात् व्यक्ति में जो भी क्रियाओं अथवा व्यवहार का जो भी रूप पाया जाता है, उसे उसका व्यक्तित्व कहा जाता है।"

वुडवर्थ के अनुसार—''व्यक्ति के व्यवहार का समूचा स्तर ही उसका व्यक्तित्व होता है।''

मार्टन प्रिंस के अनुसार—''व्यक्तित्व व्यक्ति की सभी प्रकार की जन्मजाता प्रकृति, आवेगों, प्रवृत्तियों, आकांक्षाओं एवं मूल प्रवृत्तियों और अनुभवों के द्वारा अर्जित बातों का योग है।''

ऑलपोर्ट के अनुसार—''व्यक्तित्व व्यक्ति में उन मनोवैज्ञानिक व्यवस्थाओं का गतिशील संगठन है जो कि परिभाषाओं उसके अपूर्व समायोजन का निर्धारण करता है।''

ऑलपोर्ट ने व्यक्तित्व की 49 परिभाषाओं का अध्ययन कर अपनी एक अलग परिभाषा प्रस्तुत की। उन्होंने व्यक्तिगत परिभाषाएँ समाज के सामने अपने विचारों द्वारा अभिव्यक्त की हैं। उसने व्यक्तित्व की एक पूर्ण परिभाषा देने का दावा किया, लेकिन उसने भी संगठन गतिशील, मनोदैहिक व्यवस्था, अपूर्व समायोजन और वातारण आदि शब्दों के प्रयोग के द्वारा दूसरे विद्वानों की तरह केवल व्यक्तित्व का वर्णन ही किया। अतः उनकी परिभाषा को सर्वश्रेष्ठ नहीं कहा जा सकता। आइजैन्क ने व्यक्तित्व की जो परिभाषा प्रस्तुत की है, उसे अच्छी मानी जाती है। यह बहुत ज्यादा प्रचलित भी हुई है। उन्होंने अपनी परिभाषा में शामिल कुछ शब्दों का अर्थ भी स्पष्ट करने की कोशिश की है जिन्हें निम्न प्रकार स्पष्ट किया गया है—

(1) **स्वभाव**-व्यक्ति के भावनात्मक व्यवहार के थोड़े-बहुत स्थिर और स्थायी संगठन को अभिव्यक्त करता है।

(2) **चरित्र**-मनुष्य के क्रियात्मक व्यवहार के थोड़े-बहुत स्थिर और स्थायी संगठन को प्रकट करता है।

(3) **शारीरिक बनावट**-शारीरिक बनावट का अभिप्राय मनुष्य के जन्मजात शारीरिक ढाँचे और उसके साथ व नलिका विहीन ग्रन्थियों के थोड़े बहुत स्थायी और स्थिर संगठन से है।

आइजैन्क द्वारा प्रस्तुत की गई परिभाषा इसलिए भी अच्छी मानी जाती है क्योंकि वह निम्नलिखित विशेषताओं से परिपूर्ण है।

(1) इसके माध्यम से आईजैन्क ने व्यक्तित्व के लिए व्यवहार सम्बन्धी विशेषताओं को गिनाने की बजाय उसके संगठन और संरचना को अधिक महत्त्व दिलाने की कोशिश की है। व्यवहार सम्बन्धी विशेषताओं को गिनाने की तुलना वह एक घर में लगी ईंटों को गिनाने से करता है।

(2) यह परिभाषा व्यक्तित्व के निर्माण में वंशानुक्रम और वातावरण के संतुलित महत्त्व को सामने लाती है।

(3) व्यक्तित्व को मापन व मूल्यांकन की वस्तु बना कर यह उसे वैज्ञानिक आधार भी प्रदान करने की चेष्टा करती है।

(4) यह परिभाषा व्यक्तित्व को शरीर विज्ञान सम्बन्धी आधार प्रदान करती है।

(5) क्रियात्मक, ज्ञानात्मक, भावनात्मक और रचनात्मक पक्षों को लेकर यह व्यक्ति के व्यवहार का सम्पूर्ण चित्र प्रस्तुत करने की कोशिश करती है।

व्यक्तित्व का मनोविश्लेषणात्मक सिद्धांत

फ्रायड ने व्यक्तित्व के सम्बन्ध में मनोविश्लेषणात्मक सिद्धांत का प्रतिपादन किया। अपने इस सिद्धांत में उन्होंने व्यक्तित्व, गति की संरचना व व्यक्तित्व विकास को स्पष्ट किया। इस सिद्धांत की प्रमुख बातें निम्नलिखित हैं :—

(क) व्यक्तित्व-गतिकी—फ्रायड ने व्यक्ति के व्यवहारों की व्याख्या कार्य-कारण सिद्धांत के आलोक में करने का सफल प्रयास किया। इन्होंने व्यक्ति जीवन को जीने की इच्छा या काम करने की संज्ञा के द्वारा अपने विचारों को मात्र जीवन के लिए व्यक्त किया है। उन्होंने व्यक्ति के सामान्य एवं असामान्य व्यवहारो की एक मानसिक शक्ति की कल्पना, जीवन शक्ति एवं इच्छा से की है अतः इस शक्ति को लैंगिक का नाम दिया गया। लैंगिकता से उनका तात्पर्य शरीर के दो अंगों के संपर्क से उत्पन्न आनन्द से था। उनका मानना था कि यह लैंगिकता बच्चों में भी जन्म के समय उपस्थित रहती है। आरम्भ में यह बच्चों के होंठ तथा दाँत में रहती है और उम्र-वृद्धि के साथ इसका स्थान परिवर्तित होता रहता है।

फ्रायड ने मनुष्य व्यवहारों के निर्धारक के रूप में काम-वृत्ति को ही मौलिक स्रोत माना। लेकिन, पश्चात् में उन्होंने आक्रमणशील मूलप्रवृत्ति को स्वीकार किया और कामवृत्ति के अन्दर जीवन-मूल-प्रवृत्ति तथा मृत्यु-मूल-प्रवृत्ति की कल्पना की। उन्होंने मनुष्य के सभी प्रकार के रचनात्मक व्यवहारों का आधार जीवन-मूल-प्रवृत्ति को और सभी तरह के ध्वंसात्मक व्यवहारों का आधार मृत्यु-मूल-प्रवृत्ति को माना।

उन्होंने भी स्पष्ट किया कि इस प्रकार की मूल प्रवृत्तियों का बहाव अन्दर की ओर भी होता है और बाहर की ओर भी। जीवन प्रवृति का व्यक्ति के शरीर में अंतर की ओर छुकाव ही है जो मनुष्य को उसके जीवन के लिए रचनात्मक कार्य करने एवं अपने आप से प्रेम करने को प्रोत्साहित करता है। अतः आत्म से प्रेम का आधार जीवन-प्रवृत्ति का अन्तर्मुखी बहाव है। जब इस प्रवृत्ति का बहाव बाहर की ओर होता

है तो मनुष्य दूसरों के लिए रचनात्मक एवं लाभकारी कार्य करता है। जब मृत्यु-प्रवृत्ति अन्तर्मुखी होती है तब मनुष्य खुद से घृणा करने लगता है व अपने आपको पीड़ा पहुँचाने लगता है और जब यह प्रवृत्ति बहिर्मुखी होती है तो मनुष्य दूसरों से घृणा करने लगता है तथा दूसरों को नुकसान पहुँचाता है। इन दोनों मूल प्रवृत्तियों का अन्तर्मुखी व बर्हिमुखी बहाव जिस सीमा तक असंतुलित होता है, मनुष्य का व्यक्तित्व उसी सीमा तक संगठित व संतुलित होता है।

(ख) व्यक्तित्व-संरचना—व्यक्तित्व रचना की विवेचना करते हुए फ्रायड ने दो पक्षों का उल्लेख किया है, जिन्हें सकारात्मक पक्ष तथा नकारात्मक पक्ष कहा है। सकारात्मक पक्ष के अन्दर मन के तीन स्तरों की चर्चा की गई है, जो निम्न प्रकार हैं—

(1) पहला **चेतन मन,** जिसमें ऐसे विचार या इच्छाएँ रहती हैं, जिनका तात्कालिक ज्ञान मनुष्य को होता है।

(2) दूसरा **अर्ध चेतन** मन जिसमें कुछ इस प्रकार की इच्छाएँ एवं विचारों का जन्म होता है जिनका तात्कालिक ज्ञान तो व्यक्ति को नहीं रहता अपितु साधारण प्रयास से उनके ज्ञान की नई प्राप्तियाँ होने लगती हैं।

(3) अचेतन मन, में ऐसे विचार या इच्छाएँ होती हैं जिनका न तो तात्कालिक ज्ञान होता है और न मामूली कोशिश से उनका ज्ञान हो पाता है, बल्कि इसके लिए सम्मोहन आदि मनोवैज्ञानिक प्रविधियों की जरूरत होती है।

फ्रायड के विचार में, अचेतन मन व्यक्तिगत होता है और बचपन से लेकर वर्तमान तक की ऐसी इच्छाएँ दमित होती हैं, जिनकी संतुष्टि चेतन स्तर पर नहीं हो सकी है। अचेतन आकांक्षाएँ व प्रेरणाएँ प्रधानतः लैंगिक होती हैं। मनुष्य के व्यवहारों के निर्धारण में अचेतन प्रेरणाओं का बहुत बड़ा योगदान होता है। उनके इसी विचार को मानसिक निर्धारण कहा जाता है। इसी अभिधारणा के आलोक में फ्रायड ने दैनिक जीवन की मूल स्वपन आदि की व्याख्या प्रस्तुत की।

नकारात्मक पक्ष के तहत फ्रायड ने तीन नकारात्मक शक्तियों—ईड, ईगो तथा सुपर ईगो की चर्चा की है जिनका संक्षिप्त विवरण निम्न प्रकार है—

ईड—व्यक्तित्व के उस नकारात्मक भाग को ईड कहा गया जो जन्मजात, अचेतन, अतार्किक व अनैतिक होता है और प्रसन्नता के नियम पर कार्यरत होता है।

ईगो—उस गत्यात्मक विभाग को कहा गया जो अर्जित, तार्किक, विवेकशील व अवसरवादी होता है और यथार्थता के नियम पर कार्यरत होता है।

सुपर ईगो—व्यक्तित्व के उस भाग को कहा जाता है जो अर्जित, नैतिक तथा अलैंगिक होता है और नैतिक नियम पर कार्यरत होता है।

ईड तथा सुपर ईगो के विरोधी स्वरूप के कारण चेतन तथा अचेतन स्तरों पर मानसिक संघर्ष पैदा होते हैं और ईगो के कारण उनका समाधान होता है। दमन, उदात्तीकरण, रूपान्तर, युक्ताभास, प्रतिक्रिया-निर्माण, प्रक्षेपण आदि मनोरचनाएँ मानसिक संघर्षों के समाधान में सहायक होते हैं।

(ग) व्यक्तित्व विकास—फ्रायड ने व्यक्तित्व-विकास में कामवृत्ति के विकास पर जोर दिया और इसकी पाँच अवस्थाओं का उल्लेख किया, जो निम्नलिखित हैं—

(i) **प्रथम अवस्था**—यह अवस्था बालक के एक माह से अठारह माह तक की अवस्था है। इस अवस्था में कामवृत्ति बच्चे के होंठ तथा दाँत में रहती है। इस अवस्था में बालक को दूध पीने की अवस्था में यह होंठ में रहती है और दूध पीते समय माता के स्तन से स्पर्श होने पर लैंगिक आनन्द मिलता है। दाँत काटने की अवस्था में कामवृत्ति दाँत में चली जाती है और दूध पीते समय स्तन में दाँत काटने पर बालक को कामानन्द मिलता है।

(ii) **द्वितीय-अवस्था**—इस अवस्था का समय 1-2 वर्ष के बीच का होता है। इस अवस्था में कामवृत्ति गुदा में चली जाती है। बच्चे जब मलमूत्र अधिक करने लगते हैं अथवा मलमूत्र को रोके रखने लगते हैं तो इससे कामवृत्ति में स्पर्श होने पर उन्हें लैंगिक सुख मिलता है। इस अवस्था में बच्चों को साफ-सुथरा रहने व समय पर मल-मूत्र करने के लिए बाध्य किया जाता है, जिससे वे निराशा का अनुभव करते हैं और इसी के साथ ईगो व चेतन मन का विकास होने लगता है। अगर इस अवस्था से कामवृत्ति का गुजर सामान्य रूप से हो जाता है, तो सामान्य व्यक्तित्व के विकास की संभावना बन जाती है। इस अवस्था में कामवृत्ति के स्थिरीकरण होने पर लैंगिक विकृतियों के साथ-साथ स्थिर व्यामोह आदि मानसिक विकृतियाँ विकसित होने की सम्भावना बन जाती है।

(iii) **यौन-प्रधान अवस्था**—यह अवस्था 2 से 4 वर्ष की है। इस अवस्था में कामवृत्ति शिशन तथा लड़की के गुप्तांगों के ऊपर के भाग में रहती है। अतः इन अंगों को रगड़ने पर कामवृत्ति उत्तेजित होने से कामानन्द मिलता है। लड़के और लड़कियों में हस्तमैथुन लैंगिक प्रदर्शन की चेतना होने लगती है। इस अवस्था में माता अकसर लड़कों को प्रोत्साहित करने में सक्षम होती हैं अतः इसके विपरीत पिता अकसर पुत्रियों को प्रोत्साहित करने के सक्षम होते हैं। इन प्रवृत्तियों का समाधान सामान्य रूप से संभव हो जाने पर सामान्य व्यक्तित्व तथा इसके अभाव में असामान्य व्यक्तित्व का विकास होता है। इस अवस्था में कामवृत्ति के स्थिरीकरण

के कारण आगे चल कर लैंगिक विकृतियों के साथ-साथ उन्माद इत्यादि मानसिक रोग के विकास की सम्भावना बन जाती है।

(iv) **चतुर्थ अवस्था**—यह अवस्था 4-5 वर्ष की 4 साल से 12 साल तक की है। इसी अवस्था से बच्चों की शिक्षा प्रारम्भ होती है। इस अवस्था के आते-आते उनकी रुचि लैंगिक क्रियाओं से हटकर शैक्षिक क्रियाओं में आ जाती है। नैतिक नियमों को सीखने के कारण इसी अवस्था में सुपर ईगो का विकास होता है। जिस सीमा तक उन्हें नैतिक शिक्षा दी जाती है, उसी सीमा तक उनके व्यक्तित्व का नैतिक पक्ष सबल हो जाता है।

(v) **पाँचवीं अवस्था**—यह अवस्था 12 साल से 45 साल तक की होती है। इस अवस्था में कामवृत्ति पुनः सक्रिय हो जाती है और शिशन और गुप्तांगों के अन्तः भाग में अवस्थित हो जाती है। इसी कारण इस अवस्था में आदमी और औरत को विषमजाति लैंगिकता द्वारा कामानन्द की प्राप्ति होती है। यह अवस्था व्यक्तित्व के विकास पर असर नहीं डालती, क्योंकि इस अवस्था के आते-आते सामान्य अथवा असामान्य व्यक्तित्व का निर्माण हो चुका होता है।

फ्रायड के मनोविश्लेषणात्मक सिद्धांत का विश्लेषण

मनोविश्लेषणात्मक सिद्धांत के अन्तर्गत व्यक्तित्व के अन्दर व्यक्तित्व के भिन्न-भिन्न पक्षों उल्लेख किया है, जिससे इस सिद्धांत के गुणों व अवगुणों के बारे में जानकारी मिलती है।

इस सिद्धांत के मुख्य गुण अनेक हैं, जो कि इस प्रकार से हैं—

1. यह अचेतन प्रेरणाओं का मनुष्य व्यवहारों पर पड़ने वाला प्रभाव है। फ्रायड ने बताया कि व्यक्ति व्यवहारों की उत्पत्ति पर चेतन प्रेरणाओं एवं संघर्षों के साथ-साथ अचेतन प्रेरणाओं एवं संघर्षों का भी गहरा प्रभाव पड़ता है। उनकी यह उपलब्धि वस्तुतः एक बहुत बड़ी उपलब्धि है, जिसके बिना मनुष्य व्यवहार का सही व पूर्ण मूल्यांकन सम्भव नहीं है।
2. यह सिद्धांत समग्रता मापदण्ड के दृष्टिकोण से काफी सक्षम है।
3. बचपन के अनुभव का प्रभाव व्यक्तित्व-विकास पर पड़ता है। इसे आज सभी मनोवैज्ञानिक स्वीकार करते हैं। फ्रायड का यह विचार आज मान्य है कि व्यक्तित्व के निर्माण की आधारशिला प्राक्जनेन्द्रिय अवस्थाएँ हैं।
4. इस सिद्धांत की कार्यात्मक सार्थकता मापदण्ड पर सफल होना है। व्यावहारिक दृष्टिकोण से इस सिद्धांत ने मनुष्य जीवन को काफी लाभान्वित किया है।

सिद्धान्त के दोष—उपरोक्त गुणों के होते हुए भी इस सिद्धांत में कुछ दोष भी पाये जाते हैं, जो निम्नलिखित हैं—

1. यह सिद्धांत मानसिक रोगियों के निरीक्षण पर आधारित है। अतः इसके सभी प्रत्ययों का प्रयोग उसी रूप में सामान्य मनुष्य पर नहीं किया जा सकता है।
2. इस सिद्धांत का अध्ययन सिर्फ एक संस्कृति तक सीमित है। व्यक्तित्व के निर्माण में संस्कृति की महत्त्वपूर्ण भूमिका (Role) होती है।
3. इसमें वैज्ञानिकता का अभाव पाया जाना है।
5. इस सिद्धांत में व्यक्तित्व विकास में सिर्फ जैविक जरूरतों और मूल प्रवृत्तियों (Instincts) के महत्त्व पर बल दिया गया है। वातावरण तथा सांस्कृतिक कारकों (Factors) के महत्त्व को गौण कर दिया गया है।

इस सिद्धांत का आन्तरिक संगति और मितव्ययिता के दृष्टिकोण से असंतोषजनक होना है।

बहिर्मुखी व अन्तर्मुखी व्यक्तित्व में अन्तर

बहिर्मुखी	*अन्तर्मुखी*
(1) बहिर्मुखी व्यक्ति का व्यवहार कुशल होता है	(1) अन्तर्मुखी व्यक्ति चुप रहने वाला होता है।
(2) बहिर्मुखी व्यक्ति चिन्ताओं से मुक्त होता है।	(2) अन्तर्मुखी व्यक्ति चिन्ताओं से मुक्त नहीं होता।
(3) इस मुखी के व्यक्ति का व्यक्तित्व फैलने में कुशल होता है।	(3) इस मुखी का व्यक्ति लिखने में निपुण होता है।
(4) बहिर्मुखी व्यक्ति का व्यवहार लोचदार होता है।	(4) अन्तर्मुखी व्यक्ति का व्यवहार लोचदार नहीं होता।
(5) ऐसा व्यक्ति अधिक-से-अधिक दोस्त बनाता है।	(5) ऐसा व्यक्ति अधिक दोस्त नहीं बनाता, वह अकेला रहना पसंद करता है।
(6) बहिर्मुखी व्यक्ति खेलकूद में भाग लेने वाला होता है।	(6) लेकिन ऐसा व्यक्ति पुस्तक-पत्रिका आदि में रुचि लेने वाला होता है।

व्यक्तित्व को प्रभावित करने वाले कारक

व्यक्तित्व को प्रभावित करने वाले कारकों को दो वर्गों में विभक्त किया जा सकता है—(क) वैयक्तिक कारक एवं (ख) सामाजिक कारक।

(क) वैयक्तिक कारक—वैयक्तिक कारक खुद मनुष्य से सम्बन्धित होते हैं। मनुष्य की शारीरिक बनावट, स्नायु संस्थान और ग्रन्थियाँ, उसका रंग-रूप और डीलडौल, उसकी बुद्धि, संवेगात्मक स्वभाव और प्रेरणा व अभिवृत्ति, स्वभाव और स्थायी भाव इत्यादि सभी तरह के आन्तरिक तत्त्व इस श्रेणी के अन्दर आते हैं।

(ख) सामाजिक कारक—समूह स्कूल, समाज, जलवायु, शैक्षिक परिवेश, परिवार, पड़ोस व मित्र, आर्थिक स्थिति ये सभी व्यक्तित्व को प्रभावित करने वाले सामाजिक कारक हैं। इन्हें इस प्रकार स्पष्ट किया जा सकता है—

(i) शिक्षालय—शिक्षालय का प्रभाव भी बालकों के व्यक्तित्व को प्रभावित करता है। परिवार के बाद बच्चे का सबसे ज्यादा समय शिक्षालय में ही गुजरता है। शिक्षालय में रहकर ही वह शिक्षा प्राप्त करता है तथा वहाँ के भौतिक वातावरण, अनुशासन इत्यादि का प्रभाव बच्चे के व्यक्तित्व पर पड़ता है।

(ii) पड़ोस—बच्चों के व्यक्तित्व को प्रभावित करने वाला एक महत्त्वपूर्ण कारक पड़ोस है। **शौ** के अनुसार—शहर तथा देहात के बीच वाले क्षेत्रों में अच्छे पड़ोसियों के अभाव के कारण वहाँ के बच्चों के अपराधी होने की संभावना ज्यादा होती है।

(iii) परिवार—इसका प्रभाव व्यक्तित्व विकास पर सबसे ज्यादा पड़ता है। बच्चे का जन्म तथा पालन-पोषण परिवार में ही होता है, अतः वह सबसे ज्यादा प्रभावित परिवार से ही होता है। वह परिवार के रीति रिवाज को ही पहचानता है तथा उन्हें अपनाता है। उसके व्यक्तित्व पर परिवार के मापदण्ड का अत्यधिक प्रभाव पड़ता है।

(iv) समूह—व्यक्तित्व के विकास को अनेक तरह के समूह प्रभावित करते हैं। एक प्रमुख कारक मुख्य हैः जैसे—परिवार, राजनीतिक संगठन, शैक्षिक संस्थान, धार्मिक संगठन, हरिजन समुदाय, मुस्लिम समुदाय इत्यादि।

(v) खेल—खेल की बच्चों के व्यक्तित्व को प्रभावित करता है। खेल के मैदान में विभिन्न सामाजिक-आर्थिक स्थितियों के बच्चे जमा होते हैं। उनके मध्य होने वाली परस्पर क्रिया का प्रभाव उनके व्यक्तित्व-निर्माण पर पड़ता है। सामाजिक विकास, भाषा विकास, संवेगात्मक विकास व नैतिक विकास में अच्छे खेलों से काफी मदद मिलती है। बच्चों को अनुशासित बनने में खेल से मदद मिलती है। शारीरिक विकास में भी यह मददगार होता है।

सामाजिक-आर्थिक कारक—यह सच है कि कभी -कभी निर्धनता वरदान बन जाती है और अमीरी अभिशाप, परन्तु अधिकांश परिस्थितियों में सामाजिक एवं

आर्थिक सम्पन्नता समुचित एवं प्रभावशाली व्यक्तित्व के विकास में सहायक होती है। प्रसिद्ध मनोवैज्ञानिक **हॉफिडिज** के अनुसार, निम्न सामाजिक-आर्थिक स्थिति के बच्चों के आधिपत्य और आत्मनिर्भरता व अभिमान आदि शीलगुण अधिक पाए हैं। इसी प्रकार **शुक्ला एवं मिश्रा** ने निम्न सामाजिक-आर्थिक स्थिति की तुलना में उच्च सामाजिक-आर्थिक स्थिति में बच्चों में बेहतर अभियोजन पाया। **सक्सेना** ने अलाभान्वित बच्चों की अपेक्षा लाभान्वित बच्चों में अमूर्त बुद्धि अधिक पाई। इस प्रकार स्पष्ट है कि सामाजिक-आर्थिक कारक भी बच्चों के व्यक्तित्व को बहुत ज्यादा प्रभावित करते हैं।

सांस्कृतिक कारक—व्यक्तित्व निर्माण में संस्कृति की भूमिका, अध्ययनों व निरीक्षणों से पता चलता है कि व्यक्तित्व के विकास और शीलगुणों के निर्माण पर संस्कृति का गहरा प्रभाव पड़ता है। सांस्कृतिक-मानदण्ड, संस्कृति-प्रतिरूप, संस्कृति-समष्टि इत्यादि परिवेशों में व्यक्तित्व की रूपरेखा का निर्माण होता है।

(ग) जैविक कारक—व्यक्तित्व के जैविक निर्धारक आनुवंशिक होते हैं। इनका निर्धारण वातावरण से नहीं होता है। ये जैविक निर्धारक परोक्ष रूप से व्यक्तित्व पर असर डालते हैं। यहाँ कुछ मुख्य जैविक निर्धारकों की हम चर्चा कर रहे हैं—

(1) कुछ जैविक कारक हैं जो कि इस प्रकार से हैं जैसे शारीरिक संरचना—शारीरिक गठन, लम्बाई, ढाँचा, रूप-रंग आदि शारीरिक संरचना के अन्तर्गत आते हैं। ये सभी शारीरिक शीलगुण वंशानुगत होते हैं। इस पर वातावरण का प्रभाव नहीं पड़ता है तभी किसी भी वातावरण में मानव का बच्चा व्यक्ति, पशु का बच्चा पशु और पक्षी के बच्चे पक्षी होते हैं। गोरे माँ-बाप के बच्चे अकसर गोरे तथा काले माँ-बाप के बच्चे अकसर काले होते हैं। इसी तरह लम्बे माँ-बाप के बच्चे लम्बे तथा नाटे माँ-बाप के बच्चे नाटे होते हैं। कई बार ऐसा भी होता है कि बच्चा अपने माँ-बाप से अलग होता है। इस स्थिति में कहा जाता है कि उन पर उनके माँ-बाप के पूर्वजों के शीलगुणों का प्रभाव पड़ता है। एक आवश्यक बात यह भी है कि बच्चे की शारीरिक संरचना उनके माँ तथा बाप की शारीरिक संरचना का प्रायः औसत होता है। **ग्रेगर जॉन मेण्डल** ने अपने अध्ययन में इस दृश्य को पुष्ट किया है।

व्यक्तित्व के मानसिक शीलगुणों के विकास पर शारीरिक संरचना का प्रभाव किस प्रकार पड़ता है यह एक महत्त्वपूर्ण सवाल सुसंगठित व आकर्षक शरीर वाले बच्चों के साथ माँ-बाप और परिवार के दूसरे लोग अनुकूल व्यवहार करते हैं। पड़ोसियों, खेल के साथियों, वर्ग के साथियों और अध्यापकों का व्यवहार भी अनुकूल

हुआ करता है। सभी स्तरों पर उनकी प्रशंसा की जाती है। इसके फलस्वरूप उनमें आत्म-विश्वास, बर्हिमुखता, सामाजिकता, श्रेष्ठता-भाव आदि विकसित हो जाते हैं। ठीक इसके विपरीत जो बच्चे अधिक मोठे, लंबे, नाटे या विकर्षक शरीर वाले होते हैं सभी स्तरों पर परिवार के सदस्यों को बच्चों के साथ अच्छा व्यवहार करना चाहिए। उन्हें प्रेम से रहने की शिक्षा देनी चाहिए। इसके परिणामस्वरूप उनमें हीन-भावना, संकोच, लज्जा, अन्तर्मुखता आदि शीलगुण विकसित हो जाते हैं। कभी-कभी ऐसे बच्चों का स्वभाव प्रतिक्रियात्मक होता है और वे बाल अपराध के शिकार बन जाते हैं। इसी प्रकार, कभी-कभी वे क्षतिपूर्ति के रूप में जीवन के किसी क्षेत्र में अपूर्व उपलब्धि हासिल करते हैं।

(2) स्नायु-मंडल—वंशानुगत होने के कारण इसकी गणना जैविक कारकों के अंतर्गत की जाती है। यह एक व्यक्तित्त्व का जैविक निर्धारक है। स्नायु-मंडल जितना ही अधिक मुश्किल होता है, मनुष्य में बौद्धिक-योग्यता एवं अभियोजना योग्यता उतनी ही अधिक होती है।

स्वचालित स्नायु-मंडल की क्रिया में विकृति पैदा होने पर संवेगात्मक विकृति देखने को मिलती है। आइजिंक, मिनैनगो आदि मनोवैज्ञानिकों ने स्वचालित स्नायु-मंडल का व्यक्तित्व पर पड़ने वाले प्रभावों की विवेचना की है। **आइजिंक** के विचार में, वैसे लोग जिनका स्वचालित स्नायु-मंडल विकसित नहीं होता है, उनमें अनुकूलन की योग्यता कम पाई जाती है। इस कारण उनमें असामाजिक व्यक्तित्व के लक्षण विकसित हो जाते हैं। **मिनैनगो** के विचार में, जिन मनुष्यों में सहानुभूतिक मंडल प्रधान होता है, वे अधिक क्षेत्र आश्रित होते हैं। वैसे मनुष्य जिनमें उपसहानुभूतिक मंडल अधिक प्रधान होता है, वे क्षेत्र स्वतंत्र होते हैं।

(ग) बुद्धि—बच्चे की बुद्धि पर प्रभाव देखने को मिलता है। **जैन्सन न्यूमैन** के अनुसार बुद्धिमान माता-पिता के बच्चे भी उन्हीं की तरह बुद्धिमान होते हैं और मंद बुद्धि वाले माता-पिता के बच्चे मन्द बुद्धि ही होते हैं। कई बार ऐसा भी होता है कि बच्चे अपने माँ अथवा बाप के पूर्वजों से बौद्धिक योग्यता प्राप्त कर लेते हैं, जिस कारण उनकी बुद्धि उनके माता-पिता की बुद्धि से अलग हो जाती है।

बुद्धि का प्रभाव व्यक्तित्व के शीलगुणों के विकास पर किस तरह पड़ता है। तीव्र बुद्धि वाले बच्चे के साथ परिवार जन के अलावा पड़ोस एवं समाज द्वारा भी अच्छा व्यवहार किया जाता है। इसके अलावा उनकी प्रशंसा भी की जाती है। इन कारणों से उनमें श्रेष्ठता का भाव, बहिर्मुखता, आधिपत्य, आत्मविश्वास इत्यादि शीलगुणों का विकास होता है। ठीक इसके विपरीत कम बुद्धि के बच्चों को उन सभी

परिस्थितियों में उपेक्षा और निन्दा का सामना करना पड़ता है। इन कारणों से उनमें हीन-भाव, दोष-भाव अन्तर्मुखता इत्यादि शीलगुणों का विकास होता है। तेज बुद्धि होने पर शारीरिक दोष भी गौण हो जाते हैं। उदाहरण के तौर पर सुकरात, नेपोलियन, लाल बहादुर शास्त्री इत्यादि की शारीरिक संरचना विकर्षक होते हुए भी तेज बुद्धि के कारण उनका व्यक्तित्व इतना प्रभावशाली बन सका। इसी तरह मन्द बुद्धि के कारण शारीरिक सुन्दरता अपना असर खो बैठती है।

अन्तःस्रावी ग्रन्थियाँ—व्यक्तित्व को प्रभावित करने वाले जैविक कारकों में अन्तःस्रावी ग्रन्थियों का भी प्रमुख स्थान है। मनुष्य शरीर में दो तरह की ग्रन्थियाँ होती हैं— नलिका ग्रन्थि एवं नलिकाहीन ग्रन्थि। नलिका ग्रन्थि का तात्पर्य उस ग्रन्थि से है जिससे स्राव एक मार्ग से होकर शरीर के कोटन अथवा इसके ऊपरी तल में जाता है। आँसू की ग्रन्थि और पसीने की ग्रंथि इसके उदाहरण हैं। नलिका ग्रन्थि को एक्सोक्रोइन ग्रन्थि (Exocrine Gland) के नाम से भी जाना जाता है। नलिकाहीन ग्रन्थियों को इन्डोक्राइन-ग्रन्थि के नाम से भी जाना जाता है। इन ग्रन्थियों से स्राव का कोई रास्ता अथवा वाहिका या नलिका नहीं होती है। अन्तःस्राव ग्रन्थि से हॉर्मोन निकलकर सीधे रक्त में मिल जाता है।

नलिकाहीन ग्रन्थियाँ शरीर के विकास व काम या उत्तेजन के लिए रसायन-यौगिक का निर्माण करती हैं। यह शरीर के आन्तरिक वातावरण की स्थिरता व समरूपता को कायम रखता है, इस तरह प्राणी अत्यधिक ताप, शीत, अम्लक्षार इत्यादि से बचे रहते हैं। अतः इन ग्रन्थियों का प्रभाव शारीरिक कार्यों के अलावा संवेग तथा चिंतन के साथ-साथ बुद्धि एवं व्यक्तित्व के विकास पर भी पड़ता है अतः गेनास का विकास परिपक्व अवस्था में होने लगता है। इसका आशय यह हुआ कि बचपन में जो अन्तःस्रावी संतुलन होता है, वह वयस्क अवस्था और वृद्धा अवस्था से भिन्न होता है। यहाँ कुछ मुख्य अन्तःस्रावी ग्रन्थियों का विवरण दिया जा रहा है।

थाइरॉयड ग्रन्थि—यह ग्रन्थि कण्ठ के पास स्थित होती है। एक सामान्य मनुष्य में इस ग्रन्थि का वजन 20 से 40 ग्राम तक होता है। इस ग्रन्थि से निकलने वाले हॉर्मोन को थाइरौक्सिन कहा जाता है। इसका प्रमुख संघटक आयोडिन है। इस संघटक की कमी से ग्रन्थि बड़ी हो जाती है और गर्दन पर फुलाव दिखता है और शरीर मोटा हो जाता है। ऑक्सीजन के समुचित प्रयोग के लिए थाइरौक्सिन बहुत जरूरी होता है। यह उपापचय का महत्त्वपूर्ण निर्धारक भी है।

जब थाइरौक्सिन अधिक मात्रा में निकलने लगती है तो उपापचयी-प्रतिक्रिया तीव्रता से हो जाती है, ऑक्सीकरण तेज हो जाता है, वजन घट जाता है, मनुष्य ज्यादा

सक्रिय और आशंकित बन जाता है। यदि बचपन में ही यह ग्रन्थि अतिसक्रिय बन जाती है तो बच्चा बहुत लम्बा और दुबला-पतला बन जाता है, बौद्धिक विकास उस अनुपात में नहीं हो पाता है। एक 10 साल का बालक 7 फीट लम्बा हो सकता है, परन्तु उसकी बुद्धि 10 साल के बच्चों की बुद्धि के समान ही रहती है। इस ग्रन्थि की अतिसक्रियता के कारण जो रोग पैदा होता है उसे गंभीर रोग' कहा जाता है इस ग्रन्थि का प्रभाव संवेगात्मक प्रतिक्रिया पर भी पड़ता है। जब मनुष्य अधिक तनावपूर्ण व संकटपूर्ण स्थिति में होता है तो इस ग्रन्थि की सक्रियता बढ़ जाती है जिससे अभियोजित होने के लिए अपेक्षित शक्ति संचालित होने लगती है।

थाइरॉइड गन्थि का अल्पसक्रिय होने का समय जन्म के पहले या जन्म के तुरन्त बाद ही होता है। अतः बच्चे की शारीरिक रूप से स्थिति दुर्बल बन जाती है। प्रारम्भ में थाइरौक्सिन की सुई देने पर शारीरिक लक्षण दूर हो सकते हैं तथा बुद्धि में भी कुछ सुधार हो सकता है। लेकिन विलम्ब से लक्षणों के विकसित होने या देर से सुई देने पर कोई लाभ नहीं होता है।

एड्रीनल ग्रन्थि—अन्तःस्रावी ग्रन्थियों की यह जोड़ी गुर्दों के ऊपर स्थित होती है। एड्रीनल ग्रंथि से स्रावित होने वाले हॉर्मोन को ऐड्रीनीन आपातिक हॉर्मोन कहा जाता है। भय, क्रोध आदि संवेगों की अवस्था में यह हॉर्मोन अधिक सक्रिय बन जाता है तथा इसकी मात्रा बढ़ जाती है, जिससे शारीरिक शक्ति गतिशील हो जाती है और व्यक्ति आपातिक व्यवहार करने में सक्षम हो पाता है।

बच्चे में कॉर्टीन की कमी के लक्षण इस प्रकार हैः—(1) भूख की कमी, (2) थकान बढ़ जाना (3) चिड़चिड़ापन (4) नींद न आने के कारण बेचैनी। उपरोक्त लक्षणों के कारण बच्चे में कॉर्तिन साफ झलकने लगती है। अतः उसका तुरन्त डॉक्टर की सलाह के अनुसार इलाज कराना चाहिए। स्टीरॉइड्स की अधिकता के कारण महिला में मूँछ-दाढ़ी विकसित हो सकती है तथा मर्दानापन के अन्य लक्षणों का विकास होता है। प्रारम्भिक उम्र में इसकी अधिकता के कारण नर बच्चों में यौनारम्भ जल्दी होता है और शारीरिक विकास तेज गति से होता है लेकिन इस अनुपात में मानसिक विकास नहीं होता है। ऐसे बच्चे अधिकांशतः मानसिक तौर पर कमजोर बन जाते हैं। उनकी बुद्धि-लब्धि 85 के लगभग होती है। वयस्क पुरुषों में स्टीरॉइड्स की वजह से बाल अधिक उगते हैं।

पाराथाइरॉइड—मटर के दाने के आकार के समान चार छोटी-छोटी ग्रन्थियाँ थाइराइड ग्रंथि के क्षेत्र में स्थित हैं, जिन्हें पाराथाइरॉइड ग्रन्थियाँ कहा जाता है। इन ग्रन्थियाँ के हॉर्मोन के अभाव में आधारिक उपापचय बढ़ जाता है जबकि इसकी

उपस्थिति से उपापचयी गति घट जाती है। इसकी अधिकता से शिथिलता पैदा हो सकती है। इन ग्रन्थियों को समाप्त कर देने पर पेशी तनाव नामक विकृति पनप जाती है, जिससे पेशीय कम्पन, ऐंठन, मरोड़, संवेगात्मक अस्थिरता इत्यादि लक्षण प्रकट होते हैं।

यौन-ग्रन्थि–पुरुष यौन-ग्रन्थि को अण्ड ग्रन्थि तथा स्त्री यौन-ग्रंथि को अण्डाशय कहा जाता है। पुरुषों के फोता में अण्ड-ग्रथियों का एक जोड़ा पाया जाता है जिसके दो प्रमुख कार्य होते हैं–(1) पुरुष जनन कोशिका अर्थात् शुक्राणु का निर्माण करना (2) मर्दाना शारीरिक एवं मानसिक शीलगुणों को विकसित करने वाले हॉर्मोन का निर्माण करना।

अण्ड-ग्रंथियों से कई प्रकार के हॉर्मोन निकलते हैं, जिनमें टेस्टोस्टेरोन तथा एण्ट्रोस्टेरोन नामक दो हॉर्मोन प्रमुख हैं। यौनारंभ के समय इन दोनों हॉर्मोन का स्राव अधिक होता है। इनके कारण यौन अभिलक्षणों का विकास होता है।

स्त्री यौन-ग्रन्थियाँ (अण्डाशय) भी दो प्राथमिक कार्यों को सम्पादित करती हैं–

(1) अण्डाणु को उत्पन्न करना तथा रजोस्राव तथा गर्भ को नियंत्रित करना। इन ग्रंथियों के मुख्य हॉर्मोन एस्ट्रोजेन तथा प्रोजेस्टीन हैं। वे लैंगिक परिपक्वता को बढ़ाते हैं तथा स्त्री अनुषंगी अभिलक्षणों के विकास में सहायक होते हैं।

अग्नाशय–इस ग्रन्थि से दो तरह के स्राव होते हैं। एक स्राव एक नलिका से होकर पेट में जाता है, जो वास्तव में हॉर्मोन नहीं होता है। दूसरा स्राव इन्सुलिन है, जिसके अभाव में मधुमेह उत्पन्न होता है। इस हॉर्मोन की अधिकता से मनुष्य चिन्तित रहा करता है और थकान का अनुभव करता है।

पीयूष ग्रन्थि–दिमाग में स्थित यह एक मुश्किल अन्तःस्रावी ग्रन्थि है। यह मटर के दाने के आकार का होता है। इसके दो भाग हैं–अग्र खण्ड तथा पिछला खण्ड। इससे कई हॉर्मोन स्रावित होते हैं। जैसे–सोमेटोइपीन जिसे विकास हॉर्मोन भी कहा जाता है। इसके निकलने पर शारीरिक विकास तेज गति से होता है, और शरीर की लम्बाई 7 से 9 फीट तक हो जाती है। इसे अधिकायता या भीमकायता कहते हैं। इसके विपरीत सोमेटोट्रोपीन की कमी बचपन में होने पर शारीरिक विकास की गति मंदी होने लगती है और बच्चा बौना बनकर रह जाता है।

निष्कर्ष रूप में कहा जा सकता है कि व्यक्तित्व विकास, बौद्धिक विकास तथा संवेगात्मक विकास में अन्तःस्रावी ग्रन्थियों का महत्त्वपूर्ण योगदान होता है। इसके बावजूद भी व्यक्तित्व, बुद्धि, संवेग आदि में वैयक्तिक भिन्नताओं का उल्लेख सिर्फ

ग्रन्थियों के आधार पर सम्भव नहीं है, क्योंकि ज्यादातर मनुष्यों में अन्तःस्रावी संतुलन सामान्य होता है, केवल बहुत थोड़े मनुष्यों में अन्तःस्रावी कुसंतुलन देखने को मिलता है।

समायोजन

हर जीवित मनुष्य की कोई न कोई समस्याएँ और परेशानियाँ होती हैं। किसी मनुष्य की व्यक्तिगत प्रभावशीलता इस बात पर निर्भर नहीं करती है कि वह कितनी समस्याओं और परेशानियों का सामना करता है। इसके अतिरिक्त इस बात पर निर्भर करती है कि वह इन समस्याओं और परेशानियों के प्रति किस प्रकार से प्रतिक्रिया करता है या इन समस्याओं और मुश्किलों को सुलझाने का प्रबंध कैसे करता है। समायोजन, मनोविज्ञान का महत्त्वपूर्ण प्रत्यय और चर ही नहीं है, बल्कि हर व्यक्ति की यह एक जरूरी प्रक्रिया अथवा अवस्था है। इस सम्बन्ध में कुछ ज्यादा कहने से पहले जरूरी है कि इसके अर्थ को समझ लिया जाय।

सन् 1972 **आईजैंक** और उनके साथियों के अनुसार, ''समायोजन वह अवस्था है जिसमें एक ओर मनुष्य की जरूरतें तथा अन्य ओर वातवरण के कुछ दावे (Claim) पूर्ण रूप से सन्तुष्ट होते हैं या समायोजन वह प्रक्रिया है जिसके द्वारा आवश्यकताओं और दावों में सामंजस्य संबंध प्राप्त होता है।''

डॉ. कुण्डू और टटू (Dr. Kundu & D.N. Tutoo) के अनुसार– "समायोजन का अर्थ है व्यक्ति और वातावरण के मीठे सम्बन्धों का होना।"

1. गेट्स के अनुसार–"समायोजन हमेशा चलने वाली प्रक्रिया है जिसके द्वारा व्यक्ति अपने वातावरण के बीच संतुलित सम्बन्ध बनाये रखने के लिए अपने व्यवहार में बदलाव करता है।"

2. बैरिंग, लैंगफैल्ड और वेल्ड के अनुसार– "समायोजन वह प्रक्रिया है। जिसमें प्राणी अपनी जरूरतों की पूर्ति को प्रभावित करने वाली परिस्थितियों में संतुलन रखता है।"

3. चालमैन के अनुसार– "समायोजन शब्द का प्रयोग दो तरह से किया जाता है। पहले अर्थ के अनुसार, समायोजन एक हमेशा चलने वाली प्रक्रिया है जिसके माध्यम से व्यक्ति अपने व्यवहार में बदलाव लाता है। इस परिवर्तन द्वारा ही वह वातावरण में सांमजस्य स्थापित करता है। दूसरे शब्दों में व्यक्ति अपने व्यवहार में परिवर्तन करता है।"

उपरोक्त परिभाषाओं के आधार पर यह जा सकता है कि व्यक्ति समायोजन

के द्वारा ही अपने व्यवहार में बदलाव लाता है और इस बदलाव के द्वारा वह अपने और वातावरण के बीच संतुलन बनाये रखता है। एक मनुष्य को उस समय स्पष्ट रूप से समायोजित कहा जा सकता है, जब वह उपर्युक्त वातावरण से जुड़ा होता है, वह खुद कुशल हो और उसमें सामाजिक भावना हो। समायोजन की प्रक्रिया एक सार्वभौमिक शृंखला है जिसकी पहचान व्यक्ति के व्यवहार में की जा सकती है।

उपरोक्त विवरण के आधार पर निम्नलिखित निष्कर्ष निकाले जा सकते हैं–

1. सन्तुलन कायम रखना–समायोजन शारीरिक, मनोवैज्ञानिक और सामाजिक जरूरतों और इन जरूरतों की पूर्ति को प्रभावित करने वाली परिस्थितियों के बीच एक सन्तुलन कायम रखने की प्रक्रिया है।

2. सुसंगत सम्बन्ध–समायोजन एक हमेशा जारी रहने वाली प्रक्रिया है जो मनुष्य और उसके वातावरण के बीच एक अधिक सुसंगत सम्बन्ध पैदा करती है।

3. व्यवहार में बदलाव–समायोजन मनुष्य के व्यवहार व अभिवृत्तियों में बदलाव करने और मेहनत को निर्देशित करने की प्रक्रिया है।

4. वातावरण में बदलाव लाने की प्रक्रिया–समायोजन मनुष्य के खुद के वातावरण अथवा दृष्टिकोण में बदलाव लाने में उसकी सहायता करने की प्रक्रिया है।

5. कठिन प्रक्रिया–समायोजन एक कठिन प्रक्रिया है, क्योंकि एक जरूरत के साथ मनुष्य की आखिरी क्रिया एक अन्य आवश्यकता के साथ टकरा सकती है।

6. उपलब्धि और प्रक्रिया–

(1) समायोजन को उपलब्धि के रूप में या इस रूप में देखा जा सकता है कि मनुष्य कितनी अच्छी तरह अपने मानसिक द्वन्द्वों के साथ व्यवहार करता है और फलस्वरूप होने वाले तनाव को दूर करता है।

(2) अन्य दृष्टिकोण से, समायोजन को एक प्रक्रिया के रूप में या इस रूप में समझा जा सकता है कि मनुष्य अपने मानसिक द्वन्दों में एक साथ कैसे समायोजन करता है।

7. अनुरूपता की अवस्था–समायोजन अनुरूपता की एक अवस्था या परिस्थिति है जो वातावरण में मनुष्य की खुशी और कुशलता को उत्तम बनाती है।

8. मनोवैज्ञानिक और शारीरिक–समायोजन मनोवैज्ञानिक और शारीरिक दोनों होता है।

9. व्यक्ति पर निर्भर–अनुरूपता या तालमेल स्तर मनुष्य की कुछ क्षमताओं पर निर्भर कर सकता है। इसका मतलब यह है कि तनाव की अवस्थाओं के अन्दर मनुष्यों के समायोजित हो जाने की सम्भावना रहती है, परन्तु उनसे ऐसी उम्मीद नहीं

होती। एक निश्चित मुश्किल के साथ वाले कुछ मनुष्यों को जीवनयापन की सामान्य अवस्थाओं के साथ समायोजित होने में मुश्किलें होती हैं व समाज द्वारा माना गया है कि देखने में असमर्थ, सुनने में असमर्थ और कुछ कमजोर चरित्र के लोगों के समायोजन को सुविधापूर्ण बनाने के लिए उन्हें एक मुख्य प्रकार के वातावरण या वातावरण में बदलाव किए जाने की आवश्यकता होती है। सिर्फ जब वे इन स्थितियों के अन्दर खुद को नहीं ढाल सकते, तब उन्हें समायोजित नहीं समझा जाता है।

10. वातावरण पर निर्भर—तालमेल का स्तर आंशिक रूप से वातावरण की कुछ प्रमुखताओं पर भी निर्भर करता है। मनुष्य अपनी प्रमुख जैविक जरूरतों को पूरा कर सके और व्यक्तित्व सम्बन्धी जरूरतों को पूरा न कर सकें,। तो वह समायोजन नहीं कहलाता। मतलब दुखी और अकुशल होता है। इस बात की ओर संकेत करना उत्तम रहेगा कि जब कुसमायोजन की स्थिति रहती है तो इसकी वजह से सिर्फ मनुष्य ही प्रभावित नहीं होता बल्कि वातावरण या दोनों प्रभावित होते हैं। कई बार केवल व्यक्ति और उसके वातावरण के बीच अतःक्रिया से कुसमायोजन की स्थिति पैदा होती है।

11. समायोजन तथा सामाजिक भावना—इस बात पर अत्यधिक बल दिया जाना चाहिए कि एक समायोजित व्यक्ति वह होता है जो उचित रूप से संतोषजनक बातावरण में कुशल और खुश है। यदि कुशलता और प्रसन्नता ही एकमात्र मापदंड होते तो अपने छात्रों और अध्यापकों को आतंकित रखने वाले विद्यालय के एक मुख्याध्यापक को सुसमायोजित समझा जा सकता था, क्योंकि वह कुशल और प्रसन्न था। समायोजन की हमारी संकल्पना में उचित परिणाम की सामाजिक भावना को सम्मिलित करना आवश्यक प्रतीत होती है। संक्षेप में, अच्छी तरह से समायोजित व्यक्ति वह है जिसके जीवन की आवश्यकताएँ और प्राप्तियाँ सामाजिक भावना की समझ और सामाजिक जिम्मेदारी की स्वीकृति के साथ एकीकृत हों।

सुसमायोजित व्यक्ति की विशेषताएँ

1. शारीरिक स्वास्थ्य—व्यक्ति को शारीरिक बीमारियों से मुक्त होना चाहिए जैसे—सिर दर्द, नासूर, अपच और भूख न लगना। व्यक्ति में इन कारणों की उत्पत्ति का कारण कभी-कभी मनोवैज्ञानिक होता है और ये उसकी शारीरिक कुशलता को हानि पहुँचा सकते हैं।

2. मनोवैज्ञानिक स्वस्थता—सुसमायोजित व्यक्ति अधिक उदासी, मनोग्रस्ति, बाध्यता और व्याकुलता जैसी मनोवैज्ञानिक बीमारियों से मुक्त होता है। यदि

ये मनोवैज्ञानिक बीमारियाँ अत्यधिक होती हैं तो व्यावसायिक सलाह लेनी पड़ती है।

3. कार्य कुशलता—जो मनुष्य अपनी व्यावसायिक अथवा सामाजिक क्षमताओं का पूरा लाभ उठाता है, उसे उसकी सामाजिक व्यवस्था में समायोजित कहा जा सकता है।

4. सामाजिक स्वीकृति—हर मनुष्य चाहता है कि दूसरे मनुष्य उसे सामाजिक रूप से स्वीकार करें। यदि एक मनुष्य सामाजिक मानकों, विश्वासों और मूल्यों का पालन करता है तो हम उसे सुसमायोजित कह सकते हैं, लेकिन यदि वह समाज-विरोधी विधियों से अपनी जरूरतों की पूर्ति करता है तो वह कुसमायोजित कहलाता है।

5. आत्म-बोध—एक सुसमायोजित मनुष्य खुद को जानता है। वह अपनी शक्तियों और कमजोरियों को समझता है। वह अपनी योग्यताओं और विकासात्मक स्तर के अनुसार अनेक कार्यों और क्रिया-कलापों का चयन करता है।

6. आत्म-सम्मान—कुसमायोजित मनुष्य के मन में खुद के लिए और दूसरों के लिए सम्मान होता है। अपने स्वत्व की नापसंदगी कुसमायोजन का एक लक्षण है।

7. सन्तुष्टि की भावना—सुनमायोजित मनुष्य अपने वातावरण के अन्दर सन्तुष्ट रहता है। वह परिवार और घर, पड़ोस, विद्यालय, सहपाठियों, अध्यापकों और समाज के अन्य सदस्यों से सन्तुष्ट रहता है, उसे अपने व्यवसाय से स्नेह होता है और वह उसमें खुशी दर्शाता है।

8. बौद्धिक रूप से विकसित—सुसमायोजित मनुष्य बौद्धिक रूप से अच्छी तरह विकसित होता है। वह स्वतन्त्र रूप से सोचने और उचित समय पर उचित निर्णय लेने में समर्थ होता है।

9. संवेगात्मक रूप से नियन्त्रित—सुसमायोजित मनुष्य के संवेग सुप्रशिक्षित और नियन्त्रित होते हैं। वह अपने जीवन में निरन्तर रहने वाले संवेगात्मक तनावों, मानसिक द्वन्द्वों, चिंताओं, व्याकुलताओं व निराशाओं से स्वतन्त्र होता है। वह संवेगात्मक रूप से सन्तुलित होता है और जल्दी झुंझलाता नहीं है।

10. व्यवहार में नमनीयता—सुसमायोजित मनुष्य अपने व्यवहार में बदलाव दर्शाता है। वह अपने व्यवहार में बदलाव करके बदलती हुई परिस्थितियों में मुश्किल या अपरिवर्तनशील नहीं होता है।

11. स्वस्थ अभिवृत्तियाँ और रुचियाँ—सुसमायोजित मनुष्य की स्वस्थ

आदतें, अभिवृत्तियाँ व रुचियाँ होती हैं। वह अपने कर्त्तव्यों का पालन करने में नियमित और समयनिष्ठ होती है। जीवन, रिश्तेदारों, मित्रों, परिवार, समुदाय, देश, धर्म व व्यवसाय के प्रति उसकी अभिवृत्ति स्वस्थ होती है। उसमें स्वस्थ रुचियाँ होती हैं, जो सामाजिक रूप से वांछनीय होती हैं।

12. जीवन की स्वस्थ दार्शनिकता– सुसमायोजित मनुष्य के जीवन में दार्शनिकता स्वस्थ होती है जो उसके स्वभाव और क्रियाओं को नियन्त्रित करती है। उसमें अपने जीवन में असफलताओं का सामना करने के लिए उतनी हिम्मत और सहन-शक्ति होती है। वह आत्म-विश्वासी व आशावादी होता है। उसमें जीवन के प्रति उमंग होती है। वह अपने व्यवसाय के प्रति समर्पित होता है। वह अपनी क्रियाओं में विवेकपूर्ण होता है। वह उदारता से आलोचना स्वीकार करता है। उसे व्यक्तिगत प्रयोगता, सुरक्षा व स्वयं की पर्याप्त समझ होती है। वह अपने समूह के प्रति निष्ठावान होता है।

समायोजन का तरीका

हर सामान्य मनुष्य सरकार की प्रतिबल परिस्थिति में समायोजन की कोशिश करता है, कहीं वह कम सफल होता है, कहीं अधिक सफल होता है। अधिकांश परिस्थितियों में उसका समायोजन साधारण होता है। प्रतिबल परिस्थिति कितनी भी तेज क्यों न हो वह उसमें समायोजन के लिए मेहनत जरूर करता है। समायोजन के प्रयास निम्नलिखित दो प्रकार के होते हैं:–

1. प्रत्यक्ष प्रयास (प्रत्यक्ष नकल व्यवहार)–इस प्रकार की कोशिश में समायोजन के वह तौर-तरीके आते हैं जो प्रत्यक्ष होते हैं और जिनमें मनुष्य परेशानी, दुःखों आदि से सम्बन्धित परिस्थितियों को परिवर्तित करना चाहता है। ऐसी परिस्थितियों को घटाना चाहता है। संक्षेप में वह तीन प्रकार के समायोजन कर सकता है–(1) आक्रमण (Aggression), (2) सुलह (Compromise) (3) परिस्थिति से पीछे हटना (Withdrawal)। इनका वर्णन इसी अध्याय में कुण्ठा के प्रति प्रतिक्रिया के तरीके शीर्षक के अन्तर्गत किया गया है।

(i) उद्देश्य तक पहुँचने के प्रयासों का नवीनीकरण–इस विधि से लक्ष्यों की प्राप्ति हेतु चेतन प्रयत्न किये जाते हैं। यदि कोई अपने उद्देश्य में असफल हो जाता है, तो वह कोई अन्य वैकल्पिक उद्देश्य ढूँढ़ लेता है और उसकी तरफ ध्यान देने लगता है। उदाहरण के लिए, एक व्यक्ति का उद्देश्य है, चिकित्सक बनना। लेकिन अगर वह डॉक्टर बनने में असफल हो जाता है तो इसका वैकल्पिक उद्देश्य अर्थात् लैबोरेट्री ही बनकर अपने उद्देश्य की पूर्ति करता है।

(ii) विश्लेषण व निर्णय—मनुष्य के सम्मुख अनेक बार दो उद्देश्य होते हैं। ऐसी स्थिति में उसे समझौता करना पड़ता है अर्थात् उसे एक उद्देश्य को ही चुनना पड़ता है। उदाहरण के लिए, बैंक कर्मचारी के सम्मुख पदोन्नति के अवसर उसके लिए या तो विभाग से लेनी पड़ती है या फिर पदोन्नति से हाथ धोना पड़ता है। इन दोनों में से एक का चुनाव करना पड़ेगा।

2. अप्रत्यक्ष प्रयास—अप्रत्यक्ष प्रयास को मनोरचनाएँ भी कहा जाता है। असफलता और अन्तर्द्वन्द्व के पैदा होने से मनुष्य में चिंता पैदा होती है, जो मनुष्यों के समायोजन के लिए डर बन सकती है। इस चिन्तात्मक तनावपूर्ण स्थिति का जब मनुष्य सीधे तौर से समाधान नहीं कर पाता, तो वह अनेक अप्रत्यक्ष सुरक्षात्मक ढंग अपनाता है, जिन्हें मनोरचनाएँ कहते हैं। इनके आधार पर समस्या का निदान प्रत्यक्ष विधि की भाँति सदा के लिए नहीं होता, बल्कि किसी विशेष अवधि के लिए होता है। उदाहरण के लिए, एक विद्यार्थी परीक्षा में फेल होने पर बचाव के लिए कहता है कि शिक्षक अच्छे नहीं थे अथवा पास तो हो जाता या मैं परीक्षा के पास बीमार हो गया था इत्यादि।

बालक का परिवार में समायोजन

बालक के समायोजन पर परिवार का बहुत प्रभाव पड़ता है। बालक के छोटे होने पर परिवार बालक की प्रमुख पृष्ठभूमि के रूप में कार्य करता है। बालक का उनके परिवार में कैसा पालन-पोषण हुआ है वह बड़ा होकर उसी तरह समायोजन करता है। बालक के पालन-पोषण का उसके समायोजन पर पूरा प्रभाव पड़ता है। परिवार के निम्न पक्ष मुख्यतः बालक के समायोजन को प्रभावित करते हैं—

1. परिवार में माता-पिता के सम्बन्ध— परिवार में माँ-बाप के आपस में कैसे सम्बन्ध हैं अर्थात् अच्छे सम्बन्ध हैं अथवा आपस में वे लड़ते रहते हैं, अथवा माँ-बाप से अलग होकर अकेले रहती है। अथवा पिता माँ से अलग रहता है; इन सब कारणों के कारण माँ-बाप बच्चे की ओर अधिक ध्यान नहीं देते। बात-बात पर उसे दुत्कारते हैं, जिसके कारण उसका व्यक्तित्व कुसमायोजित हो सकता है।

2. माता-पिता द्वारा गलत बर्ताव— कभी-कभी माता-पिता पक्षपातपूर्ण व्यवहार अपना लेते हैं। वे एक बालक को अधिक प्रेम व प्यार देते हैं, जबकि दूसरे बालक को दुत्कारते रहते हैं। इस व्यवहार के कारण उसे मानसिक-धक्का लगता है। फलस्वरूप उसमें कुसमायोजित व्यवहार जैसे—क्रोध, जिद्द करना, झगड़ा करना, अपने भाई-बहनों को बात-बात पर पीटना आदि गुण पैदा हो जाते हैं।

3. हीनता की भावना– यदि माँ-बाप गरीब हैं और अपने बालकों की अभिलाषाओं की पूर्ति करने में असमर्थ हैं, तो बालक खुद की तुलना अमीर बालकों के माँ-बाप व घरों से करते हैं। इससे उनमें हीन भवना का विकास हो जाता है, जिसकी वजह से उसका व्यक्तित्व चिन्ताग्रस्त और तनावग्रस्त होने के कारण कुसमायोजित हो जाता है। अतः ऐसे अभिभावकों को चाहिए कि बालक को समझा कर उसको वातावरण के साथ समायोजन करने में उसकी सहायता करें।

4. अत्यधिक सुरक्षा– कई बार माँ-बाप अपने बच्चों की घर में जरूरतों से अधिक देख-रेख करते हैं। बालक को ज़रा-सा कष्ट होने पर उनका दिल बैठ जाता है। इसका फल यह होता है कि बालक साधारण-सी बाधा अथवा कष्ट आने पर अत्यधिक निराश, चिन्तित, तनावग्रस्त व दुःखी हो जाता है जिसके कारण उसका समायोजन बिगड़ जाता है। अतः माँ-बाप को अपने बच्चों को अत्यधिक सुरक्षा दे, उनका समायोजन नहीं बिगाड़ना चाहिए।

5. कठोर नैतिक आदर्श– कभी-कभी परिवार के अधिक मुश्किल नैतिक नियम बालक में आदर्शों को पैदा करने की बजाय उनके व्यक्तित्व को कुसमायोजित कर देते हैं। अतः माँ-बाप को चाहिए कि वे मुश्किल नैतिक आदर्शों को अपने बालकों पर न लादें।

6. सुरक्षा का अभाव अथवा कम सुरक्षा– कई बार परिवार में माँ-बाप दोनों नौकरी करते हैं। वे धन कमाने में इतना व्यस्त होते हैं कि बच्चों को भाइयों, नौकरों आदि के सहारे छोड़ देते हैं। खुद उनके पालन-पोषण, खान-पान पर ध्यान नहीं देते। न ही उन्हें स्नेह व प्यार मिलता है। वे इस स्नेह व प्यार को दूसरे में ढूँढ़ते हैं। हमारे माँ-बाप अपने बच्चों के साथ खेलते हैं। वे हमेशा इस चिंता से घिरे रहते हैं कि सब के माँ-बाप क्यों नहीं मुझे प्यार करते व मुझ पर ध्यान नहीं देते। प्यार पाने के चक्कर में वे अपने रास्ते से भटक जाते हैं और उनका व्यक्तित्व कुसमायोजित हो जाता है। अतः माँ-बाप को चाहिए कि वे अपने बच्चों की तरफ अधिक ध्यान दें, ताकि उनका व्यक्तित्व न बिगड़ सके।

स्कूल में बालक का समायोजन

परिवार के पश्चात् बालक के जीवन के प्रारम्भ वर्ष सबसे अधिक विद्यालय में गुजरता हैं। अतः स्कूल का वातावरण बालक के समायोजन को प्रभावित करता है, जो इस प्रकार है–

1. अध्यापक का व्यवहार— अध्यापक बालकों के लिए आदर्श स्वरूप होता है। बालक अपने अध्यापकों का अनुकरण करता है। अतः शिक्षक का खुद का व्यवहार समायोजित होना चाहिए। कैसी भी परिस्थिति आने पर अगर शिक्षक खुद को समायोजित कर लेता है, तो बालक भी समायोजन के इस गुण को अपने भीतर समेट लेते हैं। अतः शिक्षक के स्वयं के व्यवहार का समायोजित होना अति महत्त्वपूर्ण है।

2. पक्षपातपूर्ण व्यवहार—कई शिक्षक कुछ होशियार बच्चों की तरफ ही ध्यान देते हैं और उन्हें प्रेम करते हैं और मन्द बुद्धि बालकों को बिना वजह बात-बात पर डाँटते व दण्ड देते हैं। इसके कारण मन्द बुद्धि बालकों में बदले की भावना, घृणा, जिद्द, क्रोध आदि अनैतिक व्यवहार पैदा हो जाते हैं, जिसके फलस्वरूप उनका समायोजन दोषपूर्ण हो जाता है।

3. हीनता की भावना न आने देना— सब मनुष्य एक समान नहीं होते। सभी सुन्दर नहीं होते, सभी शारीरिक रूप से स्वस्थ नहीं होते अर्थात् कहने का अर्थ यह है कि कई मंद बुद्धि बालक व कई शारीरिक रूप से विकलांग जैसे लंगड़े, तुतलाने वाले बालक भी कक्षा में होते हैं। कई शिक्षक व बालक लंगड़े बालक को लंगड़ा-लंगड़ा कहने लगते हैं; जैसे किसी प्रश्न के पूछने पर शिक्षक कहता है—लंगड़े इधर आ इत्यादि। इससे बालक में हीन भावना आ जाती है, वह खुद को कोसने लगता है, व तनावग्रस्त रहता है व स्कूल आने से भी डरता है। इसके कारण उसमें समायोजन के दोष पैदा हो जाते हैं। अतः अध्यापक का कर्त्तव्य बनता है कि पहले तो वह स्वयं का व्यवहार ठीक करे, दूसरा, बालक में आई हीन भावना को कम अथवा खत्म करे, तीसरा, उसे चिढ़ाने वाले बालकों को सजा दे।

इसके अलावा कई बार असफल, चाहे वे खेल के क्षेत्र में हों या शिक्षा के क्षेत्र में, हो जाने पर बच्चे तनावग्रस्त, चिन्तित और निराश हो जाते हैं। ऐसे में शिक्षा का कर्त्तव्य है कि वह उन्हें समझाए कि असफलता सफलता की कुँजी है। फिर परिश्रम करो, अब सफल हो जाओगे अथवा कई अनेक उदाहरणों द्वारा उनके व्यक्तित्व को समायोजित होने में सहायता कर सकता है।

4. मुश्किल अनुशासन—अनुशासन यदि मुश्किल है तो भी बालक का व्यवहार कुसमायोजित हो सकता है। अधिक सजा मिलने के कारण बालक विद्यालय न आकर इधर-उधर घूमते रहते हैं और गलत आदतें सीख लेते हैं व अपने व्यवहार को कुसमायोजित कर लेते हैं।

5. कुसमायोजित व्यवहार का सुधार—किसी बालक में कुसमायोजित व्यवहार पैदा हो रहा है और शिक्षक को उसका पता चल जाता है तो उसका कर्त्तव्य है कि वह प्रधान शिक्षक से मिलकर बालक के साथ सहानुभूतिपूर्ण व्यवहार कर उसे दूर करने की कोशिश करे।

6. पाठ्यक्रम और शिक्षण विधियाँ— विद्यालय का पाठ्यक्रम व शिक्षण विधियाँ भी बालक की वर्तमान आयु के अनुसार होनी चाहिएँ जिससे उसकी स्वाभाविक रुचि पढ़ाई की ओर हो सके। ऐसा होने पर बालक को विद्यालय आने में खुशी होती है और वह पढ़ाई सुचारु रूप से करता है और अच्छे अंक प्राप्त करता है, जिसके कारण उसे खुशी व सन्तुष्टि होती है जो उसके समायोजन को स्वस्थ बनाने में सहायता करती है।

8

वंशक्रम एवं वातावरण

वंशक्रम का संबंध जैविक विज्ञान से है। इसका अध्ययन करने के लिये जीवन-कथाओं का सहारा लेना पड़ता है। वंश-क्रम का निर्धारण 50 प्रतिशत माता के पक्ष से तथा 50 प्रतिशत पिता के पक्ष से होता है साथ ही साथ दादा-परदादा आदि पूर्वजों के गुण निश्चित मात्रा में विद्यमान होते हैं।

वंशक्रम का अर्थ एवं परिभाषा

जो गुण माता-पिता में विद्यमान हैं वही समान गुण बच्चों में भी पाये जायेंगे। यदि माता-पिता बुद्धिमान तथा स्वस्थ हैं तो सन्तान भी बुद्धिमान तथा स्वस्थ होनी चाहिए, परन्तु इसके अपवादस्वरूप बुद्धिमान माता-पिता की मन्द-बुद्धि सन्तान भी उत्पन्न हुई हैं तो दूसरी तरफ मन्द-बुद्धि माता-पिता ने बुद्धिमान सन्तान को जन्म दिया। यही प्रश्न अनेक समस्याओं को जन्म देता है और वंशक्रम पर विचार करने के लिए बाध्य करता है।

वंशक्रम के परिणामस्वरूप ही बच्चों तथा अभिभावकों की शारीरिक संरचना एक समान होती हैं। परन्तु यह जरूरी नहीं है कि शारीरिक संरचना के साथ उनके गुण या स्वभाव भी अभिभावकों से मिलें। किसी भी दो व्यक्तियों में समान गुण विद्यमान नहीं होते हैं। उनकी शरीर रचना तथा व्यवहार में अन्तर निश्चित

रूप से होता है। यमजों को भिन्न वातावरण में पालने पर भी उनके व्यवहार में कुछ समानता तथा भिन्नता रहती है। ये सभी तथ्य मानव-विकास की यात्रा की शुरुआत कहाँ से हुई थी, जानने के लिए हमें विवश करते हैं। ये हमें सत्य के उद्घाटन के लिए भी प्रेरित करते हैं।

वंशक्रम की कुछ प्रमुख परिभाषाएँ निम्नलिखित हैं–

(1) जे. ए. थाम्पसन–"परम्परागत सन्तति के मध्य उत्पत्ति के संबंध दर्शाने वाला उपयुक्त शब्द 'वंशक्रम' है।"

(2) एने एनास्टमी–"वंशक्रम जन्म के पश्चात् व्यक्ति के विकास को प्रभावित करता है और वास्तव में यह प्रभाव जीवन पर्यन्त चलता है, यहाँ तक कि मृत्यु के समय भी वह आंशिक रूप से वंशक्रम से प्रभावित होता है, निरीक्षण से पता चलता है कि यह प्रसार परिवारों में होता रहता है।"

(3) एच. ए. पेटरसन–"वंशक्रम की व्याख्या इस प्रकार की जा सकती है कि व्यक्ति अपने माता-पिता के माध्यम से पूर्वजों की जो भी विशेषताएँ प्राप्त करता है, वह वंशक्रम कहलाता है।"

वुडवर्थ–"वंशानुक्रम में वे सभी बातें आ जाती हैं जो जीवन का आरम्भ करते समय, जन्म के समय नहीं वरन् गर्भाधान के समय, जन्म से लगभग नौ माह पूर्व व्यक्ति में उपस्थित थीं।"

यह बात पूर्णतया सत्य है कि हमारे दैहिक एवं मनोवैज्ञानिक तत्व जो हमें हमारे अभिभावकों की देन हैं, बालकों में कुछ नैसर्गिक शक्ति भी होती है जो निम्न प्रकार से है।–**(i) संचय शक्ति (ii) प्रयोजन शक्ति, (iii) विचार शक्ति**। इन शक्तियों का विकास उचित वातावरण में ही होता है। ये शक्तियाँ बालक के विकास के लिए आवश्यक हैं, परन्तु इन शक्तियों का आदि स्रोत क्या है, यह समझने के लिये हमें वंशक्रम के तन्त्र को समझना होगा।

वंशानुक्रम का प्रभाव

मानव शरीर में उत्पादक कोश होते हैं। इन उत्पादक कोशों की रचना अनेक जीन्स से मिलकर हुई है। ये जीन्स ही वंशक्रम को सन्तति-दर सन्तति प्रवाहित करते हैं। जनन-कोश का आकार छड़ी की तरह (Rodlike) होता है। इसे गुणसूत्र कहते हैं। यह धागे के आकार के होते हैं। जीन्स ही वंशक्रम की विशेषताओं को अगली पीढ़ी में संक्रान्त करते हैं। एनास्टीसी के अनुसार–**"जीव वंशक्रम की विशेषताओं का वाहक है जो किसी-न-किसी रूप में सदैव संक्रान्त होता है।"**

गुणसुत्रों का विभाजन अमीबा की भाँति होता रहता है। एक से दो, दो से चार, चार से आठ और इसी प्रकार उनकी उत्पत्ति होती रहती है। इसे उत्पादक कोश की भी संज्ञा दी जाती है। जिस पक्ष की उत्पत्ति माता के पक्ष से होती है उसे उत्पादक-कोश को मातृसूत्र तो दूसरी तरफ जिस पक्ष की उत्पत्ति पिता के पक्ष उत्पादक-कोश का पितृसूत्र कहा जाता है। इन्हें सूत्र कोशिका कहा जाता है। इनमें कई जोड़े जीन्स भी पाये जाते हैं। पैतृकता का निर्वाह करने के लिए मातृसूत्र तथा पितृसूत्र में 23-23 गुणसूत्र होते हैं। कुछ विद्वान 23-23 गुणसूत्रों के स्थान पर 24-24 गुणसूत्रों का अस्तित्व मानते हैं। विवाह के पश्चात् पति-पत्नी में आपसी सहयोग से 23-23 गुणसूत्रों का संयोग की स्थापना करते हैं। इन गुणसूत्रों के आधार पर ही आने वाली संतान का वंशानुक्रम निर्धारण भी किया जाता है।

वंशक्रम की व्याख्या

वंशक्रम के सम्बन्ध में विभिन्न धारणाओं का उल्लेख किया जा चुका है। इन धारणाओं से वंशक्रम के विषय में प्रचलित अनेक विचारों की जानकारी प्राप्त हुई है।

(1) उत्पादक सूत्रों की सतत प्रक्रिया—वंशानुक्रम से संबंधित कई प्रकार के परीक्षणों के पश्चात् प्रसिद्ध विद्धान फ्राँसिस गाल्टन ने 1745 ई० में जो मत दिये हैं, उनके आधार पर निम्नलिखित निष्कर्ष निकलते हैं— (i) दादा-परदादा आदि पूर्वजों के गुण निश्चित मात्रा में होते हैं। (ii) वंशक्रम का निर्धारण 50% माता के पक्ष से तथा 50% पिता के पक्ष से होता है। (iii) संतति-दर संतति ये गुण कम होते हैं जैसे—1/2, 1/4, 1/8, 1/16, 1/32 आदि।

गाल्टन के मत को विजमैन (Weisman) ने सही माना है मानव की उत्पत्ति बीजकोश से बतायी है। उसके अनुसार शरीर में—**(i) कायकोश** तथा **(ii) उत्पादक-कोश** (Germ Cells) होते हैं। कायकोश शरीर के विकास में योग देते हैं और उत्पादक-कोश संतति-दर संतति संक्रान्त होते जाते हैं। इन कोशों पर वातावरण किसी प्रकार का प्रभाव नहीं डालते हैं। **विजमैन** ने चूहों पर प्रयोग किये। उसने 25 पीढ़ियों तक चूहों की पूँछ काटी, पर हर बार पूँछ वाले चूहे ही उत्पन्न हुए। इससे यह परिणाम सामने आया कि उत्पादक-सूत्र अगली संतति में संक्रान्त हो जाते हैं और यह नियम चलता रहता है।

(2) प्रत्यागमन का नियम—प्रत्यागमन से अभिप्राय संतति में विपरीत गुण विद्यमान होना है। कम बुद्धि माता-पिता के यहाँ प्रतिभाशाली संतान का होना

प्रत्यागमन का उदाहरण है। इसके सम्बन्ध में विद्वानों ने विभिन्न मत दिये हैं–(i) यदि वंश-सूत्रों का मिश्रण भली-भाँति नहीं होता तो मन्द-बुद्धि माता-पिता के यहाँ प्रतिभाशाली संतान हो जाती है। विपरीत अवस्था का परिणाम विपरीत होता है। (ii) वंशक्रम को निर्धारण करने वाले गुण दो प्रकार के होते है–(i) जागृत (Dominant), (ii) सुप्त (Recessive)। ये दोनों प्रकार के गुण संतति में संक्रान्त होते हैं। संतति में माता-पिता के विपरीत जो विभिन्नता प्रकट होती है, वह सुप्त गुणों का जागृत होना है।

(3) अर्जित गुणों का हस्तान्तरण–लेमार्क (Lemark) ने कहा है कि अर्जित गुणों का संक्रमण भी संतति में होता है। उसने जिराफ (Giraffe) की लम्बी गर्दन का उदाहरण देते हुए कहा है कि वह परिस्थितियों के कारण लम्बी हुई है। अब उसकी गर्दन का लम्बा होना वंशक्रम का घटक हो गया है। इसी प्रकार की धारणा **मैकडूगल** (McDougall) ने भी की है। उसने चूहों पर प्रयोग किये। उसने चूहों को एक बड़े टब (Tub) में छोड़ दिया। उसमें से बाहर निकलने के दो मार्ग थे। प्रकाश वाले मार्ग से बिजली का हल्का झटका लगता था। झटके से परेशान होकर वे अन्धकार वाले मार्ग से बाहर निकलते थे। उसके निष्कर्ष पर इस प्रकार रहे : (i) पहली पीढ़ी ने 165 बार गलतियाँ कीं, (ii) 23वीं पीढ़ी ने 25 बार गलतियाँ कीं। इससे उसने यह धारणा बनाई कि कालान्तर में अर्जित गुणों का हस्तान्तरण अगली संतति में होता है।

इसी प्रकार के प्रयोग **पावलॉव** (Pavlov) तथा **हैरीसन** (Harrison) ने भी किये। ये प्रयोग चूहों तथा चूजों पर किये गये। इन प्रयोगों से यह सिद्ध होता है कि वे ही अर्जित गुण अगली पीढ़ी में संक्रान्त होते है जिनका प्रभाव उत्पादक कोशों पर पड़ता है।

(4) मेण्डल का सिद्धान्त–चैकोस्लोवाकिया के प्रसिद्ध विद्वान ग्रेगर जॉन मेण्डल (Gregor John Mendal) ने वंशक्रम के अध्ययन के लिए अनेक प्रयोग किये। ये प्रयोग चूहों तथा मटरों पर हुए हैं।

(अ) चूहों पर किये गये प्रयोग–मेंडल ने चूहों पर भी प्रयोग किये। उसने (i) सफेद तथा काले चूहों को साथ-साथ रखा। इससे काले चूहे उत्पन्न हुए, (ii) फिर उसने इन वर्ण संकर चूहों को साथ रखा। इनसे सफेद तथा काले चूहे उत्पन्न हुए।

1. यदि गुणसूत्र भिन्न हैं तो जो जागृत गुण सूत्र होगा, उसी की अभिव्यक्ति होगी।

2. यदि गुणसूंत्र एक ही प्रभाव के हैं तो इससे वैसे ही अभिव्यक्ति होगी।
3. व्यक्ति में पिता तथा माता की ओर से एक-एक गुणसूत्र (Chromosome) आता है।
4. कालांतर में यह अनुपात 1 : 2, 2 : 4 : 1: 2, 1 : 2 होता जाता है।
5. अवसरों की यह स्थिति उत्पत्ति की प्रक्रिया को उत्पन्न करती है।
6. किसके गुणसूत्र की अभिव्यक्ति होती है, यह संयोग (Chance) पर निर्भर करता है।

(ब) मटरों द्वारा किया गया परीक्षण—सर्वप्रथम मेण्डल ने बराबर मात्रा में छोटी तथा बड़ी मटरों को बोया। तत्पश्चात् जिन मटरों की उत्पत्ति हुई उन सभी मटरों का आकार बड़ा था। इसके पश्चात् उसने इन वर्णसंकर जाति की मटरों को बोने का कार्य किया। इसके केवल वर्णसंकर जाति की मटरें हुईं, जिनका आकार बड़ा तथा विशुद्ध था।

मटरों के इस प्रयोग से मेण्डल ने यह निष्कर्ष निकाला कि जो गुण जागृत होता है, वह सुप्त गुण का अंत कर देता है। मेण्डल ने इस नियम को मुख्य प्रकार की ओर प्रत्यागमन की संज्ञा दी है।

वंशक्रम विधियों का विश्लेषण

वंशक्रम का संबंध जैविक विज्ञान से है। किन्तु दूसरे सामाजिक विज्ञानों ने भी इसकी उपयोगिता को स्वीकारते हुए इसके अध्ययन की विभिन्न विधियों की शुरुआत की है जिनकी विवेचना नीचे की गई है—

इतिहास का विश्लेषण

वंशक्रम का अध्ययन करने के लिए जीवन कथाएँ का महत्वपूर्ण भूमिका निभाती हैं। इन जीवन-कथाओं से किसी व्यक्ति के वंशक्रम की उत्पत्ति से संबंधित जानकारी प्राप्त करने के पश्चात् उसके वंशक्रम के प्रभाव का उस व्यक्ति पर हुई प्रतिक्रिया का अध्ययन इस प्रकार है—

फ्रांसिस गाल्टन—ब्रिटेन के चर्चित विचारक फ्रांसिस गाल्टन ने उच्च कोटि के 977 व्यक्तियों के वंशक्रम तथा उसके इतिहास को पढ़ा। इसमें मंत्री, न्यायाधीश, कलाकार, साहित्यकार आदि को शामिल किया गया था। इसी प्रकार उसने 977 व्यक्तियों के दूसरे समूहों के जीवन-कथाओं का अध्ययन किया। इन व्यक्तियों का संबंध साधारण परिवार से था। पहले समूह में 977 व्यक्तियों के 535 बुद्धिमान

सम्बन्धी थे और दूसरे समूह के केवल 5 ही बुद्धिमान रिश्तेदार निकले। गाल्टन ने यह निष्कर्ष निकाला कि वृद्धि का हस्तांतरण संतति-दर संतति होता है।

इसी प्रकार **बेकन, मैकाले, न्यूटन, सावरकर, राजेन्द्र प्रसाद** आदि की जीवन गाथायें इस तथ्य को प्रमाणित करती हैं कि बुद्धि वंशक्रम से प्राप्त होती है। जवाहरलाल नेहरू का जीवन भी इसी तथ्य को उजागर करता है।

वंश-वृक्ष का विश्लेषण

रिचर्ड एडवर्ड के परिवार का अध्ययन किया गया। इस परिवार में पहली पत्नी, जो कि बहुत ही उच्च कोटि की थी, के वंश में सभी व्यक्ति समाज में प्रतिष्ठा प्राप्त करते रहे। संयोगवश रिचर्ड का पुनर्विवाह एक सामान्य स्तर की महिला से हुआ। इसका वंश भी सामान्य ही रहा।

डगडेल एवं **इस्टाबूक** ने जूक्स-परिवार का अध्ययन किया। जूक्स नामक दुराचारी व्यक्ति ने अपनी ही तरह की एक स्त्री से विवाह किया। इस परिवार में सन् 1720 से 1877 ई. तक पाँच पीढ़ियों में 1000 स्त्री-पुरुष उत्पन्न हुए। इनमें से 440 रोगग्रत, 300 बचपन में मरे, 310 व्यक्तियों ने अनाथालयों की शरण ली, 130 अपराधी घोषित हुए। 120 व्यक्ति ऐसे थे जो जीवन यापन की कला सीख पाए।

गॉडार्ड ने मार्टिन कॉलीकट नामक व्यक्ति के वंशवृक्ष का अध्ययन किया। वह एक सैनिक था और इसका सम्बन्ध एक मन्दबुद्धि स्त्री के साथ हो गया। इस स्त्री से एक वंश आरम्भ हुआ। युद्ध से लौटने पर उसने तीव्र बुद्धि वाली चरित्रवान स्त्री से विवाह किया। पहली स्त्री से विकसित वंश में 480 व्यक्ति उत्पन्न हुए जिनमें 143 मन्दबुद्धि, 46 सामान्य, 32 वेश्यायें, 24 शराबी, 36 अवैध सन्तान, 8 वेश्यालय-संचालक, 3 मिरगी के रोगी एवं 3 घोर अपराधी हुए। दूसरी स्त्री के वंश में 496 व्यक्ति उत्पन्न हुए जिनमें केवल 5 मन्दबुद्धि तथा व्यभिचारी निकले। शेष ने जीवन के प्रत्येक क्षेत्र में सफलता प्राप्त की।

कार्ल पियर्सन ने वेजइड-डाइविन-गाल्टन परिवार का अध्ययन करके यह पता लगाया कि इस परिवार के सदस्य पाँच पीढ़ियों तक इंगलैण्ड की राय सोसायटी के सदस्य बनते रहे।

वंशानुक्रम का प्रभाव

वंशक्रम के प्रभाव को ज्ञात करने के लिए वैज्ञानिको ने चूहों, कुत्तों आदि पर अनेक प्रयोग किये हैं। कुछ प्रयोगों के उदाहरण यहाँ पर प्रस्तुत किए जा रहे हैं—

1940 में प्रोफेसर ट्रायोन (Tryon) ने चूहों पर परीक्षण किया। 142 चूहों को

भूल-भूलैया में खाना प्राप्त करने पर बाध्य किया। उन्होंने यह साबित कर दिया की चूहों की मानसिकता भी काफी अलग-अलग होती हैं।

ट्रायोन ने एक अन्य परीक्षण किया। उन्होंने चूहों का वर्गीकरण मन्द एवं तीव्र बुद्धि के आधार पर किया। उन्होंने आठ पीढ़ियों तक उन पर लगातार नजर रखा तथा निष्कर्ष निकाला कि जो चूहे बुद्धिमान होते हैं उनके बच्चे भी बुद्धिमान होते है।

यमजों पर वंशानुक्रम की महत्ता

वंशक्रम की महत्ता की जानकारी प्राप्त करने के लिये यमजों के अध्ययन तथा उनसे प्राप्त परिणामों पर अधिक प्रकाश डाला जाता है। इसका कारण यह है कि यमजों का वंशक्रम समान होता है और उनको भिन्न परिस्थितियों में रखकर वंशक्रम तथा वातावरण का अन्तर ज्ञात किया जा सकता है। यमज भी दो प्रकार के होते हैं–**(i) समयमज** (Indentical Twins), (ii) **बन्धुयमज** (Fraternal Twins)। समयमज का अर्थ होता है एक समय में एक डिम्ब से बच्चों की उत्पत्ति है। बन्धुयमज से अभिप्राय उन यमजों से हैं जिनकी उत्पत्ति अलग डिम्बों से होती है तथा इन डिम्बों से उत्पन्न होने वाली जुड़वाँ सन्तान ही बन्धुयमज होती हैं। इन यमजों पर **न्यूमैन** द्वारा 19 समयमजों को शुरू से ही पृथक्-पृथक् परिवेश में पाए गये। उन पर किये गये अध्ययन के आधार पर निम्नलिखित निष्कर्ष निकाले–

सामान्य यमजों की अपेक्षा समयमजों की बुद्धि-लब्धि में सह-सम्बन्ध अधिक है। यह उनकी एक समान वंश परम्परा का परिचय देता है।

इसी प्रकार का अध्ययन **ए. एन. वींगफील्ड** ने किया। उन्होंने यह अध्ययन 1928 में किया गया। उसके द्वारा किये गये अध्ययन का परिणाम इस प्रकार है–

1. समयमज की उत्पत्ति एक ही पितृसूत्र तथा मातृसूत्र से होती है, उनमें समान जीन्स पाये जाते हैं; क्योंकि उनके जीन्स का विभाजन, जीन्स के समान समूह से होता है। अतः समयमजों में समान बुद्धि-लब्धि विद्यमान होती है।

2. भाई-बहन में माता-पिता के कुछ गुण विद्यमान होते हैं।

3. सम्बन्धित बच्चों में सह-सम्बन्ध का अभाव है। उनकी वंश परम्परा काफी अलग होती है।

4. दो बहन एवं भाई और बहन में समान वंशक्रम उपस्थित होते हैं। परन्तु वे माता-पिता के जीन्सों से उनकी समानता नहीं होती थी। अतः उनकी बुद्धिलब्धि में पर्याप्त अन्तर रहता है।

5. बन्धु यमज (Fraternal Twins) जो समान माता-पिता से समान समय में विभिन्न उत्पादक सूत्रों (Germs Cells) द्वारा उत्पन्न होते हैं, उनमें भी समान जीन्स नहीं रहते और उनमें भी बुद्धि-लब्धि समान नहीं पाई जाती।

वातावरण से संबंध

एनास्टसी ने वातावरण के विषय में बताया है–**वातावरण वह हर वस्तु है जो व्यक्ति के जीन्स के अतिरिक्त प्रत्येक वस्तु को प्रभावित करती है।**

वास्तविकता यह है कि वंशक्रम के तत्वों का विकास करने में वातावरण का महत्वपूर्ण योग रहता है। वातावरण को परिभाषित करने हेतु विभिन्न विद्वानों ने भिन्न-भिन्न प्रकार से परिभाषाएँ दी हैं उनमें से कुछ प्रमुख परिभाषाएँ निम्न प्रकार से हैं–

टी. डी. इलियट के शब्दों में–"किसी भी चेतन पदार्थ की इकाई के प्रभावकारी उद्दीपन एवं अन्तःक्रिया के क्षेत्र को वातावरण कहते हैं।"

पी. जीस्बर्ट के अनुसार–"जो किसी एक वस्तु को चारों ओर से घेरे हुए है तथा उस पर प्रत्यक्ष प्रभाव डालता है, वह उस वस्तु का वातावरण है।"

बोरिंग लैंगफील्ड एवं वील्ड के मतानुसार–"एक व्यक्ति के वातावरण का तात्पर्य उन सभी उत्तेजनाओं का योग है जिनको वह जन्म से मृत्यु तक ग्रहण करता है।"

जे. एस. रॉस ने लिखा है–"वातावरण वह बाह्य शक्ति है जो हमें प्रभावित करती है।"

वातावरण का मानव-विकास में वही योग है जो उसके अस्तित्व को प्रकट करने में उसके वंशक्रम का। इसलिए **आर. एस. वुडवर्थ** ने व्यक्ति के विकास के लिए कहा है–"वैयक्तिक भिन्नता वातावरण के कारण पाई जाती है। समान वंशक्रम के होते हुए भी व्यक्ति भिन्न वातावरण में रहते हैं। वंशक्रम में भिन्न व्यक्ति समान नहीं होते किन्तु समान वातावरण उन्हें समान बनाता है।"

व्यवहारवादी मनोवैज्ञानिक **वाटसन** (Watson) ने तो यहाँ तक कह दिया है, **'मुझे नवजात शिशु दे दो, मैं उसे डाक्टर, वकील, चोर, जो चाहूँ बना सकता हूँ।'** वातावरण की सत्ता मानने वाले विद्वान वंशक्रम के अस्तित्व में विश्वास नहीं करते। उनका मानना तो यह है कि वंशक्रम का बालक पर प्रभाव नहीं पड़ता। वंशक्रम स्वयं ही वातावरण से विकसित होता है। **जॉन लॉक** (John Lock) ने तो बालक के मस्तिष्क को कोरी स्लेट माना है। कोरी स्लेट पर कुछ भी लिखा जा सकता है। वैयक्तिक भिन्नता का विकास मस्तिष्क पर पड़ने वाले प्रभाव से होता है।

वातावरण के प्रभाव की जानकारी प्राप्त करने के लिए विद्वानों द्वारा ढ़ेरों परीक्षण किये गये जिनमें कुछ प्रयोगों पर निम्न बिंदुओं में प्रकाश डाला जा रहा है–

(1) फे एवं एडिथ का उदाहरण–फे तथा एडिथ नामक दो जुड़वाँ बहनें थीं। किसी कारण से ये दोनों बचपन में एक दूसरे से बिछड़ गई थीं। एक का विवाह एक व्यापारी से हुआ और दूसरी का एक किसान से। दोनों के व्यवहार में काफी अंतर था।

(2) मिलड्रैड (Mildred) एवं रूथ (Ruth)–उसी प्रसार मिलड्रैड तथा रूथ भी बहनें थीं। वे दोनों जुड़वाँ थीं। इन दोनों का पालन-पोषण अच्छे तथा निम्न कोटि के परिवार में हुआ था। इनकी बुद्धिलब्धि में 10 तथा 17 का अन्तर था। यह अन्तर वातावरण के कारण था।

(3) जेम्स एवं रीस–जेम्स तथा रीस जुड़वाँ लड़के थे। रीस का पालन एक पहाड़ी पर हुआ तथा जेम्स का एक गाँव में। दोनों की बुद्धिलब्धि में 19 अंक का अन्तर पाया गया था।

(4) अवस्था–आयु के साथ बुद्धिलब्धि का भी विकास हो जाता है। बुद्धिलब्धि की बढ़ोत्तरी होने के साथ-साथ शारीरिक क्षमता तथा वातावरण का योग भी अधिक होने से बुद्धिलब्धि का विकास प्रकट होता है।

(5) कैंडोल का अध्ययन–फ्रांस के 552 विद्वानों का अध्ययन कैंडोल द्वारा ने किया था। उसने यह साबित किया कि बुद्धि का विकास वंशक्रम की अपेक्षा वातावरण पर आधारित होता है। अच्छा वातावरण बालक के भविष्य का निर्माण करता है। उसने यह निष्कर्ष निकाला कि विद्वान वे लोग बन पाये जिनका पालन-पोषण अच्छे अच्छे वातावरण में हुआ था और उनकी शिक्षा-दीक्षा का प्रबन्ध उचित प्रकार से हुआ था।

(6) गोर्डन का अध्ययन–गोर्डन ने नाविकों के बच्चों पर लगातार नजर रखी। इन बालकों का निवास स्थान समाज से अलग नदियों का किनारा था। इनको मानसिक विकास के लिए उचित वातावरण नहीं मिला था। गोर्डन ने उनके गन्दे रहन-सहन के कारण उनमें कम बुद्धि का अनुमान लगाया।

(7) फ्रीमैन का अध्ययन–फ्रीमैन ने सन 1927 ई० में 71 बच्चों के बुद्धि का मापन करके अनाथालय में रखने की व्यवस्था की। इनकी बुद्धिलब्धि का मध्यमान 101.4 था, जो घरों के वातावरण के परिणामस्वरूप ही था। फिर अच्छे वातावरण में उन्हें रखा गया और उन बालकों की बुद्धिलब्धि 10 तक बढ़ गई।

(8) अन्य अध्ययन–6 मास की आयु तक 150 अवैध बच्चों को अनाथालय

में रखकर इयोवे विश्वविद्यालय द्वारा अध्ययन किया गया। इनकी बुद्धिलब्धि अच्छा वातावरण प्राप्त होने पर 117 तक आँकी गई।

इसी विश्वविद्यालय में नर्सरी विद्यालय के 600 छात्रों का अध्ययन किया गया। इन छात्रों की बुद्धि लाब्धी 6 अंक तक बढ़ गई थी। इनकी तुलना उन बच्चों से की गई जो नर्सरी विद्यालय में नहीं जाते थे। यह अन्तर 7 अंक तक रहा।

(9) कतिपय अन्य प्रयोग—वातावरण के अन्य प्रभाव को समझने के लिये कुछ और प्रयोग किये गये। वे इस प्रकार हैं—

(अ) कैलॉग एवं कैलॉश ने चिम्पांजी के साढ़े सात मास की आयु के बच्चे को अपने 10 मास की आयु के बालक के साथ पाला। दोनों को 9 मास तक समान वातावरण तथा सुविधाएँ दी गईं। इस मध्य चिम्पांजी ने सभी मानवोचित क्रियायें, जैसे खड़े होकर चलना, कपड़े पहनना, चम्मच से खाना, गिलास से पानी पीना, साधारण आज्ञाएँ मानना सीख लीं। 9 मास की इस अवधि में वह 50 शब्द भी सीख गया। कैलाश एवं कैलाश के द्वारा किये गये यह प्रयोग वातावरण की उपयोगिता को व्यक्त करता है।

(ब) इसी प्रकार का दूसरा प्रयोग **फिंच** (Finch) ने **फिन** (Fin) नामक चिम्पांजी पर किया। इसे मानव के दो बच्चों के साथ जन्म से ही रखा गया। इसमें भी इस प्रकार के गुण विकसित हो गये जैसे कैलॉग एवं कैलॉग द्वारा पाले चिम्पांजी में उत्पन्न हुए थे।

(10) कुछ सामान्य घटनाएँ—मानव जीवन में कभी-कभी ऐसी असाधारण घटनाएँ भी घट जाती हैं जो बाद में मनोविज्ञान के अध्ययन में सहायता देती हैं। कुछ प्रमुख घटनाएँ इस प्रकार हैं—

(ब) भेड़िये द्वारा पाले गये बालक—1920 में मिदनापुर के जंगल में भेड़ियों की माँद में दो बालिकाएँ पाई गईं। इनको बचपन में भेड़िये उठाकर ले गया था। इनका नाम अमला तथा कमला रखा गया। अमला तो मर गई और कमला 8 वर्ष तक जीवित रही। इसका मनोवैज्ञानिक एवं समाजशास्त्रीय अध्ययन किया गया। इसमें पशुओं जैसी आदतें विकसित हो गई थीं। शरीर पर घने बाल, कच्चा मांस खाना, चारों हाथ-पैरों के माध्यम से पशुओं की तरह दौड़ना आदि इसके स्वभाव का अंग बन गया था। प्रशिक्षण से यह पैरों के बल चलना तथा 45 शब्दों तक बोलना ही सीख पाई।

1904 में लूकॉज नामक बालक को लंगूरों ने पकड़ लिया था। इनका व्यवहार बन्दरों की तरह ही हो गया था।

रामू नामक एक बालक को कुछ भेड़ियों ने उठा लिया। इसका पालन किया

गया। उस बाल में पशुओं की आदतें तथा व्यवहार पाये गये। बालक 20 वर्ष की आयु तक जीवित रहा।

(अ) काशपर हॉजर—काशपर हॉजर नामक एक राजकुमार को राजनीतिक दुश्मनों ने कैद कर लिया। उसे प्रतिदिन खाना भी खिलाया जाता था, परन्तु खाना खिलाने वाले को उसने कभी नहीं देखा था। 1928 में 17 वर्ष की आयु में उसे आजाद कर दिया गया। वह बात नहीं कर सकता था, बच्चों की तरह चलता था, परन्तु उसकी देखने की शक्ति का काफी विकसित हो चुकी थी।

वातावरण और वंशक्रम का पारस्परिक प्रभाव

वंशक्रम और परिवेश के अध्ययन से यह बात सामने आती है कि परिवेश एवं वंशक्रम का कोई विशेष महत्व नहीं है। क्योंकि इसके पृथक् प्रभाव को प्रकट करने वाला कोई सूत्र विकसित नहीं हुआ है। हम तो यह कह सकते हैं कि मानव विकास में वंशक्रम तथा वातावरण, दोनों का समान योग है। यह योग इस प्रकार व्यक्त किया जा सकता है।

वंश परम्परा विकास पर वातावरण का प्रभाव—

वंशक्रम बीज के सामान होते हैं। कोई भी बीज उचित पोषण के पश्चात् ही विकसित होता है। उसी प्रकार मनुष्य की वंश परम्परा का निर्धारण तो जीन्स से हो जाता है, परन्तु उनका विकास वातावरण के अनुसार होता है। **डेविड अब्राहम** के अनुसार—"मनुष्य क्या करता है, यह वातावरण पर निर्भर करता है।"

मैकाइवर एवं **पेज** ने वंशक्रम तथा वातावरण के पारस्परिक महत्व को सही मानते हुए कहा है—"जीवन की हर घटना दोनों का परिणाम होती है। परिणाम के लिये उनमें से एक भी उतनी ही महत्वपूर्ण होता है जितना दूसरा कोई भी न कभी हटाई जा सकती है और न अलग की जा सकती है।"

वंशक्रम और वातावरण प्रत्येक बच्चों के विभिन्नता को जानने के लिए आवश्यक है। क्योंकि इस विभिन्नता की जानकारी के पश्चात् ही अभिभावकों एवं शिक्षकों को बच्चे के सम्पूर्ण विकास हेतु उचित परिवेश का निर्माण करना चाहिए। किसी बालक की अवहेलना उसके हीन वंशक्रम के कारण करना उनकी भूल होगी। प्रयोगों ने यह सिद्ध कर दिया है कि बुद्धि-लब्धि में 10 से 30 अंक तक वृद्धि हो सकती है। **बर्क** (Burk) ने तो यहाँ तक कह दिया है कि विवेक पर घर के वातावरण का प्रभाव अधिकतम 20 अंक तक, कम-से-कम 10 अंक तक पड़ता है। यह प्रसार

परिवेश क्षेत्र 10 से 30 अंक तक विस्तृत होता है। इस ज्ञान से समाज लाभ उठा सकता है। वंशक्रम का विकास एक निश्चित सीमा तक होता है और उस पर वातावरण का प्रभाव नहीं पड़ता। बचपन से ही अल्पबुद्धि बालक को अच्छे से अच्छा वातावरण भी कुशाग्रबुद्धि नहीं बना सकता।

माता-पिता अथवा अभिभावकों को मात्र बच्चे का ही नहीं बल्कि उसके स्कूल तथा परिवेश की भी सम्पूर्ण जानकारी होनी चाहिए। बालक के घर के वातावरण, समुदाय, संगी-साथी आदि की जानकारी से वे बालक की बुद्धि तथा व्यवहार के विकास में योग दे सकते हैं। बालक के विकास में सुधार के लिए वंशक्रम तथा वातावरण का ज्ञान इसलिये आवश्यक है—

1. व्यक्ति के विकास में स्वतन्त्र इच्छा-शक्ति का महत्व है। वंशक्रम तथा वातावरण आत्म-प्रकाशन का एक माध्यम है। इसका उचित उपयोग किया जा सकता है।
2. अभिभावकों को समस्या बालक (Problem Child) के अध्ययन के लिए भी वंशक्रम तथा वातावरण का ज्ञान आवश्यक है।
3. वंशक्रम तथा वातावरण एक दूसरे के पूरक हैं। वंशक्रम हमें हमारी कार्यशील पूँजी प्रदान करता है और वातावरण हमें उनके विनियोग का अवसर प्रदान करता है।
4. वंशक्रम तथा वातावरण पृथक् नहीं किये जा सकते। अतः व्यक्ति को यह मानना चाहिए कि बालक पूर्णाकार रूप (Gestalt View) से वातावरण तथा वंशक्रम का योग है।

वंशक्रम तथा वातावरण के अध्ययन से कक्षा एवं घर में उत्पन्न होने वाली समस्याओं को हल किया जा सकता है। वंशक्रम से बालक ने जो कुछ भी प्राप्त किया है, वह उसे उत्तम वातावरण प्रदान कर सकता है। जन्म लेने के बाद वह कुछ शारीरिक तथा मानसिक विशेषताएँ अवश्य ही वंशक्रम से प्राप्त करता है, किन्तु शेष जीवन तो उसे वातावरण में ही गुजारना पड़ता है। **सोरेनसन** के अनुसार, व्यक्ति के लिये मानव विकास पर वंशानुक्रम और वातावरण के सापेक्षिक प्रभाव और आपसी सम्बन्ध का ज्ञान विशेष महत्व रहता है।"

अब तक के विवरण से यह साफ हो चुका है कि वंशक्रम तथा वातावरण के अध्ययन ने मनोविज्ञान तथा अन्य सामाजिक अध्ययनों का दिशा निर्देशन किया है। अध्ययन के लिये नयी दिशा की आवश्यकता पर बल दिया है।

वंशक्रम और वातावरण का ज्ञान

वंशक्रम तथा वातावरण का ज्ञान मनुष्य के लिए मनोवैज्ञानिक आधार तैयार करने में सहायक होता है। महापुरुषों का वंशक्रम का अध्ययन करने से यह पता चलता है कि उनका वंशक्रम दोषरहित था। इसीलिये उनमें उत्तम गुणों का विकास हुआ। परिवेश और वंशक्रम के अनेक मिथ्या विचारों को समाप्त करती है। क्योंकि बच्चे का विकास मात्र वंशक्रम अथवा परिवेश पर आश्रित नहीं है तथा वातावरण की स्थिति **बीज + धरती + खाद + प्रकाश + वायु** जैसी होती है। इस यौगिक का निर्धारण बीज द्वारा किया जाता है। वंशक्रम और वातावरण का निर्धारण करते हैं धरती, खाद, प्रकाश तथा वायु।

मनोवैज्ञानिकों ने वंशक्रम तथा वातावरण का अध्ययन करने के पश्चात् कई तथ्य सामने आये हैं। **वुडवर्थ** का कहना है कि बालक का व्यक्तित्व 80% वंशक्रम से और 20% वातावरण से निर्धारित होता है। बालक की जन्म-जात तथा अन्तर्निहित योग्यताओं का निर्धारण वंशक्रम से प्राप्त विशेषताओं द्वारा किया जाता है। **मैकडूगल** के अनुसार—"किसी अध्यापक की शिक्षा के प्रति चाहे जितनी आस्था क्यों न हो किन्तु वह यह कभी नहीं कहेगा कि गुरिल्ला इसलिए अच्छा है कि उसे अनुकूल वातावरण मिला है। इसी प्रकार यह भी स्पष्ट है कि व्यक्तियों में वैयक्तिक भिन्नता पाई जाती है और यह वंशक्रम की देन है।"

वंशक्रम तथा वातावरण के मनोवैज्ञानिक आधार की इस प्रकार विवेचना की गई है—

(1) व्यक्तित्व का विकास—वंशक्रम तथा वातावरण के ज्ञान का मनोवैज्ञानिक आधार यह है कि व्यक्तित्व के विकास में विशेष योग प्राप्त होता है। सामाजिक व्यक्तित्व, समाज के लिये काफी लाभदायक होता है। ऐसी स्थिति में यदि अभिभावकों को अपने वंशक्रम से लगाव है तो वे अपने शिशु के व्यक्तित्व को विकसित करने के लिए प्रयत्न करते हैं।

(2) मानवीय मूल्यों का विकास—वंशक्रम तथा वातावरण के ज्ञान से व्यक्ति की रुचि मानवीय मूल्यों के विकास में बढ़ जाती है। बालक के संवेगात्मक तथा सामाजिक विकास में वंशक्रम के प्रति आस्था विशेष योग देती है।

(3) पूर्वजों से सामाजिक वंशक्रम की जानकारी—वंशक्रम से पूर्वजों की जैविक सामाजिक जानकारी प्राप्त होने के कारण भी वंश क्रम का महत्व है। इससे व्यक्ति को पूर्वजों के आदर्शों पर चलने की प्रेरणा मिलती है। यदि पूर्वज महान रहे हैं तो व्यक्ति महान पूर्वजों के चरित्र को अपना आदर्श मानकर तदनुसार कार्य करते हैं।

(4) पूर्वजों के गुणों की प्राप्ति–**रॉस (J.S. Ross)** ने वंशक्रम का महत्व इसलिये बताया है कि बालक जो कुछ भी है और जिस रूप में विकसित होता है वह वंशक्रम की देन हैं। **रॉस** के अनुसार–"बालक अपने माता-पिता के शारीरिक तथा मानसिक गुण वंशक्रम से प्राप्त करता है। साधारण व्यक्ति भी यह समझता है कि किसी व्यक्ति का जीवन सुखमय या दुखमय होना उसके वंशक्रम से प्राप्त गुणों पर निर्भर करता है। इन गुणों को प्राप्त करने के लिये उसे प्रयत्न नहीं करने पड़ते, अपितु सहज रूप में ही वंशक्रम द्वारा बालक को प्राप्त हो जाते हैं।" इसका मनोवैज्ञानिक आधार यह है कि माता तथा पिता, दोनों यह जानते हैं कि शिशु में उन दोनों के पूर्वजों के गुण विद्यमान हैं। इसलिए बालकों के प्रति उनमें समता तथा कर्त्तव्य, दोनों ही उमड़ते हैं। यह भी देखने में आता है कि गोद लिये हुए अथवा अवैध रूप से जन्मे बालक के प्रति माता-पिता का प्रेम उतना नहीं होता जितना सामान्य रूप से जन्मे बालक के प्रति होता है।

(5) वातावरण का प्रभाव–अपने पूर्वजों से प्राप्त होने वाले गुणों के विकास के लिए यदि उचित वातावरण मिलता है, तो उसका विकास उचित दिशा में होता है और यदि उसको सही वातावरण की प्राप्ति नहीं होती है तो गलत दिशा में उसके गुणों का विकास होता है। वातावरण का उचित होना वंशक्रम के विकास के लिए अनिवार्य शर्त है। अतः व्यक्ति वंशक्रम की आधारभूत मान्यताओं को विकसित करने के लिए वातावरण को उपयोगी बनाने में विश्वास रखता है।

इस प्रकार हम देखते हैं कि वंशक्रम तथा वातावरण व्यक्तियों के विकास के लिये मनोवैज्ञानिक आधार प्रस्तुत करते हैं।

वातावरण निर्माण की उपयोगिता

वंशक्रम तथा वातावरण का अध्ययन सामाजिक विज्ञानों में महत्त्वपूर्ण हो गया है। वंशक्रम का अपना यथेष्ट प्रभाव किसी सीमा तक रहता है। विभिन्न प्रयोगो द्वारा यह निष्कर्ष सामने आया है कि बालक के विकास में वंशक्रम का महत्वपूर्ण स्थान है, जिसमें वह पला है। अतः आजकल वातावरण के निर्माण पर विशेष बल दिया जा रहा है।

वातावरण हमारे लिए किस प्रकार उपयोगी है इसकी जानकारी हमें पहले से ही प्राप्त है। वातावरण के द्वारा ही अभिभावकों को यह ज्ञात होता है कि बालक के विकास में पोषण का काफी आवश्यक होता है। संतुलित भोजन करने से बालक का शारीरिक-मानसिक विकास होता है। शरीर के स्वस्थ होने पर उसमें आत्म-विश्वास

की बढ़ोत्तरी होती हैं। और वह सामाजिक तथा निजी दायित्वों को पूरा करता है। इसी प्रकार भौगोलिक वातावरण का भी प्रभाव पड़ता है। **इरिकसन** के अनुसार–"जापानी माता-पिता के कैलिफोर्निया में जन्मे तथा पले बालकों की ऊँचाई अपने माता-पिता से अधिक थी। परिपक्वता भी वातावरण से प्रभावित होती है।"

वातावरण में परिवर्तन करके रोग, संवेग तथा पोषण पर नियन्त्रण करके जैविक दोषों पर रोक लगाया जा सकता है।

परिवेश सृजन विधि

वातावरण निर्माण की अनेक विधियों का प्रयोग किया जाता है। इनमें प्रमुख विधियों की व्याख्या नीचे की पंक्तियों में की गई है–

(1) पारिवारिक परिवेश–बालक के वातावरण को उत्तम बनाने के लिये पारिवारिक परिवेश में परिवर्तन पर अधिक बल दिया जाता है। बच्चे के गुणों के उचित विकास के लिए पारिवारिक वातावरण में जरूरत के अनुसार बदलाव आवश्यक है।

(2) वातावरण में बदलाव–जिन बालकों का संबंध अच्छे वंशक्रम से है। उन्हें यदि बुरे वातावरण में रखा जाएगा तो वह खराब हो जाएगा। इसी प्रकार बुरे बालक को अच्छा वातावरण दिये जाने पर उसके सारे अवगुणों का अंत हो जाता है।

(3) उत्तम शिक्षा–स्वस्थ वातावरण से अर्थ होता है– शिक्षा तथा विकास के अवसर प्राप्त होना। उत्तम शिक्षा के द्वारा ही बालक के वंशानुगुणों में बदलाव संभव होता है और उसकी शक्तियों का विकास होता है।

(4) पारिवारिक व्यवहार–बालक को उत्तम वातावरण देने में पारिवारिक महत्त्वपूर्ण भूमिका निभाते हैं। प्रेम, सहयोग, ममता, दया युक्त व्यवहार से बालक में सद्‌गुण विकसित होते हैं और ईर्ष्या, द्वेष, घृणा युक्त व्यवहार से व्यक्तित्व में असंतुलन आता है। माता-पिता को अपने व्यवहार में बालक की अवस्था तथा उसकी उपयोगिता पर सदा नजर रखनी चाहिए।

(5) बालक की समझ–बालक के वातावरण में बदलाव लाने से पहले बालक को समझना आवश्यक है। विकास की प्रत्येक अवस्था पर बालक में कुछ विशेषताएँ विशेषताओं का समावेश किया जाता है। इन विशेषताओं के आधार पर ही बालक के वातावरण में परिवर्तन किया जा सकता है। बालक की वृद्धि सहज रूप से हो, इसके लिये प्रयत्न करना आवश्यक है।

(6) समायोजन के अवसर–अच्छा वातावरण समायोजन व आदान-प्रदान करता है। बालक को इस प्रकार की परिस्थितियों में रखा जाना चाहिए जिससे उसे

विभिन्न प्रकार की समस्याओं को हल करने तथा वातावरण में समायोजन करने के अवसर मिल सकें।

(7) स्थायी पारिवारिक सम्बन्ध—प्रायः पाश्चात्य देशों में पति-पत्नी के सम्बन्धों में स्थायित्व नहीं आ पाता। तलाक के कारण, बालकों में कुंठाएँ विकसित होने लगती हैं। इसलिये भारत की तरह स्थायी पारिवारिक सम्बन्ध अच्छे पारिवारिक सम्बन्धों का निर्माण करते हैं।

9

अधिगम

जब बच्चा छोटा होता है तो वह काफी कमजोर होता है। उसमें बोलने अथवा अपनी भावनाओं को व्यक्त करने की क्षमता नहीं होती, इस प्रकार जब वह भूखा होता है तब वह रोने लगता। उसके इस संकेत को समझ जाती है कि वह भूखा है और इसे दूध पिलाती है। इस प्रकार बच्चा भूख लगने पर रोता है और उसे दूध मिल जाता है। कालान्तर में उसकी यह आदत बन गई कि भूख लगने पर रोना चाहिए, क्योंकि रोए बिना दूध नहीं मिलता। जो बालक बोल नहीं सकता है वह रोकर ही अपनी आवश्यकता को व्यक्त करता है। इस प्रकार एक परिस्थिति में बालक की क्रिया सहज है परन्तु दूसरी परिस्थिति में उसकी क्रिया सीखना है इसी को हम इस प्रकार भी कह सकते हैं कि सीखना व्यवहारगत बदलाव है।

उदाहरण के रूप में न्यूटन उद्यान में बैठा पढ़ रहा था। उसी दौरान जमीन पर एक फल गिरा। इससे उसका ध्यान भंग हुआ। वह इस घटना के बारे में चिंतन करने लगा। यह कोई बड़ी घटना नहीं थी, लेकिन न्यूटन ने यह पता लगाने की कोशिश की कि फल टूटने के बाद जमीन पर ही क्यों गिरा? आसमान में क्यों नहीं गया? अपने इस प्रश्न के उत्तर में उसने पृथ्वी के गुरुत्वाकर्षण बल की खोज की। अतः किसी नवीन तथ्य का ज्ञान होना भी अधिगम है।

किसी स्थिति के प्रति सक्रिय प्रतिक्रिया का अधिगम है। इसे सही रूप में समझने हेतु एक उदाहरण प्रस्तुत है—हमारे हाथों में कुछ आम है, एक भूखे बन्दर की नजर उस पर पड़ती है, वह आम को हमारे हाथ से छीनकर ले जाता है, बन्दर को यह प्रतिक्रिया किसी ने दिखाई नहीं थी बल्कि वह एक स्वाभाविक प्रक्रिया थी। इसके विपरीत एक भूखा बालक आम खाना-चाहता है। वह हमारे हाथ में आम देखता

है। वह हमसे आम छीनता नहीं है वरन् हाथ फैलाकर माँगता है। आम के प्रति बालक की यह प्रतिक्रिया स्वाभाविक नहीं सीखी हुई है।

परिभाषाएँ—अधिगम के सन्दर्भ में कुछ प्रमुख मनोवैज्ञानिकों ने निम्न परिभाषाएँ प्रस्तुत की हैं—

क्रो एवं क्रो के अनुसार—''सीखना, आदतों, ज्ञान और अभिवृत्तियों का अर्जन है।''

क्रानबेक के अनुसार—''सीखना अनुभव के परिणामस्वरूप व्यवहार में बदलाव द्वारा व्यक्त होता है।''

गेटस एवं अन्य के अनुसार—''सीखना अनुभव और प्रशिक्षण द्वारा व्यवहार बदलाव है।''

स्किनर के अनुसार, ''सीखना, व्यवहार में उत्तरोत्तर सामंजस्य की प्रक्रिया है। **वुडवर्थ** के अनुसार, ''नवीन ज्ञान और नवीन प्रतिक्रियाओं को प्राप्त करने की प्रक्रिया सीखने की प्रक्रिया है।''

उपरोक्त परिभाषाएँ यह स्पष्ट करती हैं कि अधिगम की क्रिया व्यवहार में परिवर्तन करने में सक्षम है। यह बदलाव व्यक्ति के पूर्ण अनुभवों पर आधारित होता है।

इस प्रकार अधिगम का आशय व्यक्ति द्वारा अपने अनुभवों में वृद्धि माना जा सकता है। पुस्तक पढ़ना अथवा प्रवचन सुनना आधुनिक मनोविज्ञान की दृष्टि से 'सीखना' नहीं माना जाता है। वर्तमान समय में प्रचलित अधिगम की समस्त विधियाँ आधुनिक मनोविज्ञान की देन हैं। उदाहरण के तौर पर—क्रियात्मक कार्यक्रम, कार्य करके सीखना, वस्तु से प्रत्यक्ष-परिचय, योजना पद्धति, आत्मक्रियाशीलता और विद्यालय में वास्तविक परिस्थितियों से साक्षात्कार करके सीखना आदि।

अधिगम की प्रक्रिया

मनोवैज्ञानिकों का मानना है कि अधिगम या सीखना एक मानसिक प्रक्रिया है जो जन्म से मृत्यु तक निरन्तर चलती रहती है। इस प्रकार सीखने की प्रक्रिया की दो मुख्य विशेषताएँ मानी गई हैं—(प्रथम) निरन्तरता और (द्वितीय) सार्वभौमिकता।

चूँकि अधिगम की प्रक्रिया कुछ हद तक स्थितियों पर निर्भर होती है, इसलिये जिस विधि व जिस परिस्थिति में सिखाया जाए इसे अनुकूल होनी चाहिए। इसके साथ-साथ सीखने वाला और सिखाने वाला भी सही परिस्थितियों के लिए सहायक हो। सर्वप्रथम शिक्षा को दो धुरी पर माना गया।

जॉन डीवी के अनुसार, 'शिक्षा द्विमुखी नहीं बल्कि त्रिमुखी होती है, उन्होंने यह भी स्पष्ट किया है कि शिक्षक और शिक्षार्थी से सम्बन्धित कई घटनाएँ घटित होती हैं जो सीखने और सिखाने में बाधक एवं सहायक सिद्ध हो सकती हैं; जैसे–यदि शिक्षक उन्हीं बातों का ज्ञान देना चाहता है जिसका सिखाना शिक्षार्थी के लिए उपयोगी सिद्ध होगा। साथ ही शिक्षार्थी भी उस बात को सीखने की इच्छा रखेगा जिसका सीखना उसके जीवन में लाभप्रद सिद्ध हो। अधिगम प्रक्रिया के कुछ प्रमुख अवयवों का उल्लेख नीचे की पंक्तियों में किया जा रहा है–

1. किसी बात को सीखने की आवश्यकता–इस बात पर गहराई से सोचने के पश्चात् यह स्पष्ट होता है कि आवश्यकता तत्त्व मनोविज्ञान पर आधारित है, क्योंकि हम प्रायः उन्हीं बातों पर ध्यान देते हैं जो हमारे लिए महत्त्वपूर्ण है। हम यह भी कह सकते हैं कि जिस बात की हमें आवश्यकता है, उसे सीखना हमारे लिए महत्वपूर्ण है। इस प्रकार जब हमने किसी बात को सीखने अथवा सिखाने का निश्चय कर लिया हो तो हम उसे सीखने अथवा सिखाने के लिए तत्पर हो जाएँगे, और उस स्थिति में सीखने की प्रक्रिया का पहला तत्त्व होगा लक्ष्य निर्धारण।

उद्देश्य का निर्धारण करना और उसको पूर्ण करना, दोनों अलग-अलग बात हैं। केवल लक्ष्य निर्धारित करने किसी प्रकार का फायदा नहीं होता है। अगर उसे प्राप्त नहीं किया जाए। अतः लक्ष्य को प्राप्त करने हेतु हमें दोनों ही ओर से उचित परिस्थितियों का निर्माण करना पड़ता है। इस दृष्टि से सीखने की प्रक्रिया का तीसरा तत्त्व तत्परता को कहा जा सकता है।

2. लक्ष्य निर्धारण–इसे दूसरे तत्त्व की श्रेणी में रखा जा सकता है और तीसरा भी। शिक्षक जब किसी बात की आवश्यकता महसूस करता है, तब उसे सिखाने का लक्ष्य निर्धारित करता है; परन्तु जब विद्यार्थी किसी बात की आवश्यकता अनुभव करते हुए उसे सीखने के लिए तैयार हो जाता है, तब वह उसे सीखने का अपना लक्ष्य निर्धारित करता है। अतः लक्ष्य निर्धारण जहाँ शिक्षक की दृष्टि से दूसरा तत्त्व है, उसे ही विद्यार्थी की दृष्टि से तीसरा तत्त्व कहा जा सकता है।

3. अधिगम तत्परता–अधिगम से पूर्व जो बात सीखना है उसका उद्देश्य निर्धारित कर लेना चाहिए। इससे बाद में किसी प्रकार की समस्या से बचा जा सकता है। अर्थात् हमारा हर प्रयत्न अपने लक्ष्य की प्राप्ति बन जाता है। अतः सीखने की प्रक्रिया के अन्तर्गत चौथा तत्त्व हुआ परिस्थिति निर्माण।

4. परिस्थिति निर्माण–वैसे तो परिस्थिति का निर्माण अध्यापकों द्वारा किया जाता है, परन्तु इसका प्रभाव विद्यार्थियों पर पड़ता है। उसे विचार करना पड़ता है

कि मैं कौन-सी बात किस तरह से कहूँ कि बालक उसे आसानी से समझ सके सफलतापूर्वक सीख जाएँ। सीखने के जो भी सिद्धान्त हैं, उनका अनुसरण भी उसे उसी समय करना पड़ता है। परिस्थिति निर्माण को ही हम वातावरण का निर्माण भी कह सकते हैं। बालक उस समय ज्यादा सीखता है जब विद्यालय में उसे परिवार जैसा माहौल मिलता है और अध्यापक उसके प्रति सहानुभूतिपूर्ण व्यवहार अपनाते हैं।

अधिगम व्यवहार की विशेषताएँ

अधिगम व्यवहार की विशेषताओं का उल्लेख निम्न पंक्तियों में किया जा रहा है—

1. जीवन-पर्यन्त अधिगम प्रक्रिया की प्रमुख विशेषता यह है कि यह प्रक्रिया आजीवन चलती ही रहती है। इन प्रतिक्रियाओं की शुरुआत बालक के जन्म से पहले माँ के गर्भ में हो जाती है। जन्म के बाद वातावरण में प्राप्त अनुभवों के द्वारा इस कार्य में तीव्रता आ जाती है और औपचारिक तथा अनौपचारिक, प्रत्यक्ष और अप्रत्यक्ष इन सभी अनुभवों के माध्यम से व्यक्ति आजीवन कुछ न कुछ सीखते ही रहते हैं।
2. अधिगम द्वारा एक प्रकार से व्यक्ति में बदलाव होता है। अधिगम की प्रक्रिया एवं उसका प्रतिफल अधिगमकर्ता के व्यवहार में बदलाव लाने से सम्बन्धित है। किसी भी प्रकार का सीखना क्यों न हो इसके द्वारा विद्यार्थी में परिवर्तन लाने की भूमिका सदैव ही निभाई जाती है। इस बात पर ध्यान देना नितान्त आवश्यक है कि व्यवहार में होने वाला बदलाव अपेक्षित दिशा व दशा में होना चाहिए।
3. अधिगम द्वारा व्यवहार में जो बदलाव आता है वह स्थाई व अस्थाई के मध्य वाली स्थिति में होता है। जिसे अपेक्षाकृत स्थाई का नाम दिया जा सकता है इसीलिए सिखाने के द्वारा बालक के व्यवहार में जो परिवर्तन होता है वह अपना प्रभाव छोड़ने में समर्थ होता है परन्तु उसके अवांछनीय लक्ष्य संगत या अनुपयोगी सिद्ध होने की दशा में पुनः अपेक्षित परिवर्तन लाने की भूमिका भी उचित अधिगम द्वारा निभाना सम्भव है।
4. अधिगम की प्रक्रिया एक विशेष प्रकार की प्रक्रिया है। यह किसी व्यक्ति विशेष, जाति, प्रजाति तथा देश-प्रदेश की सम्पत्ति नहीं है। इस संसार में जितने भी जीवधारी हैं वे अपने-अपने तरीके से अनुभवों के माध्यम से

कुछ-न-कुछ सीखते रहते हैं। यह सोचना या दावा करना कि किसी जाति विशेष में जन्मा बालक ही अन्य से अच्छी तरह सीख सकता है, बिल्कुल निराधार और भ्रम मूलक है। प्रत्येक प्राणी में सीखने की पर्याप्त क्षमता होती है। जो भी अन्तर इस बारे में देखने को मिलते हैं उनमें प्राप्त अनुभवों तथा अवसरों का भी विशेष योगदान होता है।

5. अधिगम की प्रक्रिया एक ऐसी प्रक्रिया है जिसके तहत प्राप्त अनुभवों को नया रूप देने की क्रिया चलती रहती है। जो कुछ पूर्व अनुभवों के आधार पर सीखा हुआ होता है। उसमें नवीन व्यवस्था का कार्य चलते रहना ही सीखने के मार्ग पर आगे बढ़ने की विशेष आवश्यकता और विशेषता कही जाती है।
6. अधिगम में स्थानान्तरण के भी गुण विद्यमान होते हैं। जो कुछ भी एक परिस्थिति में सीखा जाता है उसका अर्जन किसी भी दूसरी परिस्थिति में सीखने के कार्य में बाधक या सहायक बनकर सामने आ जाता है।
7. लक्ष्य सभी प्रकार की अधिगम प्रक्रिया के पीछे किसी न किसी प्रकार का लक्ष्य निर्धारण किया जाता है। हमारे सीखने की प्रक्रिया इसी लक्ष्य की प्राप्ति हेतु आगे बढ़ती है। जैसे-जैसे हमें इस लक्ष्य प्राप्ति के उद्देश्य से आगे बढ़ते रहेंगे वैसे-वैसे हम अधिक उत्साह से सीखने के कार्य में लगे रहते हैं।
8. अधिगम की प्रक्रिया पूर्ण रूप से क्रियाशीलता पर आधारित होती है। वातावरण के साथ सक्रिय अनुक्रिया करना सीखने की एक आवश्यक शर्त है। जो बालक जितनी अच्छी तरह से पूर्ण सक्रिय होकर वातावरण के साथ अपेक्षित अनुक्रिया कर सीखने की क्षमता होगी उतना ही वह सीख सकेगा। आगे बढ़ सकेगा। वातावरण में उद्दीपकों की उपस्थिति चाहे कैसी भी सक्षम क्यों न हो सीखने वाले के द्वारा अगर सक्रिय होकर अनुक्रिया नहीं की जाएगी तो सीखने का कार्य आगे ही कैसे बढ़ेगा? इस तरह सीखने की प्रक्रिया में हर सभी विशेषताएँ विद्यमान होती हैं कि यह सीखने वाले से वातावरण के साथ पर्याप्त क्रियाशीलता चाहती है, जिससे अनुभवों के जरिये सीखने की प्रक्रिया को महत्त्वपूर्ण बनाया जा सकता है।
9. अधिगम निश्चित लक्ष्य को पूरा करने में काफी सहायक हो सकता है इसके द्वारा विद्यार्थी निर्धारित शिक्षण उद्देश्यों की प्राप्ति के लिए उचित प्रयत्न कर सकते हैं। इस प्रकार के उद्देश्य की पूर्ति द्वारा बालकों में

अपेक्षित ज्ञान और समझ, सूझ-बूझ, कुशलताएँ, रुचि तथा दृष्टिकोण आदि का विकास करना सम्भव है।

10. वृद्धि एवं विकास के सभी आयामों, शारीरिक, मानसिक, सामाजिक, संवेगात्मक, नैतिक सौन्दर्यात्मक तथा भाषण सम्बन्धी विकास आदि में सीखने की प्रक्रिया हर कदम पर सहायता पहुँचाती है।
11. शिक्षा का मुख्य लक्ष्य बालक के व्यक्तित्व का सर्वांगीण और सन्तुलित विकास करना होता है और सीखने की प्रक्रिया सभी तरह से इस कार्य में अच्छी तरह सहायता पहुँचाती है।
12. अधिगम प्रक्रिया की यह एक प्रमुख विशेषता है। सीखने की प्रक्रिया के परिणामस्वरूप सीखने वाले को अपने तथा अपने वातावरण से उचित समायोजन के कार्य में पर्याप्त सहायता मिलती है।

अधिगम की प्रक्रिया को प्रभावित करने वाले कारक

विद्यार्थी से सम्बन्धित कारक—अधिगम की प्रक्रिया को प्रभावित करने वाले ऐसे अनेक तत्त्व हैं जो विद्यार्थी जीवन से सम्बन्धित हैं। कुछ प्रमुख कारकों का वर्णन निम्नवत् हैं—

1. बौद्धिक एवं शारीरिक स्वास्थ्य—विद्यार्थी का मानसिक व शारीरिक रूप से स्वस्थ्य रहना काफी महत्त्वपूर्ण माना जाता है। क्योंकि इसके इसी स्वास्थ्य पर किसी भी शिक्षण प्रक्रिया की सफलता बहुत कुछ हद तक आधारित होती है। विशेषकर सीखने के समय जैसी भी शारीरिक और मानसिक स्थिति विद्यार्थी की होती है सीखने की प्रक्रिया उतनी अधिक वह सीख सकता है। एक मामूली-सा सिरदर्द या पेट की तकलीफ सब कुछ अस्त-व्यस्त करने की क्षमता रखती है। समस्या के कारण पढ़ाई-लिखाई में अवरोध उत्पन्न हो जाता है। और पढ़ाई-लिखाई धरी की धरी रह जाती है। वे विद्यार्थी जो लगातार अस्वस्थ्य रहते हैं या मानसिक चिंताओं तथा परेशानी का शिकार रहते हैं न वो नियमित रूप से विद्यालय जा पाते हैं और न अच्छी तरह पढ़ाई लिखाई में अपना ध्यान और समय दे पाते हैं। परिणामस्वरूप उनसे अच्छे परिणाम की उम्मीद करना बेकार है। उनकी तुलना में जो विद्यार्थी शारीरिक और मानसिक रूप से स्वस्थ रहते हैं सीखने के समय जो अपनी पूरी शारीरिक क्षमता और मानसिक चुस्ती का उपयोग कर पाते हैं, उनको अधिगम प्रक्रिया में पर्याप्त सफलता मिलती है।

2. मूल क्षमता—सीखने की प्रक्रिया और प्रतिफल दोनों पर इस बात का पूरा प्रभाव रहता है कि सीखने वाले की मूलभूत क्षमताओं तथा योग्यताओं की प्रकृति और सार किस प्रकार का है जिसके माध्यम से वह सीखने की दिशा में आगे बढ़ना चाहता है, इस प्रकार की मूल क्षमतायें तथा योग्यतायें निम्न प्रकार की हो सकती हैं—

— अध्यापन के क्षेत्र में अधिगम हेतु उसमें मूल रूप से कितनी शक्ति और सामर्थ्य है। शारीरिक, मानसिक, सामाजिक तथा संवेगात्मक दृष्टि से कितनी विकसित क्षमतायें उसके पास हैं आदि।

— विद्यार्थी की स्वाभाविक रुचियाँ, अभिरुचियाँ एवं अभिवृत्तियाँ जो उन्हें किसी विशेष विषय या क्रियाओं को सीखने या न सीखने के लिए अभिप्रेरित करती हैं।

— विद्यार्थी का किसी विषय विशेष या क्षेत्र विशेष से सम्बन्धित शिक्षण के लिए पूर्व ज्ञान का कौशल सम्बन्धी स्तर कैसा है। कितनी सामान्य बुद्धि है तथा विशेष प्रकार के शिक्षण के लिए उसमें कितनी समझ, पूर्व ज्ञान तथा पूर्व अर्जित कुशलताएँ विद्यमान हैं।

3. अधिगम—अधिगमकर्ता किस सीमा तक किस रूप में कोई बात सीखने का इच्छुक है तथा उसमें सीखने के लिए कितनी इच्छा शक्ति है इस बात पर सीखने की प्रक्रिया की सफलता निर्भर करती है। यदि कोई सीखना नहीं चाहता है तो उसे दबाव देकर सिखाने का मतलब समय व धन का अपव्यय है। कोई सीखने को उत्सुक है तथा उसमें हर हालत में सीखने के रास्ते पर चलते रहने की इच्छा शक्ति हो तो फिर कोई भी बाधा उसे सीखने की प्रक्रिया में इच्छित सफलता प्राप्त करने से नहीं रोक सकती।

4. महत्वाकांक्षा—अधिगम की प्रक्रिया की सफलता व असफलता विद्यार्थी की महत्वाकांक्षा, उपलब्धि और प्रेरणा के स्तर पर भी काफी सीमा पर आधारित होती है। यदि किसी विद्यार्थी में किसी भी प्रकार से आगे बढ़ने तथा जिसमें कुछ बनने की आकांक्षा ही नहीं है तो उसके लिये सीखने का कोई औचित्य ही नहीं है। वह सीखने की कोशिश भी नहीं करेगा। जो जितना जिस रूप में पाने की इच्छा करता है वह उसी रूप में उनके लिये प्रदान भी करना चाहेगा। यह सही है कि उचित सफलता के लिए महत्वाकाँक्षा और उपलब्धि अभिप्रेरणा के स्तर का न तो अपनी सामर्थ्य और शक्तियों से भारी मात्रा में अच्छा सिद्ध हो सकता है और न ही बहुत कम। जरूरत से कम और अधिक अभिलाषा और महत्वाकांक्षा दोनों ही निराशा को

जन्म देते हैं। जितनी योग्यता थी उसके मुताबिक आगे बढ़ने की लालसा ही उत्पन्न नहीं हुई अतः जीवन में जो कुछ बन सकते थे वह नहीं बन सके। योग्यता से बहुत अधिक चाह पैदा होने से सीखने के क्षेत्र में निराशा ही प्राप्त हुई। इस प्रकार स्पष्ट है कि अधिगम प्रक्रिया में श्रेष्ठ प्रतिफल मिलता और महत्वाकाँक्षा दोनों का ही अन्त निराशा में होता है। अतः अधिगम प्रक्रिया में अच्छे परिणामों की प्राप्ति महत्वाकाँक्षा तथा उपलब्धि अभिप्रेरणा के उचित तथा अनुचित स्तर पर बहुत कुछ निर्भर होती है।

5. जीवन लक्ष्य—अधिगमकर्ता अपने जीवन को किस रूप में देखता है तथा वह अपने जीवन में किन लक्ष्यों की प्राप्ति को कितना महत्व देता है यह बात भी शिक्षण प्रक्रिया में उसकी रुचि और प्रगति पर निर्भर करती है। जीवन के प्रति यही दृष्टिकोण उसे किसी विशेष प्रकार की क्रियाओं तथा क्षेत्र विशेष की ज्ञान प्राप्ति की ओर ले जाता है। अधिगम के तहत उसकी धैर्य तथा बाधाओं से लड़ते-लड़ते सीखना उसके जीवन दर्शन और जीवन शैली और दर्शन से सम्बन्धित है।

अनुभवों से सम्बन्धित तत्त्व—कुछ अनुभवों से जुड़े तत्त्व भी हैं जो अधिगम प्रक्रिया को व्यापक रूप से प्रभावित करते हैं। कुछ प्रमुख का विवरण निम्न प्रकार है—

1. अधिगम अनुभव—अधिगम प्रक्रिया की जानकारी प्राप्त करने हेतु अपनाई गई विधि भी अपना प्रभाव डालती है। क्योंकि शिक्षण प्रक्रिया की सफलता बहुत कुछ इस बात पर निर्भर करती है कि अधिगम अनुभवों को विद्यार्थी तक पहुँचने के लिए किस प्रकार का शिक्षण अधिगम विधि तथा तकनीक का इस्तेमाल किया जा रहा है तथा शिक्षण-अधिगम प्रयोग की जानी वाली विधि एवं तकनीकों का प्रयोग किस सीमा तक वांछित उद्देश्यों की पूर्ति के लिए सफलतापूर्वक किया जा रहा है।

(क) समन्वय के सिद्धांत—काफी सहयोगी होने के कारण अधिगम प्रणालियों व तकनीकों द्वारा अधिगम को सफल व समन्वय के सिद्धान्त का पालन करने में निर्णायक कहा जा सकता है। विषयवस्तु को बिल्कुल अलग-अलग करके पढ़ना, पढ़ाना कभी भी सफलता दिला सकता है। दूसरी ओर अधिगम अनुभवों की जीवन क्रियाओं तथा अन्य विषयों तथा क्षेत्रों में सम्बन्धित पाठ्य सामग्री तथा क्रियाओं से जोड़ने का प्रयत्न किया जाए तो परिणाम सदैव ही अच्छे होंगे।

(ख) नवीन ज्ञान तथा पूर्व ज्ञान के बीच संबंध—पठन-पाठन के दौरान प्रयोग की जाने वाली विधियाँ, एक ऐसी तकनीक विद्यमान होनी चाहिएँ जिनके नवीन ज्ञान को पूर्व ज्ञान से सम्बन्धित कर पढ़ने-पढ़ाने की सुविधा हो। जो अध्यापक

और विद्यार्थी इस बात का ध्यान रखते हैं कि कुछ पढ़ा-पढ़ाया जाये, पूर्व अनुभवों पर आधारित होना चाहिए तथा आगामी लाभ प्राप्त करने के लिए आधार मानना चाहिए, अधिगम प्रक्रिया की सफलता की ओर ले जाने हेतु एक मजबूत मार्ग का निर्माण करते हैं।

(ग) ज्ञानेन्द्रियों का उपयोग—अधिगम की प्रक्रिया में ज्ञानेन्द्रियों का काफी महत्त्वपूर्ण भूमिका निभाता है। इन्हें ज्ञान का मार्ग कहा जाता है। अतः जितनी अधिक और जितनी अच्छी तरह से इन ज्ञानेन्द्रियों का उपयोग अधिगम कार्य में किया जाता है उतनी ही सफलता अधिगम कार्य में प्राप्त होती है। अतः पढ़ने-पढ़ाने में जहाँ अधिक-से-अधिक ज्ञानेन्द्रियों का इस्तेमाल अधिगम अनुभव प्राप्त करने में किया जाता है। जैसे—वस्तुओं और क्रियाओं को देखना, उन्हें अपने आप करके देखना आदि, उतनी ही अच्छी तरह से उनके बारे में ज्ञान और कुशलता का अर्जन किया जा सकता है।

(घ) पुनर्बलन—अधिगम के दौरान दी गई उपयुक्त प्रतिपुष्टि और पुनर्बलन पर भी अधिगम प्रक्रिया की सफलता आधारित है। अतः जहाँ अधिगम अनुभव इस प्रकार की विधियों, तकनीक तथा उपागमों का प्रयोग करके दिए जाते हैं कि विद्यार्थियों को जो कुछ भी वे सीख रहे हैं उसके लिये समय पर उचित प्रतिपुष्टि और पुनर्बलन मिलता रहे तो अधिगम प्रक्रिया में उन्हें आवश्यक सफलता मिलने की सम्भावनायें बहुत बढ़ जाती हैं। उदाहरणार्थ अगर कोई विद्यार्थी सीखने के मार्ग पर जैसे ही उपयुक्त कदम रखता है उसे तुरन्त ही प्रोत्साहन अथवा विशेष ध्यान के रूप में उचित पुनर्बलन प्राप्त हो जाता है। उसे ठीक तरह से सीखने या कार्य करने के बारे में आवश्यक निर्देशन तथा परामर्श प्राप्त हो जाता है तो उसे अधिगम मार्ग पर सफलतापूर्वक आगे बढ़ने में किसी प्रकार की समस्या का सामना नहीं करना पड़ता इस तरह अधिगम प्रक्रिया प्रतिपुष्टि और पुनर्बलन के द्वारा काफी हद तक प्रभावित मानी जा सकती है।

(ङ) अभ्यास कार्य—अनुभवों को सही रूप में प्राप्त करने हेतु यह बहुत ही जरूरी है कि उन्हें इस तरीके से अर्जित किया जाये कि पढ़ने-पढ़ाने की विधियों और तकनीकों में अभ्यास, कार्य तथा दोहराये जाने की उपयुक्त व्यवस्था की जा सके। अधिगम की प्रक्रिया कुछ हद तक अभ्यास व पुनरावृत्ति की प्रक्रिया पर भी निर्भर करती है क्योंकि अभ्यास और दोहराने का कार्य सीखने के दौरान जितनी अच्छी तरह से सम्पन्न होगा उतनी ही स्थायी एवं प्रभावपूर्ण ज्ञान तथा कौशलों की प्राप्ति सीखने वाले से हो सकेगी। जो विद्यार्थी कक्षा में सम्पन्न अभ्यास कार्य पुनरावृत्ति तथा दोहराये

जाने वाले कार्य तथा घर पर करने को दिये जाने वाले कार्य को ठीक तरह से नहीं करते वे प्रायः पढ़ाई-लिखाई में पीछे ही दिखाई देते हैं। इसके विपरीत जो इन कार्यों को गम्भीरता से लेते हैं उनके अधिगम प्रतिफल काफी श्रेष्ठ होते हैं।

2. सीखने से सम्बन्धित अनुभवों की प्राप्ति–इस बात पर सीखने से सम्बन्धित कार्य की सफलता बहुत कुछ निर्भर करती है। किसी भी विषय से सम्बन्धित किस प्रकार की विषय सामग्री तथा अधिगम अनुभवों का चयन और आयोजन करके शिक्षार्थी के सामने रखा जा रहा है। जिस प्रकार की सामग्री और अधिगम उन्हें पढ़ने, लिखने तथा सीखने के लिए प्राप्त होंगे उसी रूप में सीखने के लिए उनके मन में आकर्षण पैदा होगा तथा सीखने के मार्ग पर वे उसी रूप से आगे बढ़कर उपयोगी ज्ञान तथा कुशलतायें आदि अर्जित करेंगे। शिक्षण अनुभव तथा पठन सामग्री की प्राप्ति का जहाँ तक प्रश्न है वह किस रूप में अधिगम को प्रभावित कर सकती है।

अनुभवों की प्रकृति उन सिद्धान्त विशेषों की प्रकृति पर निर्भर करती है जिनके आधार पर अधिगम अनुभवों का चुनाव किया गया है। इस प्रकार यह कहा जा सकता है कि विद्यार्थी केन्द्रित, विषय केन्द्रित, कठिनाई का सिद्धान्त, क्रियात्मक कार्यों को स्थान देने का सिद्धान्त आदि के अनुसरण करने या न करने का अपना अलग-अलग महत्व है। जितनी प्रकार से पाठ्य सामग्री और अनुभवों के चयन में उपयुक्त सिद्धान्तों का अनुसरण करने पर बल दिया जाता है अधिगम अनुभव की सार्थक ढंग से अधिगम प्रक्रिया की सफलता में महत्त्वपूर्ण भूमिका निभाती हैं।

अधिगम के प्रमुख सिद्धान्त

सिद्धान्त शब्द का प्रयोग कतिपय मनोवैज्ञानिकों ने 'Principles' तथा 'Theories' के रूप में किया है। लेकिन दोनों में बहुत अन्तर है–Principles का सम्बन्ध–अपनी सूझ-बूझ, चिन्तन, तर्कसंगत मान्यताओं तथा आधारयुक्त निर्णयों से होता है। जबकि Theories का मूल आधार प्रयोगगत प्रतिफल होते हैं।

मनोवैज्ञानिकों द्वारा जो प्रयोग किये गये हैं उनके आधार पर जिन अधिगम के सिद्धान्तों की प्रस्तुति की गई है। उनका अध्ययन वादों के रूप में किया जायगा। प्रमुख सिद्धांतों को तीन भागों में विभाजित किया जा सकता है–सहाचर्यवादी व्यवहारवादी और गैस्टाल्टवादी ये सभी मनोविज्ञान में अधिगम के सम्प्रदाय कहलाते हैं। इनमें से प्रत्येक सम्प्रदाय के अन्तर्गत कुछ सिद्धान्त आते हैं जिनका नीचे उल्लेख नीचे किया जा रहा हैं–

वर्गीकरण

↓

साहचर्यवादी सिद्धान्त	व्यवहारवादी सिद्धान्त	गेस्टाल्टवादी सिद्धान्त
अनुकरण सिद्धान्त	पॉवलव का प्रतिबद्ध	सूझ द्वारा सीखना
प्रयत्न एवं भूल का सिद्धान्त	अनुक्रिया सिद्धान्त	
	स्किनर का सक्रिय	
	अनुबन्धन सिद्धान्त	

अनुकरण का सिद्धान्त

इस सिद्धान्त के अनुसार अधिगमकर्ता पर सुनी हुई बात की तुलना में प्रत्यक्ष रूप से देखी गई बातें अधिक प्रभाव डालती हैं। और इस प्रभाव के परिणामस्वरूप वह जैसा देखता है वैसा ही करने लगता है। बच्चों में आदतों का निर्माण प्रायः इसी सिद्धान्त पर आधारित होता है। वे किसी क्रिया की उपयोगिता और अनुपयोगिता पर विचार किए बिना उसी प्रकार क्रिया करने लगते हैं, जैसा वह दूसरों को करते हुए देखते हैं। बीड़ी पीना, झूठ बोलना, समय पर न आना आदि ऐसी बातों को वे प्रायः दूसरों से ही सीखते हैं।

अनुकरण करने की प्रवृत्ति मनुष्यों के अलावा कुछ पशु-पक्षियों में भी विद्यमान होती है। जैसे—बन्दर भालू, तोता, मैना, आदि। अर्थात् जिन व्यक्तियों अथवा बालकों की बुद्धि पूरी तरह विकास नहीं कर पाती है, उनमें स्वयं किसी बात पर विचार करने की क्षमता नहीं होती और वे जो कुछ भी सीखते हैं, अनुकरण द्वारा अधिक ही सीखते हैं। बौद्धिक विकास के साथ-साथ ज्यों-ज्यों उनमें स्व-निर्णय की शक्ति का विकास होता जाता है, त्यों-त्यों उनमें अनुकरण की प्रवृत्ति का ह्रास हो जाता है।

थार्नडाइक का परीक्षण

मनोवैज्ञानिकों ने कुछ प्रयोग कर यह निष्कर्ष निकालने की कोशिश कि अधिगम की प्रवृत्ति मनुष्य की अपेक्षा बन्दरों में अधिक होती है। थार्नडाइक (Thorndike) ने अपने प्रयोगों द्वारा इसे असत्य सिद्ध करने का प्रयत्न किया। उन्होंने एक बॉक्स में खाना रखकर बन्दर को बॉक्स खोलने और बन्द करने की क्रिया को 15 बार दिखाया; लेकिन फिर भी वह अनुकरण द्वारा बॉक्स को खोलने में समर्थ नहीं हुआ।

इस प्रयोग की आलोचना करते हुये थार्नडाइक ने यह तर्क दिया कि सीखना ऊपर से थोपी हुई क्रिया नहीं; अपितु सीखने वाले के मस्तिष्क में किसी बात को सीखने के प्रति जो प्रतिक्रिया होती है, उसका परिणाम है। बहुत कुछ सम्भव है कि बन्दर ने बॉक्स खोलने और बन्द करने की क्रिया को देखा ही न हो। यदि देखा भी हो तो उस पर ध्यान ही न दिया हो और जब तक किसी बात पर ध्यान नहीं दिया जाएगा, तब तक उसे सीखा नहीं जा सकता। अगर बन्दर को पिंजड़े में बन्द कर दिया जाता और जब वह उसमें परेशान हो जाता, तब उसे पिंजड़ा खोलने की क्रिया बताई जाती तो बहुत कुछ सम्भव है कि वह एक अथवा दो बार में ही बॉक्स को खोलना सीख लेता। अगर ध्यान से देखें तो कौआ, बन्दर आदि इतने अधिक चालाक होते हैं कि वे दूसरों की उपस्थिति में चोरी का कार्य प्रायः नहीं करते। बॉक्स से रोटी निकालने का कार्य बन्दर की दृष्टि में चोरी ही था और बन्दर इतना बुद्धिमान नहीं होता कि वह थार्नडाइक के मन की बात पहचान सकता। सम्भवतः इसीलिये थार्नडाइक की उपस्थिति में उसने रोटी और उसे प्राप्त करने की ओर ध्यान ही न दिया हो और उसका ध्यान इसी बात पर केन्द्रित रहा हो कि कब थार्नडाइक वहाँ से हटे और कब वह रोटी को निकाले। इस वजह से थार्नडाइक ने जो प्रयोग किया, वह बन्दरों के मनोविज्ञान के अनुरूप नहीं था और इसीलिए उसके परिणाम प्रतिकूल रहे। वैसे अगर आप खेल दिखाने वाले, सर्कस आदि में कार्य करने वाले बन्दरों को देखें तो वे अनुकरण द्वारा बहुत कुछ सीखे हुए होते हैं।

इस प्रकार यह पूर्णतः स्पष्ट हो जाता है कि मानव हो या पशु-पक्षी, सभी में दूसरों को कुछ करते हुए देखकर अनुकरण करने की क्षमता होती है। यही अनुकरण द्वारा सीखने का सिद्धान्त है।

अनुकरण सिद्धान्त का शिक्षा में महत्व

अपने से बड़ों के कार्यों व बातों को सीखना ही अनुकरण है। बड़े-छोटे भी अलग-अलग क्षेत्रों में अलग-अलग होते हैं। निर्धन, सम्पन्नों का अनुकरण करते हैं तो रूपहीन, रूपवानों का और ज्ञानहीन, ज्ञानवानों का। इस दृष्टि से विद्यार्थी सामान्य रूप से शिक्षकों का अनुकरण करते हैं। इनमें निम्न कारणों का उल्लेख किया गया है–

1. अनुकरण के द्वारा योग्यताएँ भी अर्जित की जाती हैं। अतः छोटे-बड़े सभी बच्चों में जिन सद्‌वृत्तियों का विकास करना हो, उनके लिए उपदेश न देकर स्वयं अनुसरण करने पर बल दिया जाना चाहिए।

2. अनुकरण भाषा ज्ञान अर्जित करने में महत्त्वपूर्ण भूमिका निभाती है। अतः पद्य, नाटक आदि के शिक्षण में मौखिक वाचन उतना अच्छा नहीं रहता जितना अभिनय। कविता शिक्षण में भी आंगिक क्रियाएँ भी काफी उपयोगी होती हैं। परन्तु, इसमें ध्यान यही रखना चाहिए कि आंगिक क्रियाएँ भावानुरूप हों तथा जो शिक्षक ये क्रियाएँ कर सकने में समर्थ हों, वे ही करें, सभी शिक्षक नहीं।
3. शिक्षक प्रशिक्षण में भी प्रदर्शन पाठों का महत्व पर्यवेक्षक द्वारा दिए गए निर्देशों से अधिक है। छात्रों की कमियों को स्वयं दूर करके बताया जाना अधिक प्रभावशाली सिद्ध होता है, न कि केवल टिप्पणियाँ लिखकर शिक्षण में सुधार लाना। अनुकरण बुद्धि के विकास पर आधारित होती है। आयु के अनुसार बुद्धि जितनी अधिक अविकसित होगी, अनुकरण उतना ही अधिक होगा। अर्थात् छोटे बच्चों में अनुकरण की प्रवृत्ति अधिक पाई जाएगी तो बड़ों में कम। छोटे बच्चों को जो कुछ सिखाना है, उसे अगर करके सिखाएँ तो अधिक प्रभावकारी सिद्ध होता है।
4. छोटे बच्चों के लिए बालोद्यान और माण्टेसरी विधियाँ अन्य विधियों की अपेक्षा ज्यादा उपयुक्त होती हैं क्योंकि दोनों ही शिक्षण पद्धतियाँ अनुकरण द्वारा सिखाने अथवा सीखने पर बल देती हैं तथा छोटे बालकों द्वारा वातावरण से भी बहुत कुछ, अतः उन्हें ऐसे वातावरण में रखा जाए, जिससे उनमें किसी प्रकार की गलत आदतें न पनप सकें।
5. विद्यार्थी हमारी अधिकांश बातों का अनुकरण कर ही सीखते हैं। हम उन्हें आदत सम्बन्धी जो बातें सिखाना चाहते हैं, उन्हें उपदेश देकर सिखाने की अपेक्षा उस बात को स्वयं अमल कर सिखाया जाना चाहिए; उदाहरण के लिए अगर हम चाहते हैं कि हमारे विद्यार्थी समय पर आएँ तो हमें भी समय पर आना चाहिए।

प्रयत्न एवं भूल का सिद्धान्त

जो मनोवैज्ञानिक अधिगम को उत्प्रेरक व उसके परिणामों के मध्य का सम्बन्ध मानते हैं वे प्रयत्न एवं भूल के सिद्धान्त के प्रबल समर्थक हैं। उत्तेजक और उसके परिणामों के बीच पारस्परिक सम्बन्धों के आधार पर ही इसे सम्बन्ध सिद्धान्त में माना है। सम्बन्ध सिद्धान्त के अनुसार प्रत्येक कार्य को करने के पीछे कोई आवश्यकता अथवा उद्देश्य अवश्य ही निहित होता है। उद्देश्य और आवश्यकता के आधार पर

ही हम उस वस्तु को प्राप्त करने का प्रयत्न करते हैं हमारे प्रयत्न और उसके परिणामों के पारस्परिक सम्बन्धों का जो परिणाम होता है, वही इस सिद्धान्त का जन्मदाता है। इस सिद्धान्त का प्रतिपादन थार्नडाइक (Thorndike) ने किया था। थार्नडाइक ने अधिगम को परिस्थिति और उसके बीच के परिणामों का पारस्परिक सम्बन्ध बतलाया है।

अपने इस सिद्धान्त के प्रतिपादन हेतु थार्नडाइक ने प्रयोग किया था और उनके समर्थकों जैसे लॉयड, मॉर्गन व मैक्डूगल ने क्रमशः कुत्ते व चूहों पर प्रयोग किये। अन्त में यह निष्कर्ष निकाला कि मनुष्य ही नहीं; अपितु पशु-पक्षी भी अनेक भूलें करते हैं।

थार्नडाइक का प्रयोग

थार्नडाइक ने एक भूखी बिल्ली को पिंजड़े में बन्द करके पिंजड़े के बाहर मछली रख दी। पिंजड़े में एक दरवाजा था, जिसे खोलकर निकला जा सकता था। बिल्ली ने पिंजरे से बाहर निकलने की कई बार असफल कोशिश की अन्ततः उसे दरवाजा खोलने में सफलता मिल गई। लेकिन पुनः जब उसे उसी पिंजड़े में बन्द किया गया तो उसे अधिक प्रयत्न नहीं करना पड़ा। धीरे-धीरे कई प्रयत्नों के पश्चात् वह बन्द करते ही पहले ही प्रयत्न में निकलने में समर्थ हो गई।

इस प्रयोग का अध्ययन करने पर ही परिणाम सामने आयेगा कि बाहूय उत्तेजक जितना तीव्र और कार्य कितना अधिक महत्वपूर्ण होगा, हम उसे पूरा करने का उतना ही अधिक प्रयत्न करेंगे, चाहे कितनी ही भूलें क्यों न हों? जो कार्य अधिक महत्वपूर्ण नहीं होगा, उसके लिए हम अधिक प्रयत्न नहीं करेंगे।

प्रयत्न एवं भूल सिद्धान्त के शैक्षिक निहितार्थ

प्रयत्न एवं भूल सिद्धान्त के प्रमुख शैक्षिक निहितार्थ निम्न प्रकार हैं—

1. इसके तहत यह ध्यान रखना आवश्यक है कि बाह्य उत्प्रेरक जितना अधिक तेज होगा, प्रयत्न उतने गम्भीर और अधिक होंगे। इस दृष्टि से गणित आदि विषयों की समस्या देकर बच्चों को पुरस्कार, प्रशंसा, प्रमाण-पत्र आदि का बाहूय प्रलोभन दिया जाए तो वे अधिक प्रयत्न करेंगे।
2. वैसे तो किसी न किसी तरह कोई भी कार्य किया जा सकता है, परन्तु उसमें भूल हो जाने के बाद उसके अन्दर सुधार करना मस्तिष्क का कार्य है। अतः प्रयत्न और भूल द्वारा सीखना छोटे बच्चों से इतना सम्बन्धित नहीं, जितना

बड़े बच्चों से है। जिसका मस्तिष्क जितना अधिक विकसित होगा, वह उतनी ही कम भूलें करेगा और किसी कार्य को उतनी ही जल्दी सीख जाएगा। अतः नए प्रयोग, नई खोज, किसी समस्या का हल करना आदि के लिए यह सिद्धान्त अधिक उपयोगी है।

3. यदि कोई बालक किसी कार्य में बार-बार भूल कर रहा है तो उसे सुधारने हेतु उसे खुद अवसर देना चाहिए। अगर किसी कठिन समस्या का समाधान बच्चे अनेकों भूलों के पश्चात् भी नहीं खोज सकें तो उन्हें समस्या का सही समाधान बता दिया जाए, ताकि उनमें हीनभाव पैदा न हो।
4. बुद्धि के विकास एवं सीखने के स्थायित्व हेतु बच्चों को जो कार्य स्वयं करने दिया जाएगा, उसे वे अधिक सीखेंगे। अतः शिक्षक उनकी भूलों पर क्रोधित न होकर उनके प्रयत्नों की सराहना करें तो सीखने के परिणाम भी अच्छे होंगे।
5. आदतों के लिए अनुकरण और किसी नई बात को सिखाने के लिए भूल और प्रयत्न द्वारा सीखने के सिद्धान्तों का प्रयोग किया जाना चाहिए।
6. प्रयत्न व भूल के सिद्धान्त के अनुसार कोई बात सिखाने के लिए समस्या का वितरण छात्रों की शारीरिक एवं मानसिक क्षमता को ध्यान में रखते हुए किया जाना चाहिए।

पावलव का अनुकूलित-अनुक्रिया सिद्धान्त

इस सिद्धान्त को क्लासिकल कन्डीशनिंग के नाम से भी जाना जाता है। इस सिद्धान्तवाद को समझने के लिए उन व्यक्तियों का स्मरण कीजिए जो किसी बात-विशेष अथवा शब्द-विशेष को सुनते ही चिढ़ने लगते हैं।

उदाहरण के तौर पर कोई सुखदेई कहने पर चिढ़ता है तो कोई मनसुख कहने से और कोई किसी अन्य बात से। ऐसा इसलिए होता है कि चिढ़ने वाले व्यक्ति के जीवन में कोई ऐसी घटना घटित हो जाती है, जिसकी याद आते ही उसे दुख का अनुभव होता है। उस शब्द को याद आते ही पुनः दुःख जागृत हो जाता है और व्यक्ति चिढ़ने लगता है। यह अचानक ही नहीं होता; इस तरह की भावनाएँ धीरे-धीरे मन में घर करती हैं। अतः पहले जीवन में कोई अप्रिय घटना घटित होती है। अप्रिय घटना का कोई विशेष कारण होता है। कारण किसी शब्द से जुड़ जाता है और उस शब्द को सुनते ही वह घटना याद आती है। घटना से दुःख की अनुभूति होती है और अनुभूति से व्यक्ति दुःख का आभास होने के कारण चिढ़ने लगता है।

उपरोक्त उदाहरण के आधार पर बने सिद्धान्त उसका मूल आधार मानव का परिस्थितिानुकूल व्यवहार है। इसी वजह से यह व्यवहारवादी सिद्धान्त भी कहलाता है। व्यवहारवादी सिद्धान्त को मानने वालों में पावलो, स्किनर और वाट्सन का नाम विशेष रूप से उल्लेखनीय है। इनमें पावलो ने कुत्तों पर, स्किनर ने चूहों पर और वाट्सन ने खरगोश के बच्चों पर अनेक प्रयोग किए।

पावलो का प्रयोग

पावलो रूस के रहने वाले एक प्रसिद्ध मनोवैज्ञानिक हैं। इन्होंने एक भूखे कुत्ते को एक कमरे में बन्द कर दिया। इस कमरे में इधर-उधर से कोई आवाज नहीं जाती थी। परन्तु, कमरे में एक खिड़की थी, जिससे सब कुछ देखा जा सकता था। पावलो ने कुत्ते की लार नली को काटकर इस प्रकार नियोजित किया कि कुत्ते के मुँह में आने वाली लार स्वतः ही ट्यूब में एकत्रित हो जाती थी। पावलो ने पहले कुत्ते को कमरे में बन्द करके बाहर गोश्त रख दिया। गोश्त को देखते ही कुत्ते के मुँह में लार आ जाती थी और वह ट्यूब में इकट्ठा हो जाती थी। पुनः उसने भोजन रखने के साथ ही घण्टी भी बजाई और कुत्ते के मुँह में लार आ गई। ऐसा कई बार किया गया। जब भी खाना रखा जाता था, तभी घण्टी बजाई जाती थी। धीरे-धीरे मीट न रखकर केवल घण्टी बजाई गई और घण्टी बजाते ही कुत्ते के मुँह में लार आ गई। यह लार जब ट्यूब में एकत्रित हो गई तो उसे माप लिया गया। इस प्रकार अन्त में केवल घण्टी बजाने से ही कुत्ते के मुँह में उतनी ही लार आने लगी जितनी खाना देखकर आती थी अर्थात् कुत्ता घण्टी की आवाज से अनुबद्ध हो गया।

पावलो के प्रयोग द्वारा इस बात का खुलासा होता है, कि यहाँ कुत्ते के सामने गोश्त रखना स्वाभाविक अथवा सहज उद्दीपक है। घण्टी का बजना अनुकूलित अथवा कृत्रिम उत्तेजक है। घण्टी का बजना अनुकूलित अथवा कृत्रिम उत्तेजक तथा लार का आना अनुक्रिया है।

विश्लेषण

यदि अनुकूलित अनुक्रिया सिद्धान्त से सम्बन्धित उपरोक्त बातों का विश्लेषण किया जाय तो यही परिणाम प्राप्त होगा कि छोटे बच्चों में आदतों का निर्माण इसी सिद्धान्त के आधार पर होता है। उनको लोरी सुनाना, प्रशंसा करना आदि कोई भी उद्दीपन दिया जाता है। वे उसी के अनुरूप क्रिया करते हैं और बाद में वह क्रिया आदत के रूप में परिवर्तित हो जाती है।

अनुकूलित-अनुक्रिया सिद्धान्त के शैक्षिक निहितार्थ

अनुकूलित-अनुक्रिया सिद्धान्त के शैक्षिक निहितार्थ को निम्न प्रकार स्पष्ट किया गया है–

1. बच्चों को कभी भी ऐसे शब्द न कहे जाएँ, जो कुण्ठाओं में बदल जाएँ; यथा–"तू बड़ा होशियार बनता है"; "तुझे देख लूँगा आदि।
2. छोटे बच्चों के लिए प्यार और प्रशंसा तथा बड़ों के लिए अनुबन्ध अच्छे अनुबन्धन हैं।
3. अच्छे कार्य के लिए विद्यार्थियों की आलेख पुस्तिकाओं में 'सुन्दर', 'अच्छा', 'बहुत अच्छा' आदि प्रशंसायुक्त शब्द लिखना उपयुक्त रहता है।
4. कभी-कभी अच्छे शिक्षक के कक्षा में प्रवेश करते ही विद्यार्थी पढ़ने के लिए उद्यत हो जाते हैं। अतः, शिक्षक को भी स्वयं में उन गुणों का विकास करना चाहिए, जिनसे विद्यार्थी पर प्रत्यक्ष प्रभाव पड़े।
5. बालकों के अन्दर स्वस्थ व अच्छी आदतों का सृजन करने के लिए किसी भी बाह्य अथवा आन्तरिक उत्तेजक द्वारा उन्हें उस समय तक उत्प्रेरित किया जाए, जब तक कि वह आदत में परिवर्तित न हो जाए।
6. अवांछनीय आदतें भी इसी प्रकार पनपती हैं; इसलिए इस बात का पूरा ध्यान रहे कि उन्हें किसी भी गलत काम के व गलत बात के लिये तो उद्दीप्त नहीं किया जा रहा है। संगी-साथियों से भी कोई अवांछित उद्दीपन तो उन्हें नहीं मिल रहा है।
7. प्रशंसा एवं पुरस्कार अच्छे उद्दीपन हैं; लेकिन इनकी अति हानिकारक और प्रतिकूल प्रभाव डालने वाली होती है। अतः, प्रशंसा और पुरस्कार भी सीमित होने चाहिएँ।

स्किनर का क्रिया प्रसूत अनुकूलन सिद्धान्त

स्किनर ने अपने इस सिद्धान्त का आधार पुनर्बलन माना है। क्रियाप्रसूत अनुकूलन को समझने के लिए आप अपने उन दिनों को याद कीजिए, जब आप बहुत छोटे थे। माँ-बाप ने पाठशाला में भर्ती करा दिया, परन्तु, पाठशाला में बिलकुल मन नहीं लगता था। माँ-बाप, भाई-बहन की याद आती तो रोते थे। अध्यापक कुछ खाने को दे देता या पुचकारता तो चुप हो जाते थे। फिर रोते, फिर चुप हो जाते और यही क्रम दिन भर चलता। छुट्टी की घण्टी बजती; आप प्रसन्न हो जाते और दौड़कर

कक्षा से निकलकर घर आने के लिए तैयार हो जाते। स्वयं अथवा किसी की मदद से घर आ जाते। दूसरा दिन आता, आप पाठशाला जाने से इन्कार कर देते। पिता को पता था कि आपको टॉफी बड़ी पसन्द है। वह टॉफी के लिए आपको पैसे दे देते। आप पैसों के लालच से पाठशाला चले जाते। धीरे-धीरे पैसे लेकर पाठशाला जाने की आपकी आदत बन गई। जिस दिन आपको पैसे नहीं मिलते, उस दिन आप पाठशाला न जाने के लिए जिद्द करते और कभी-कभी जाते भी नहीं थे।

जैसे-जैसे बालक बड़ा होता है, पढ़ने लिखने में रुचि लेने लगता है। वे स्वयं पाठशाला की तरफ बिना किसी संकोच व लालच के बढ़ने लगते हैं। आप मन लगाकर पढ़ने लगे। कक्षा में प्रथम आए। उत्साह बढ़ गया। लालच टूट गया और पीछे छूट गया।

यहाँ, इन दोनों ही स्थितियों पर विचार करने की आवश्यकता है। आप पाठशाला दोनों ही स्थितियों में गए। परन्तु, पहली स्थिति में लालच आपको पाठशाला तक ले गया; जबकि दूसरी स्थिति में पढ़ने में रुचि अथवा पढ़ने के प्रति क्रियाएँ आपको पाठशाला तक खींचकर ले गईं। पहली स्थिति शास्त्रीय अथवा क्लासीकल अनुकूलन (Classical Conditioning) है और दूसरी स्थिति क्रियाप्रसूत (Operate Conditioning) है। अतः, कह सकते हैं कि *क्रियाप्रसूत अनुकूलन वातावरणीय परिस्थितियों के अनुरूप स्वतः ही उद्भूत होने वाली मानवीय चेष्टाएँ हैं।*

अधिगम अनुक्रिया को अधिक संभावित व द्रुत बनाया जाता है।"—बी. एफ. स्किनर की मान्यता है कि मानव का समग्र व्यवहार क्रियाप्रसूत पुनर्बलन का एक उत्पाद बदलते रहते हैं और क्रियाप्रसूत पुनर्बलन के द्वारा व्यवहार को वांछित दिशा में बदला जा सकता है। प्रबलन के द्वारा हम अनुक्रियाओं को बदलने हेतु पुनर्बलनों को परिवर्तित करते रहते हैं और इसी तरह मानव को खेलने, पढ़ने, मनोरंजन करने आदि सभी क्रियाओं में सन्तुलन बिठाते रहते हैं।

स्किनर के अनुसार इंसान के व्यवहार में पूर्ण परिवर्तन हेतु बहुत से मनोवैज्ञानिक प्रयोगों की जरूरत नहीं है, अपितु पुनर्बलनों को परिवर्तित करके ही व्यवहार को बदला जा सकता है। स्किनर ने इच्छा-शक्ति (Will-power), संवेदनशीलता (Sensation), प्रतिमा अथवा बिम्ब (Image), मूलप्रवृत्ति (Instinct), अन्तर्नोद (Drive) आदि शब्दों का बहिष्कार किया है। स्किनर की दृष्टि से ये सभी शब्द अभौतिक-से प्रतीत होते हैं; क्योंकि—"व्यवहार, व्यक्ति स्वयं अथवा विभिन्न बाह्य पदार्थों अथवा दबाव के अन्य क्षेत्रों द्वारा संदर्भों में व्यक्ति स्वयं अथवा उसके किसी अंग की क्रिया है।"

स्किनर का प्रबलन का प्रयोग

आमतौर पर मनोविज्ञान के क्षेत्र में किये गये प्रयोगों का सम्बन्ध जीवन संस्थितियों से कम है। जो भी प्रयोग हुए, उनमें कृत्रिम व्यवहार के उद्दीपन का प्रयास किया गया है।

इस आधार पर स्पष्ट है कि स्किनर के प्रयोगों के क्षेत्र, अन्य मनोवैज्ञानिकों से भिन्न ही नहीं, उनसे कहीं आगे हैं। स्किनर ने प्राणी व्यवहार को किसी बाह्य उत्तेजक द्वारा बदलने की कोई कोशिश नहीं की है। अपितु उस परिस्थिति को बदलकर उसके व्यवहार को परिवर्तित करने का प्रयास किया, जिस परिस्थिति-विशेष में मानव अथवा प्राणी का कोई अंग-विशेष स्वतः ही उद्दीप्त होता है।

इसके बारे में स्किनर की मूल धारणा यही रही—चूँकि, प्राणी भविष्य में भी वही करना पसन्द करता है जो वह प्रबलन के समय कर रहा था। इस दृष्टि से कोई भी प्रयोगकर्ता उस प्रबलन को उद्दीप्त करके प्राणी के व्यवहार में बदलाव ला सकता है। इस बात को सही रूप में समझने में प्रस्तुत उदाहरण सहायक है—मान लीजिए, आप चाहते हैं कि कबूतर गेंद से खेलना सीख जाए तो आप किसी पिंजड़े अथवा बन्द स्थान में उसे और उस छोटी गेंद को जिसे वह अपनी चोंच से हिला-डुला सके, रख दीजिए। साथ ही यह देखिए कि वह गेंद के साथ अपनी चोंच से जो हरकत करता है, वह किस स्थिति में अधिक करता है—भरे पेट, भूखे पेट, अँधेरे में, उजाले में, अगर उजाले में तो कैसे उजाले में आदि। पुनः अब आप उस स्थिति का पता लगा लें जिसमें कबूतर गेंद के साथ खेलता है। धीरे-धीरे वह गेंद के साथ खेलना सीख जाएगा। जब वह गेंद के साथ खेलने में मस्त हो जाएगा तो आप पूर्ण रूप से देखेंगे कि जब भी कबूतर को उस जैसा गेंद नजर आएगा वह उसके साथ खेलना शुरू कर देगा।

स्किनर बाक्स एवं उसके प्रयोग

स्किनर ने एक बॉक्स बनाया जो स्किनर का बॉक्स कहलाता है। इसको बनाने का उद्देश्य प्राणी के स्वाभाविक व्यवहार को, उद्भूत करना था। इस बॉक्स में जिस प्राणी के व्यवहार में जो बदलाव लाना होता है, उस प्राणी को बन्द करके उस स्थिति की पुनरावृत्ति की जाती है। जिसमें उसका वह व्यवहार बार-बार उद्भूत हो। बॉक्स के बाहर हरकतों की आवृत्ति को नोट करने हेतु एक रिकॉर्डर लगा हुआ होता है, जिससे प्रयोगकर्ता की अनुपस्थिति में भी वे हरकतें रिकार्ड होती रहती हैं।

स्किनर के अनुसार—आयु एवं आकार दोनों ही दृष्टियों से छोटे प्राणियों पर प्रयोग करना सरल होता है। आयु की दृष्टि से उनके शरीर के विभिन्न अंग कोमल

होने के कारण उनके व्यवहार को वांछित दिशा में सरलता से मोड़ा जा सकता है। इसी दृष्टि से स्किनर ने अपने प्रयोग ज्यादातर चूहों, कबूतरों आदि पर किए थे।

सर्कस में जो पशु-पक्षियों को सिखाया जाता है तो उसमें भी स्किनर के प्रयोगों का बड़ा सफलतापूवर्क प्रयोग किया जा सकता है।

स्किनर के सिद्धान्त का मनोवैज्ञानिक आधार

स्किनर द्वारा प्रतिपादित किया गया सिद्धान्त मूलतः तो 'उद्दीपन-अनुक्रिया' एवं 'सम्बन्धवाद' पर ही आधारित है। स्किनर से पहले 'उद्दीपन-अनुक्रिया' (Stimulus-response) सिद्धान्त को लेकर वाट्सन (Watson) एवं थार्नडाइक (Thorndike) ने भी अपने प्रयोग किए थे। थार्नडाइक ने इसे 'सम्बन्धवाद' कहा तो वाटसन ने इसे व्यवहारवाद का नाम दिया। थार्नडाइक ने शारीरिक और मानसिक दोनों ही तत्त्वों का सहारा लेकर अपने प्रयोग किए, किन्तु उसके अध्ययन यान्त्रिक अधिक थे। वाट्सन ने अपने प्रयोग जैवीय (Biological) आधार पर किए; लेकिन वह भी अपने प्रयोगों में यान्त्रिक अधिक रहा।

स्किनर के विचार में दोनों के विचार प्रयोगों को देखा जा सकता है। स्किनर का मानना है कि मनुष्य तटस्थ और निष्क्रिय अधिक है और उसके समस्त व्यवहारों को यान्त्रिक रूप दिया जा सकता है। इस दृष्टि से स्किनर के प्रयोगों का अगर विश्लेषण किया जाए तो उसमें यान्त्रिकता, तात्विकता एवं सम्बन्धबद्धता–तीनों का ही समावेश मिलेगा। स्किनर का मानना है कि मनोविज्ञान, मानव व्यवहार का विज्ञान है और उसके व्यवहार को ये तीनों ही तत्त्व प्रभावित करते हैं।

क्लासिकी, नैमित्तिक एवं क्रियाप्रसूत अनुकूलन में भिन्नता

अनुकूलन के इन तीनों प्रकारों क्लासिकी, नैमित्तिक एवं क्रियाप्रसूत को सही रूप में समझने हेतु मनुष्य के व्यवहार की विभिन्न परिस्थितियों पर विचार करना आवश्यक है। एक विद्यार्थी पाठशाला आता है और पढ़ता है, उसके पाठशाला में आने की कई स्थितियाँ हो सकती हैं–

(क) वह इसलिए पाठशाला आता है कि उसे उपस्थिति का भय है। उसे परीक्षा में बैठने के लिए न्यूनतम उपस्थिति दिखानी ही है।

(ख) पाठशाला में अध्ययन के कई तरीके हैं और पुस्तकालय, साथी, शिक्षक आदि। वहाँ पहुँचकर किसी विशिष्ट विषय के अध्ययन हेतु उसे जो स्थिति अच्छी लगेगी, उसी को वह चुन लेगा।

(ग) वह पूरी तरह स्वतन्त्र है कि कहीं भी जाए परन्तु वह पुस्तकालय में ही आता है; क्योंकि वह सोचता है कि वहीं उसे अधिकतम अधिगम सामग्री मिलेगी।

उपरोक्त तीनों परिस्थितियों में पहली स्थिति का सम्बन्ध क्लासिकी अनुकूलन से है, दूसरी का नैमित्तिक अनुकूलन से और तीसरी का क्रिया प्रसूत अनुकूलन से।

इस प्रकार यह कहा जा सकता है कि क्लासिकी अुनकूलन में—बालक को उद्‌दीपन के अनुसार ही क्रिया करनी पड़ती है, नैमित्तिक अनुकूलन में—उद्‌दीपनों में से किसी भी उद्‌दीपन का चुनाव करने की छूट है, जबकि क्रियाप्रसूत में—बालक क्रिया करने के लिए पूरी तरह स्वतन्त्र रहता है।

(क) यद्यपि नैमित्तिक और क्रियाप्रसूत अनुकूलन में इसके अलावा कोई विशेष अन्तर नहीं है कि क्रियाप्रसूत अनुकूलन में नैमित्तिक की अपेक्षा क्रिया करने की गुंजाइश अधिक है।

(ख) पावलो के क्लासीकल अनुकूलन में प्राणी अथवा उसके अंग-विशेष तब क्रिया करते हैं, जब उनके समक्ष किसी प्रकार का कोई उद्‌दीपन होता है। परन्तु, क्रियाप्रसूत अनुकूलन ठीक इसके विपरीत है। अर्थात् उसमें क्रिया पहले है और उद्‌दीपन बाद में। इस प्रकार क्लासीकल अनुकूलन अगर उद्‌दीपन अनुक्रिया है तो क्रियाप्रसूत अनुकूलन, उद्‌दीपन।

(ग) क्लासीकल अनुकूलन में उद्‌दीपन कुछ भी हो सकता है; जबकि क्रियाप्रसूत अनुकूलन में वातावरण। वातावरण में बदलाव ही सबसे बड़ा उद्‌दीपन है।

(घ) पावलों के अनुसार उद्‌दीपन अधिक महत्वपूर्ण है। जबकि स्किनर के अनुसार क्रिया एवं वह वातावरण, जिसमें वह क्रिया स्वतः ही उद्‌भूत होती है, अधिक महत्वपूर्ण है।

(ङ) स्किनर के अनुसार प्रबलन को जितना अधिक दृढ़ बनाया जाएगा अथवा यों कहिए कि प्रबलन की आवृत्ति जितनी अधिक होगी, उद्‌भूत क्रिया की तीव्रता भी उतनी ही अधिक होगी। अगर प्रबलन समाप्त हो जाएगा तो क्रिया भी समाप्त हो जाएगी। उद्‌दीपन-अनुक्रिया सिद्धान्त में ऐसी कोई मान्यता नहीं कहा जाता है।

(च) स्किनर ने प्रबलनों को दो प्रकार का बताया है—धनात्मक एवं ऋणात्मक। स्किनर के अनुसार किसी भी उद्‌दीपन की प्रस्तुति अथवा उद्‌दीपन को हटाना अगर क्रिया को प्रबलित करते हैं तो वह दोनों को ही प्रबलन मानते हैं। यहाँ ध्यान देने की बात यह है कि स्किनर यह नहीं मानता कि सुखद परिस्थिति प्रबलन को बढ़ावा देती है तो दुःखद परिस्थिति प्रबलन को कम करती है—

उसकी तो मान्यता यह है कि जिस बात को जोड़ने अथवा मिलाने से व्यवहार उद्दीप्त हो, वह धनात्मक प्रबलन है। साथ ही, जिस बात को कम करने अथवा हटाने से भी व्यवहार उद्दीप्त हो, वह भी धनात्मक प्रबलन है।

क्रियाप्रसूत अनुकूलन के शैक्षिक निहितार्थ

स्किनर ने अध्यापन के क्षेत्र में विद्यमान कुछ प्रमुख कृतियों का उल्लेख किया है। उनका मानना है कि इन कमियों पर ध्यान देना आवश्यक है। ये निम्न प्रकार हैं–

(क) शिक्षण में सामान्यतया पलायनवादी उत्तेजकों से काम अधिक लिया जाता है।
(ख) प्रबल व व्यवहार के मध्य काफी दूरी होती है।
(ग) कुशलताओं के अर्जन हेतु जो कार्यक्रम कई सारीणियों से होकर गुजरता है, शिक्षण के सामान्य कार्यक्रम में प्रायः उसका अभाव रहता है।
(घ) विद्यार्थियों के व्यवहार में जिस प्रकार का और जो बदलाव हम लाना चाहते हैं, उसके लिए अक्सर वांछित प्रबलनों की बरकरार रहती है।

स्किनर द्वारा प्रस्तुत किया गया क्रियाप्रसूत अनुकूलन उपरोक्त कमियों को दूर करने में सहायक है। उदाहरणों द्वारा इन्हीं बातों को निम्न प्रकार समझा जा सकता है–

(क) विद्यार्थियों के बीच जब कोई बात सामने नहीं आ पाती है तो वह गृहकार्य करके नहीं लाते हैं, शिक्षक उनको उसके लिये सजा देता है। परिणामतः पाठशाला जाने के प्रति विद्यार्थियों का आकर्षण कम होता है और विकर्षण में वृद्धि होती है।

इस समस्या को स्किनर के क्रियाप्रसूत अनुकूलन द्वारा इस प्रकार समझाया जा सकता है कि विद्यालय या उसकी कक्षा में इस प्रकार की स्थिति बनाई जाय, जिससे विद्यार्थी उसकी ओर आन्तरिक रूप से स्वतः ही आकर्षित हो। उदाहरणस्वरूप, आज विद्यार्थी को शिक्षक का उतना भय नहीं रहा, जितना कि उसे इस बात का भय है कि अगर उसने शिक्षण सम्बन्धी कोई कार्य नहीं किया तो उसके विषय में उसके साथी क्या सोचेंगे? कहीं उसकी हँसी तो नहीं उड़ाएँगे आदि-आदि? विद्यार्थी में इस प्रकार की भावनाओं का उद्भूत होना ही उसे पढ़ने अथवा पढ़ाई के कार्य करने के लिए प्रेरित करता है।

(ख) स्किनर ने दूसरी कमी प्रबलन का व्यवहार में दूरी बतलायी है। इस दूरी को कम करना नितान्त आवश्यक है। शिक्षण तथा शिक्षा के सम्बन्ध में अगर स्किनर

के इस विचार पर विचार किया जाए तो हम देखेंगे कि स्किनर के इस विचार का सम्बन्ध मूल्यॉकन से अधिक है। वर्तमान मूल्यॉकन पद्धति में परीक्षा छः महीने अथवा साल भर पश्चात् होती है। तब तक पढ़ने के प्रति जो प्रबलन प्रयोग में लाए गए थे, उनके परिणामों का पता ही नहीं लगता है। साथ ही इस मूल्यॉकन के परिणामों को हम विद्यार्थी की स्थिति के रूप में बताते हैं, न कि उसकी कमियों के रूप में, उदाहरण के तौर पर मान लीजिए, कोई विद्यार्थी परीक्षा में द्वितीय अथवा तृतीय श्रेणी में उत्तीर्ण हुआ और अन्य कुछ प्रथम श्रेणी में। स्किनर के अनुसार विद्यार्थियों को केवल ग्रेड अथवा श्रेणी बताना ही पर्याप्त नहीं है; अपितु यह भी बताना चाहिए कि अगर किसी ने प्रथम श्रेणी में अंक प्राप्त किए तो उसमें क्या अच्छाइयाँ थीं और जिन्होंने द्वितीय अथवा तृतीय श्रेणी प्राप्त की, उनमें क्या कमियाँ थीं तथा उन कमियों को किस प्रकार दूर किया जाना चाहिए? साथ ही शिक्षण एवं मूल्यॉकन में इतना अन्तराल न होकर प्रतिदिन नहीं तो सप्ताह में एक बार और अगर वह भी सम्भव न हो तो महीने में कम से कम एक बार विद्यार्थियों की व्यक्तिगत कमियों तथा उनं कमियों को दूर करने के उपायों से अवगत अवश्य कराया जाना चाहिए।

(ग) स्किनर द्वारा बतलाई गई तीसरी कमी यह थी कि विद्यार्थी में किसी भी प्रकार के व्यवहारगत बदलाव हेतु कई सारणियों से गुजरना पड़ता है। इसके बाद वांछित परिवर्तन आ पाता है। किन्तु, शिक्षक के पास इतना समय ही नहीं होता कि प्रत्येक विद्यार्थी में वांछित बदलाव हेतु इन सारणियों से गुजर सके। इस दृष्टि से शिक्षक पढ़ाने से पूर्व उन सभी उद्दीपकों पर विचार कर सकता है जो उसे अपने कक्षागत अथवा पाठशालायी वातावरण में मौजूद हैं।

(घ) मानव व्यवहार में कठोरता पाई जाती है, इसलिये उसको एक बार में ही परिवर्तित करना लगभग असम्भव है। स्किंनर के अनुसार, उसे टुकड़ों-टुकड़ों में बदलकर ही व्यवहार को समग्र रूप में बदला जा सकता है। स्किनर की इस मान्यता पर अगर विचार किया जाए तो शिक्षण में यह मान्यता बड़ी उपयोगी है। उदाहरण के तौर पर मान लीजिए, आपको उन्हें पढ़ाना-सिखाना है, जिन्हें पढ़ना नहीं आता। पढ़ाने की पूरी प्रक्रिया में कहीं प्रस्तावना आती है तो कहीं प्रश्न। भाषाओं के शिक्षण में कहीं उच्चारण संशोधन आता है तो कहीं कठिन शब्दों के अर्थ बताए जाते हैं। ये सभी क्रियाएँ अलग-अलग हैं। इन सभी में अलग-अलग परिवर्तनों की आवश्यकता पड़ती है। प्रस्तावना द्वारा शिक्षार्थियों को विषयोन्मुख करना होता है तो वाचन द्वारा उनके उच्चारण को शुद्ध करना। उच्चारण शुद्ध करने में उनकी जिह्वा (जीभ) का व्यापक योगदान होता है, तो दुर्बोध शब्दों के अर्थ जानने में मस्तिष्क की

भूमिका अहम् होती है। इस प्रकार वे सभी अलग-अलग क्रियाएँ हैं। स्किनर के क्रियाप्रसूत अनुकूलन के अनुसार इन सब क्रियाओं को अलग-अलग बताया जाना चाहिए; अर्थात् प्रस्तावना को अलग बताया जाए तो वाचन संशोधन को अलग और कठिन शब्दों के अर्थ अलग। इन सभी में विद्यार्थियों को पूरी तरह पारंगत हो जाने के बाद सभी को मिलाकर पढ़ना सिखाया जाना चाहिए। सूक्ष्म अथवा गहन (Micro) शिक्षण के पीछे भी यही सिद्धान्त काम करता है।

विद्यार्थी के अन्दर वांछित परिवर्तन लाने हेतु अध्यापक को पठन-पाठन की योजना बनाने से पूर्व चार प्रश्नों के उत्तर अवश्य खोजने चाहिएँ। ये प्रश्न हैं—

1. अपेक्षित व्यवहारगत परिवर्तन क्या है?
2. वांछित बदलाव के लिए कौन-कौन से उद्दीपन उपलब्ध हैं?
3. क्या-क्या अनुक्रियाएँ मौजूद हैं?
4. प्रबलनों को अधिकतम प्रभावी ढंग से किस प्रकार नियोजित किया जा सकता है?

इनके उत्तरस्वरूप अध्यापक को निम्न बातों पर चाहिए कि—

1. सबसे पहले उसकी वह विद्यार्थी में वांछित परिवर्तनों के अनुरूप पाठ के उद्देश्यों को निर्धारित करना चाहिए।
2. उद्देश्य निर्धारित करने के बाद उसे यह निश्चय करना चाहिए कि ऐसे कौन-कौन से प्रबलन उपलब्ध हैं जो बच्चों के व्यवहार को उद्दीप्त कर सकें। कुछ सहज उद्दीपनों के साथ ऐसे उद्दीपन भी उपलब्ध हो सकते हैं जो परिस्थिति के अनुरूप समय-समय पर स्वाभाविक प्रबलनों के साथ मिलकर बच्चों के वांछित व्यवहार को उद्दीप्त कर सकें। ये प्रबलन हैं—अच्छे अन्तरों के लिये विद्यार्थियों को शाबाशी देना।
3. इस सम्बन्ध में अध्यापक को सभी सम्भावित अनुक्रियाओं की एक सूची बनानी चाहिए। जैसे—किस प्रकार की अनुक्रिया के लिए किस प्रकार का प्रबलन आवश्यक होगा।
4. चौथी स्थिति में शिक्षक को बड़े विचारपूर्वक एवं विवेकपूर्ण ढंग से उपलब्ध प्रबलनों एवं अनुक्रियाओं में समायोजन स्थापित करना चाहिए। इस सम्बन्ध में भी शिक्षक को दो प्रकार से विचार करना होगा। पहला जो व्यवहार अति जटिल है, उनकी सूक्ष्मतम व्याख्या और दूसरा शिक्षण के प्रत्येक चरण में व्यवहार की शक्ति को बनाए रखना।

इस प्रकार, प्रत्येक व्यवहार को टुकड़ों-टुकड़ों में विभाजित करके सूक्ष्म से सूक्ष्म बना दिया जाए और उचित प्रबलनों के द्वारा उसमें परिवर्तन लाना चाहिए।

अभिक्रमित अध्ययन (Programmed Learning) आदि भी स्किनर के इसी सिद्धान्त पर आधारित है।

गेस्टाल्ट सिद्धान्त सूझ द्वारा सीखना

कुछ प्रमुख व्यवहारवादी मनोवैज्ञानिकों जैसे स्किनर (Skinner), पावलो (Pavlov), स्पैंसर (Spencer) आदि ने कहा है कि पशु-पक्षी भी मनुष्यों की तरह ही सीखते और व्यवहार करते हैं और मनुष्य भी अन्य प्राणियों की भाँति सीखते हैं। इसी वजह से व्यवहारवादियों ने अपने प्रयोग अधिकतर पशु-पक्षियों और विशेषकर छोटे प्राणियों पर किये और उन प्रयोगों के परिणामों को मनुष्य के व्यवहार बदलाव के साथ जोड़ने की कोशिश की है।

गैस्टाल्टवादी मनोवैज्ञानिकों जैसे—अमेरिका के रेमण्ड व्हीलर और फ्रांसिस दी प्रर्किंस आदि ने अधिगम के क्षेत्र में 1920 से 1930 के बीच बहुत-से प्रयोग किये। इनके अलावा कोहलर ने भी लगभग चार वर्ष तक अनेक प्रयोग किये।

अपने प्रयोग के पश्चात् जो विचार व्यवहारवादी मनोवैज्ञानिक ने प्रस्तुत किये थे उसमें और गैस्टाल्टवादी मनोवैज्ञानिकों के विचारों में कुछ भिन्नता पाई गई है। गैस्टाल्टवादी मनोवैज्ञानिक यह तो मानते हैं कि मनुष्यों और अन्य प्राणियों के व्यवहार में कुछ साम्य होता है; लेकिन उनकी मान्यता व्यहारवादियों के कुछ विपरीत प्रकार की है। व्यवहारवादियों का मानना है कि मनुष्य का सीखना पशु-पक्षियों की तरह होता है; जबकि गैस्टाल्टवादियों का सोचना है कि क्या पशु-पक्षी भी मनुष्यों की तरह सीखते हैं? मनुष्य पशु-पक्षियों की तरह सीखे अथवा पशु-पक्षी, मनुष्यों की तरह किन्तु, गैस्टाल्टवादियो ने वास्तविकता में इससे कुछ भिन्न विचार है। वे मनुष्यों और पशु-पक्षियों के व्यवहार में कुछ पर किये गये प्रयोगों में परिणामों को मानव-व्यवहार से जोड़ने पर है। उनका कहना है कि प्रयोग के समय उन्हें जो वातावरण दिया गया, वह उनके वास्तविक व्यवहार से बिलकुल भिन्न और पूरी तरह कृत्रिम व्यवहार के परिणामों को मनुष्य के वास्तविक अधिगम अथवा व्यवहार के साथ जोड़ना किसी भी प्रकार उचित नहीं। गैस्टाल्टवादियों के समय वांछित व्यवहार की अपेक्षा पहले से ही करके चलते हैं, जबकि गैस्टाल्टवादी यह देखने का प्रयास करते हैं कि किसी परिस्थिति विशेष में व्यवहार का कौन-सा रूप उद्भूत होता है? इसे इन्होंने सूझ द्वारा सीखना—"Learning by insight"—कहा है।

इस सिद्धान्त के सन्दर्भ में कौहलर (Kohler) तथा अन्य गैस्टाल्टवादी मनोवैज्ञानिकों ने अनेक प्रयोग किये। परन्तु, उन सबका उल्लेख यहाँ करना सम्भव नहीं। हम आगे कोहलर द्वारा किये गये प्रयोगों में जो "मुर्गी के छोटे बच्चों" तथा "चिम्पैंजी" आदि पर किये गये थे, उनमें से केवल चिम्पैंजियों पर किये दो प्रयोगों द्वारा सूझ द्वारा सीखने में उल्लेख कर रहे हैं।

प्रयोग 1—सलाखों के बने एक कमरे में नीचे दो-तीन हल्के वजन के किन्तु मजबूत बॉक्स डाल दिये और ऊपर कुछ केले लटका दिये गये। इसके बाद एक, वनमानुष को उस कमरे में बन्द कर दिया गया। वनमानुष केलों को खाना चाहता था। परन्तु केले इतनी ऊँचाई पर थे कि पाना मुश्किल था। उसने काफी उछल-कूद की परन्तु सफलता नहीं मिली। इसके बाद उसे एक युक्ति सूझी तो उसने काठ के डिब्बों को एक के ऊपर दूसरा रखा और उन पर चढ़कर केलों को खा लेने में समर्थ हो गया।

प्रयोग 2—इसी प्रकार कोलहार ने एक दूसरा प्रयोग किया। इस प्रयोग में उन्होंने दो छड़ी लीं। ये छड़ियाँ एक दूसरे में जोड़ी जा सकती थीं। इन दोनों छड़ियों को कमरे के अन्दर डाल दिया और कमरे से बाहर केले डाल दिये। केलों की दूरी, कमरे से केवल इतनी थी कि छड़ों को जोड़कर उन्हें अन्दर की ओर खींचा जा सकता था। वनमानुष ने जब बाहर पड़े हुए केलों को देखा तो उसने एक छड़ी द्वारा उन्हें अन्दर खींचने का प्रयत्न किया। परन्तु, वह उन्हें अन्दर खींचने में असफल रहा; क्योंकि छड़ी छोटी थी। पुनः वह छड़ी को एक दूसरे के अन्दर डालकर जोड़ने का प्रयत्न करने लगा और अन्त में इसमें सफल हो गया। छड़ी बड़ी हो गयी और वह केलों को अन्दर खींचकर खाने में समर्थ हो गया।

विश्लेषण

ऊपर दिये गये दोनों प्रयोगों का विश्लेषण करने पर यही निष्कर्ष प्राप्त होगा कि वमानुष ने जो कुछ भी सीखा, उसे प्रयत्न और भूल द्वारा सीखना भी कहा जा सकता है; क्योंकि केलों को प्राप्त करने के लिए वनमानुष ने जो भी प्रयत्न किये; उनमें उसे असफलता मिली और उस असफलता ने उसे कुछ सोचने के लिए बाध्य किया। सोचने का जो परिणाम निकला, उससे उसे सफलता मिली। अतः स्पष्ट है कि वनमानुष द्वारा केलों का प्राप्त किया जाना—प्रयत्न और भूल का परिणाम उतना नहीं था, जितना सूझ का।

भूल एवं प्रयत्न (Trial and Error) तथा सूझ (Insight) द्वारा सीखनें में पाये जाने वाले अन्तर को निम्न प्रकार स्पष्ट किया गया है–

1. सीखने की दृष्टि से पहले मानसिक क्रिया होती है, तत्पश्चात् शारीरिक।
2. प्रयत्न शारीरिक क्रिया है और सूझ मानसिक क्रिया।
3. 'प्रयत्न और भूल' द्वारा सीखी हुई बात में स्थायित्व कम होता है और 'सूझ' द्वारा सीखी हुई बातें में स्थायित्व अपेक्षाकृत अधिक होता है।
4. जिस क्रिया में केवल शरीर के अंग कार्य करते हैं, वह प्रयत्न है; जिसमें केवल मस्तिष्क कार्य करता है, वह सूझ है और जिसमें शरीर और मस्तिष्क दोनों ही कार्य करते हैं, वह इन दोनों का मिश्रित रूप। उसे भूल एवं प्रयत्न भी कह सकते हैं।
5. प्रयत्न और भूल द्वारा तो सभी सीखते हैं; लेकिन सूझ द्वारा केवल बुद्धिमान व्यक्ति और बालक ही। प्रयत्न और भूल द्वारा पशु-पक्षी भी सीख सकते हैं; लेकिन सूझ द्वारा पशु-पक्षी अथवा सभी व्यक्ति नहीं।
6. छोटी आयु में 'प्रयत्न और भूल' द्वारा सीखने का सिद्धान्त कार्य करता है तथा मानसिक विकास के साथ-साथ बड़ी आयु में 'सूझ' द्वारा सीखने का सिद्धान्त।

सूझ द्वारा सीखने के शैक्षिक निहितार्थ

सूझ द्वारा सीखने के सिद्धान्त को यदि शिक्षा के क्षेत्र में प्रयोग करना हो तो कुछ बातों पर ध्यान देना आवश्यक है। ये बातें निम्न प्रकार हैं–

1. सूझ द्वारा सीखी हुई बातों में स्थायित्व होता है। अतः शिक्षक को सदैव छात्रों की सूझ को जागृत करने का प्रयास करते रहना चाहिए।
2. छोटे बालकों के लिए प्रयत्न और भूल द्वारा सीखना उपयुक्त हो सकता है; लेकिन बड़े बालक जिनका बौद्धिक विकास हो चुका होता है, सूझ द्वारा ही सीखते हैं।
3. समग्र से अंश की ओर तथा सामान्य से जटिल की ओर इन दोनों शिक्षण सूत्रों के पीछे भी यही सिद्धान्त कार्यरत रहता है।
4. बच्चों की सूझ को जाग्रत करने के लिए ऐसे प्रश्नों का पूछा जाना आवश्यक है, जिनका उत्तर विचार किये बिना दिया ही नहीं जा सके। विचारोत्तेजक प्रश्नों को पूछने का यही उद्देश्य होता है।
5. बालकों की सूझ को जाग्रत करने के लिए उन्हें कोई समस्या देकर उसका

समाधान उन्हें स्वयं खोजने का अवसर देना चाहिए। जो बालक समाधान नहीं खोज सकें उन्हें उत्प्रेरित करना चाहिए। साहस बँधाइये और अगर आवश्यक हो तो थोड़ा सुझाव और संकेत भी देना चाहिए।

6. यह सिद्धान्त ज्ञान के उद्देश्य की पूर्ति पर इतना बल नहीं देता, जितना कौशल के विकास पर देता है।
7. छोटे बच्चों का मानसिक विकास अधिक नहीं हो पाता। अतः उनके साथ सूझ के सिद्धान्त का असफल प्रयास नहीं करना चाहिए। उन्हें तो प्रयत्न और भूल के द्वारा ही सीखने दीजिये।

अधिगम के सिद्धान्तों का विश्लेषण

अधिगम से सम्बन्धित बतलाये गये सभी सिद्धान्तों का व्यापक रूप से विश्लेषण करने पर स्पष्ट होता है कि प्रत्येक सिद्धान्त की उपयोगिता बच्चों की आयु, शारीरिक और बौद्धिक क्षमता तथा परिस्थिति आदि के अनुसार परिवर्तित होती रहती है। हम यह भी नहीं कह सकते कि सीखना किसी एक ही सिद्धान्त के परिणामस्वरूप होता है। स्थायी रूप से किसी बात को सीखने के लिए केवल शारीरिक क्रिया ही आवश्यक नहीं; अपितु मानसिक क्रिया का होना आवश्यक है। वास्तविकता यह है कि अधिगम शारीरिक नहीं बल्कि मानसिक क्रिया है। जिस क्रिया में मस्तिष्क से काम नहीं लिया जाता, उसे या तो हम सीख ही नहीं पाते और अगर सीख भी जाएँ तो शीघ्र ही भूल जाते हैं।

अधिगम प्रक्रिया में एक ही तरह से कार्य करना बहुत कम देखा जाता है। आमतौर पर यह कार्य सामान्यतया एक से अधिक सिद्धान्त मिलकर कार्य करते हैं; उदाहरण के तौर पर आपने बच्चों को गणित का एक प्रश्न हल करने को दिया और कह दिया कि जो पहले करके लाएगा, उसे अमुक इनाम दिया जाएगा। बच्चे बार-बार प्रयत्न करने लगे और अन्त में उनमें से एक करने में सफल भी हो गया। इसमें रखना, अनुकूलित अनुक्रिया (Conditioned Response) के अन्तर्गत आएगा। प्रश्न का हल न आते हुए भी प्रयत्न करना, भूल और प्रयत्न (Trial and Error) के अन्तर्गत तथा बार-बार सोचकर आगे बढ़ना, सूझ (Insight) के अन्तर्गत आता है।

आयु के अनुसार अधिगम के सिद्धान्त

शैशवावस्था में—अनुकरण।

बचपन में—भूल और प्रयत्न एवं अनुकूलित अनुक्रिया।

किशोरावस्था में—भूल और प्रयत्न, अनुकूलित अनुक्रिया तथा सूझ—तीनों ही सिद्धान्त कार्य करते हैं।

बौद्धिक क्षमता के अनुसार अधिगम के सिद्धान्त

अविकसित बुद्धि वालों के लिए—अनुकरण, भूल एवं प्रयत्न (आंशिक रूप से) तथा अनुकूलित अनुक्रिया (आंशिक रूप से) कार्य करते हैं।

विकसित बुद्धि वालों के लिए—भूल एवं प्रयत्न (आंशिक रूप में), अनुकूलित अनुक्रिया (आंशिक रूप से) तथा सूझ (पूर्ण रूप से) कार्य करते हैं।

शिक्षा और शिक्षण के लक्ष्यों के अनुसार अधिगम के सिद्धान्त

1. मनोवृत्ति के लिए—अनुकरण।
2. ज्ञान के लिए—भूल एवं प्रयत्न।
3. रुचि के लिए—अनुकूलित अनुक्रिया।
4. कौशल के लिए—सूझ।

ये ज्यादा लाभदायक प्रमाणित होते हैं।

अधिगम वक्र

अधिगम के क्षेत्र में हुई प्रगति का मापन करने हेतु कई प्रकार के अध्ययन किये गये हैं। बालक सीखने में या किसी कार्य को करने में समय एवं त्रुटियों के सहारे आगे बढ़ता है। इस प्रकार जब वह सही रूप में विधि का अभ्यास करते हैं तो उसकी अधिगम प्रक्रिया में प्रगति होती है और जब वह त्रुटि का अभ्यास करता है, तो सीखने में अवनति होती है। इसलिए सीखने की प्रगति, अवनति और स्थिर अवस्था को दर्शाने वाले रेखाचित्र को सीखने का वक्र या अधिगम का वक्र कहते हैं कुछ प्रमुख विद्वानों ने वक्र को निम्न प्रकार परिभाषित किया है—

स्किनर के विचार में—"सीखने का वक्र, एक व्यक्ति की निश्चित क्रिया में प्रगति का ग्राफिक प्रदर्शन है।"

ग्रेट्स एवं **अन्य** के विचार में—"सीखने के वक्र अभ्यास द्वारा सीखने की मात्रा, गति और प्रगति की सीमा को ग्राफ पर प्रदर्शित करते हैं।"

विशेष—उपरोक्त परिभाषाओं के विश्लेषण से निम्नलिखित तथ्य स्पष्ट होते हैं—

1. सीखने के वक्र से सीखने में प्रगति या अवनति स्पष्ट होती है।

2. सीखने के वक्र से व्यक्ति की कार्य के प्रति लगन एवं तैयारी प्रकट होती है।
3. सीखने के वक्र से सीखने वाले के बारे में भविष्यवाणी की जा सकती है।
4. सीखने के वक्र से सीखने वाले की क्षमता का मूल्यांकन होता है।
5. सीखने के वक्र से सीखने में अवरोधक कारणों को समझाया जा सकता है और उनको दूर करने के उपाय लागू किये जा सकते हैं।
6. सीखने के वक्र से सीखने की प्रारम्भिक अवस्था, मध्यावस्था और चरमावस्था का मूल्याँकन किया जाता है।

अधिगम के वक्रों का स्वरूप

अधिगम के क्षेत्र में अनेक प्रकार के प्रयोग और अध्ययन किये गये हैं, जिससे अधिगम के विकास का स्वरूप स्पष्ट हो जाता है। यह स्वरूप सीखने वाले की क्षमता, निपुणता और अभ्यास को प्रदर्शित करता है। मनोवैज्ञानिक ने सीखने के स्वरूप की भिन्नता को वक्रों के माध्यम से स्पष्ट किया है, जिसे निम्न प्रकार से दर्शाया गया है–

1. उन्नतोदर वक्र–अधिगम की प्रक्रिया शुरू में तीव्र होती है और बाद में धीरे-धीरे मन्द होती जाती है। इसके बाद पुनः तीव्र होने लगती है। इस प्रकार की अधिगम प्रक्रिया उन्नतोदर वक्र कहलाती है। इसमें सीखने का पठार भी बन जाता है। इसका मुख्य कारण प्रारम्भिक उत्साह में अधिकता का होना एवं बाद में शिथिलता का आना-जाना होता है, उन्नतोदर वक्र के बनने की प्रक्रिया को निम्न प्रकार दर्शाया गया है–

2. नतोदर वक्र–जब अधिगम प्रक्रिया शुरू-शुरू में मन्द गति से चलती है और बाद में धीरे-धीरे तेज होने लगती है तो इससे जो अधिगम का वक्र बनता है, उसे नतोदर वक्र कहते हैं। प्रारम्भिक दिनों में सीखने की गति धीमी इसलिए रहती है, क्योंकि सीखने वाला सही विधि का चुनाव करके उचित अभ्यास नहीं कर पाता है। बाद में विधि में स्थिरता आने पर उन्नति की ओर अग्रसर होता जाता है। नतोदर वक्र को निम्न प्रकार दर्शाया गया है–

3. मिश्रित वक्र–उन्नतोदर वक्र व नतोदर वक्र के मिश्रित स्वरूप को मिश्रित वक्र कहते हैं। इस वक्र में प्रारम्भिक घण्टों में प्रगति धीमी होती है, फिर तीव्र हो जाती है और फिर धीमी गति और फिर तीव्र गति हो जाती है। इसलिए इस वक्र को अंग्रेजी भाषा के 'S' अक्षर से स्पष्ट किया जाता है। इस वक्र से सीखने की गति मन्द एवं तीव्र इसलिए प्रकट होती है कि सीखने वाला स्वयं में तैयार नहीं होता। बाद में कुछ

प्रेरकों के प्रभाव से वह सीखने में गति प्राप्त करता है और फिर उसकी रुचि सीखने से अलग हो जाती है और सीखने में मन्दता आने लगती है। मिश्रित वक्र को निम्न प्रकार दर्शाया गया है–

अधिगम वक्र की विशेषताएँ

1. वक्र में पठार–अधिगम प्रक्रिया में एक समय ऐसा आता है, जब सीखने की गति में समानता सी प्रतीत होती है और इसका आभास होने लगता है कि प्रगति में एक स्थान पर रुकावट सी आ गई है। इस अवस्था में पठार लगभग प्रत्येक वक्र में मिलता है।

2. अधिगमयित अधिगम–अधिगम के वक्र की गति ऐसी होती है कि उसकी प्रगति अनियमित होती है। उसमें प्रकट होने वाली अस्थिरता का कारण चाहे पाठ्यक्रम की कठिनाई हो शिक्षण विधि का दूषित होना, वह वक्र में स्पष्ट हो ही जाता है। कोई छात्र गणित में निरन्तर उन्नति करता जा रहा है। अचानक ही उसे बाहर जाना पड़ जाता है। इस मध्य उसका अभ्यास छूट जाता है। उसके अधिगम में स्वभावतः शिथिलता आएगी और वह शिथिलता वर्गांकित कागज पर अंकित हो जाएगी।

3. शारीरिक क्षमता–बालक की शारीरिक क्षमता किस प्रकार की है, वह किस गति से कार्य कर रहा है। किसी विशेष विषय के अध्ययन में उसे कितना समय लगता है। इन सभी का सम्बन्ध उसकी शारीरिक क्षमता से होता है।

4. कार्य-कारण सम्बन्ध–बालक का विषय के साथ कार्य-करण सम्बन्ध क्या है? इस बात का ज्ञान अधिगम के वक्र के आधार पर किया जा सकता है बालक की प्रगति का क्या स्वरूप है, वह किस क्रम के साथ कार्य कर रहा है एवं वह किसी परिणाम को दे रहा है या नहीं, इन सभी का अध्ययन किया जाता है।

अधिगम के वक्र पर प्रभाव डालने वाले कारक

अधिगम के वक्र को प्रभावित करने वाले प्रमुख कारकों को निम्न प्रकार दर्शाया गया है–

1. अधिगम क्रिया की सूचना से भी वक्र प्रभावित होता है। एक तत्त्व का ज्ञान होने पर छात्र स्वतः ही क्रियाशील हो जाता है।
2. पूर्व ज्ञान के आधार पर नवीन ज्ञान की प्राप्ति एवं परिणाम की स्पष्टता का अधिगम के वक्र पर काफी प्रभाव पड़ता है।

3. अधिगम कार्य की सफलता एवं पूर्णता मापन एवं मूल्यांकन में सहयोग प्रदान करती है।
4. अधिगम प्रक्रिया सामान्य सरल से जटिल की ओर सूत्र के आधार पर की जाती है इसलिए जो भी वक्र बनेगा वह प्रगतिकारक ही बनाया जाएगा।
5. प्रयोजना में यदि कार्य कुशलता, क्षमता के साथ उत्साह भी है तो वक्र में उसे स्पष्ट रूप से प्रदर्शित किया जाएगा।

शैक्षिक उपादेयता

1. यह वक्र प्रगति के मार्ग में अवरोध उत्पन्न करने वाली कमियों को खोजने में सहायक है।
2. कुशलता में कमी परिलक्षित होने पर यह वक्र अध्यापक की प्रेरणा को नियंत्रित करने, लगातार सूचियाँ तैयार करने, भूलों को खोजने, उचित समय पर परीक्षाएँ लेने, सीखने की सामग्री तथा विधियों को क्रम देने तथा उचित प्रेरणा देने में सहायता करता है।
3. सीखने के वक्र उन्नति की रफ्तार, उन्नति की नियमितता और अनियमितता तथा सामग्री को बढ़ती कठिनाई का उन्नति के साथ सम्बन्ध का परिणाम प्राप्त करने में बहुत ही सहायक है।

अधिगम का पठार

अधिगम की प्रक्रिया किस गति में चल रही है, इसका अध्ययन अधिगम के वक्रों से स्पष्ट होता है। सीखने की गति हमेशा बदलती रहती है। जब सीखने की गति में परिवर्तनशीलता समाप्त हो जाती है या मामूली परिवर्तन प्रतीत होता है, तो सीखने की गति की उन्नति रुक जाती है। इस प्रकार से जो वक्र बनता है, उसमें एक स्थान ऐसा आ जाता है, जहाँ उन्नति और अवनति समानान्तर रूप में परिलक्षित होती है, यही अधिगम का पठार कहलाता है।

विद्वानों द्वारा वर्णित परिभाषाएँ निम्न प्रकार से हैं–

रॉस के अनुसार–पठार, सीखने की प्रक्रिया की प्रमुख विशेषता है, जो इस अवधि को सूचित करते हैं, जब सीखने की क्रिया में कोई उन्नति नहीं होती है।

स्किनर के अनुसार–"पठार क्षैतिज प्रसार है, जिससे सीखने में उन्नति का प्रत्यक्ष बोध नहीं होता है।"

ऊपर दी गई परिभाषाएँ इस बात को स्पष्ट करती हैं कि सीखने की गति में अवरोधक तत्त्वों के प्रवेश करने से सीखने की मात्रा में स्थायित्व आ जाता है, जिसे सीखने का पठार कहा जाता है। छात्र या मानव के सीखने में पठारों का उत्पन्न होना स्वाभाविक है जैसा कि सोरेन्सन (Sorenson) महोदय ने लिखा है—"सीखने की अवधि में पठार साधारणतया कुछ दिनों, सप्ताहों या महीनों तक रहते हैं।"

पठारों का निवारण

अधिगम के क्षेत्र में पठारों का उत्पन्न होना स्वाभाविक है। इनको दूर करने के लिए अध्यापकों द्वारा निम्नलिखित विधियाँ अपनाई जा सकती हैं—

1. सीखने का लक्ष्य जब तक पूरा न हो जाय, तब तक उसे प्रेरणा देते रहना।
2. सीखने वाले की शारीरिक एवं मानसिक दशा का बार-बार मूल्यांकन करना।
3. अध्यापक का व्यवहार स्फूर्तिदायक होना चाहिए।
4. सीखने की विधि का चुनाव छात्र एवं नियम की प्रवृत्ति को ध्यान में रखकर करना चाहिए।
5. सीखने वाला अपने ध्यान को एकाग्र कर सके। इसलिये सीखने का पर्यावरण उपर्युक्त होना चाहिए।
6. कार्य का अभ्यास और विश्राम का समय सही होना चाहिए।

पठारों के प्रमुख कारण

अधिगम के वक्रों में पाये जाने वाले पठारों के उत्पन्न होने के प्रमुख कारणों को निम्न प्रकार स्पष्ट किया गया है—

1. सीखने की गलत विधि—मनोवैज्ञानिक एवं शिक्षाशास्त्रियों द्वारा शिक्षा के क्षेत्र में काफी विकास किया गया है। इन विधियों से खेल ही खेल में बालक पढ़ना-लिखना सीख जाते हैं। अतः सीखने की विधि यदि गलत हो जाती है, तो सीखने की प्रगति अवरुद्ध हो जायेगी और निश्चित रूप से पठार बन जायगा। शिक्षक को छात्र एवं विषय के आधार पर विधि का चुनाव करना चाहिए।

2. मनो-शारीरिक सीमा—मानसिक और शारीरिक क्षमता की सीमा का आना भी अधिगम के वक्र में पठार उत्पन्न होने का प्रमुख कारण हैं प्रत्येक व्यक्ति के सीखने की एक सीमा होती है, जो उसकी मानसिक और शारीरिक क्षमता पर निर्भर रहती है। उससे आगे वह सीखने में प्रगति नहीं कर पाता है। गेट्स एवं अन्य ने लिखा है—"शारीरिक सीमा की योग्यता की वह मात्रा है, जिसका एक विशेष व्यक्ति

अतिक्रमण नहीं कर सकता, क्योंकि वंश से प्राप्त गतिविधियाँ और मानसिक गति की जटिलता की सीमाएँ निश्चित होती हैं।''

3. उपयुक्तता न होना—अधिगम प्रक्रिया में उपयुक्तता सर्वाधिक महत्वपूर्ण हैं। यदि बालक की परिपक्वता के अनुरूप विषय नहीं होगा या विषय की जटिलता के अनुसार सीखने वाले में योग्यता नहीं होगी, तो वह विषय के सीखने में उन्नति प्रदर्शित नहीं कर पायेगा। अतः सीखने में जब प्रगति होती है, तो वह प्रसन्न होता है और जटिलता आने पर अप्रसन्न हो जाता है, जिससे सीखने की प्रगति अवरुद्ध हो जाती है और पठार उत्पन्न हो जाता है।

4. अभ्यास की कमी—अधिगम की प्रक्रिया में किसी तथ्य को बार-बार दोहराने की प्रक्रिया अभ्यास कहलाती है। थॉनडाइक महोदय का मानना है कि जब ज्ञान या क्रिया के पूरे स्वरूप पर ध्यान न देकर उसके एक हिस्से पर ध्यान केन्द्रित कर लेता है, तो पठार उत्पन्न हो जाता है; उदाहरण के तौर पर मोटरसाइकिल सीखने वाला यदि अपना ध्यान हैंडिल को सम्हालने में लगा देगा और अन्य क्रियाओं पर नहीं लगायेगा, तो वह सीखने में उन्नति नहीं कर पायेगा और पठार निर्मित हो जाता है। अतः पूर्ण क्रिया पर ध्यान देना आवश्यक होता है।

5. नकारात्मक स्थानान्तरण—किसी नई क्रिया को सीखने में संचित ज्ञान के प्रभाव से काफी सहायता मिलती है। जब संचित ज्ञान के निरर्थक तत्त्व स्थानान्तरि कर लिये जाते हैं, तो सीखने में कठिनाई होती है। अतः सीखने के जिस स्तर पर नकारात्मक स्थानान्तरण हो जाता है, सीखने से पठार उत्पन्न हो जाते हैं।

10

बाल वृद्धि एवं विकास में खेलों का महत्त्व

खेल बाल विकास की वृद्धि में अहम् भूमिका अदा करता है। यह बच्चों का एक मनोरंजन का साधन है जो बच्चों को भिन्न-भिन्न प्रक्रिया को करने के लिए उत्साहित करता है। अतः बच्चे खेल के द्वारा मनोंरजन के साथ-साथ शिक्षा के स्तर में भी वृद्धि प्राप्त कर सकते हैं। खेल बच्चों के शारीरिक विकास में वृद्धि उत्पन्न करता है। यह बच्चे के सर्वांगीण विकास में सहायता प्रदान करता है। इसके चलते बच्चों को अनुशासित भी किया जा सकता है। इसके सहारे बच्चों को अमीरी-गरीबी, सत्यता और ईमानदारी, भेदभाव इत्यादि जीवन के कुछ पहलुओं को समझने के लिए सहायता प्रदान करता है।

जीवन में शिक्षा के समान ही खेल की भी आवश्यकता है क्योंकि खेल से स्वस्थ मनोरंजन होता है। अतः खेल को हमारी शिक्षा व्यवस्था का अलग और जरूरी अंग बनाया जाना चाहिए। ज्ञान और कला के पाठ्यक्रम के साथ-साथ खेल के पाठ्यक्रम का भी समावेश विद्यार्थियों के सर्वांगीण विकास में सहायता प्रदान करता है। प्रसिद्ध मनोवैज्ञानिकों ने खेल को एक सामान्य जन्मजात प्रवृत्ति माना है।

'नालन्दा विशाल शब्द सागर' के अनुसार–'खेल' शब्द का सरलार्थ यह है कि–"चित्त की उमंग या मन बहलाव अथवा व्यायाम के लिए इधर-उधर उछलकूद, दौड़-धूप एवं कोई अन्य साधारण कृत्य।

वैलेण्टाइन के अनुसार–"खेल कामों में एक प्रकार का मनोरंजन है।"

हरलॉक के विचार में–"अन्तिम परिणाम का विचार किए बिना कोई भी क्रिया जो उससे हासिल होने वाले आनन्द के लिए की जाती है, खेल है।"

क्रो एवं क्रो के अनुसार–"खेल की उस क्रिया के स्वरूप में परिभाषा की जा सकती है। जिसमें एक मनुष्य उस समय व्यस्त होता है, जब वह उस काम को करने के लिए स्वतन्त्र महसूस करते हैं जिसे वे अपने मतनुसार करना चाहते हैं।"

स्टर्न के अनुसार–"खेल एक ऐच्छिक आत्मनियन्त्रित क्रिया है।"

ग्लूक के अनुसार–"खेल वह है, जो कुछ हम करते हैं, हम अपनी इच्छानुसार करने के लिए स्वतन्त्र होते हैं।"

सर टी. पी. नन के अनुसार–"खेल रचनात्मक क्रियाओं की व्यापक अभिव्यक्ति है।"

इस सन्दर्भ में Ross ने कहा है–"Play is Nature's mode of education."

खेल के सन्दर्भ में **थॉमसन** के विचार हैं–"खेल कुछ प्रवृत्तिजन्य क्रियाओं को करने की प्रवृत्ति है।

उपरोक्त विचारकों ने खेल के अर्थ को अनेक रूपों में प्रकट किया है। अतः थोड़े में, खेल एक ऐच्छिक, स्वतन्त्र, मूल प्रवृत्ति जन्य, आत्मनियन्त्रित व उल्लास देने वाली व हमारी सृजनात्मक क्रियाओं को प्रकट करने वाली प्रणाली है।

खेल के प्रकार

शैशवावस्था से प्रौढ़ावस्था तक बच्चे के कृत्रिम विकास में उसको अलग-अलग तरीकों के खेल खेलते देखा जा सकता है। सभी तथ्यों के खेलों को मनुष्य व्यवहार का एक अंग ही माना जा सकता है। कुछ प्रमुख बालोपयोगी खेल निम्नलिखित हैं–

(1) **लड़ाई के खेल**—यह खेल दो टीमों के बीच खेला जाता है। प्रत्येक टीम का एक-एक कैप्टन होता है जो टीम के सभी निर्णय मुख्य रूप से लेता है अतः टीम के सदस्यों को उसके निर्णय का उल्लंघन करने की अनुमति नहीं होती है। इसमें विरोधी दल को हराना मूल तथ्य होता है। लड़ाई के खेलों के तहत–हॉकी, क्रिकेट, फुटबाल आदि टीमों के खेल, बैडमिण्टन, टेनिस आदि व्यक्तियों के खेल, कुश्ती, मुक्केबाजी इत्यादि लड़ाई के खेल आते हैं। इस प्रकार के खेलों का फैसला हार-जीत के आधार पर ही होता है।

(2) **सृजनात्मक या विधायक खेल**—सृजनात्मक खेल व्यक्तित्व और सामूहिक दोनों ही प्रकार के होते हैं। बचपन में लड़के व लड़कियाँ मिलकर घरानी

बनाते हैं, गुड्डे गुड़िया का ब्याह रचाते हैं। भोजन बनाते हैं और अनेक वयस्कों वाले खेल खेलते हैं। यह सभी क्रियाएँ बालकों के मन में उठने वाले रचनात्मक भावों की द्योतक होती हैं। सृजनात्मक खेलों में बालक के मन में कुछ नया करने की जिज्ञासा भी बहुत प्रबल होती है। जैसे मिट्टी के घर, पहाड़ या नई-नई आकृतियाँ बनाना और फिर उन्हें अच्छे से अच्छा रूप देना। स्टर्न के अनुसार लड़कों में आविष्कार की प्रवृत्ति तथा लड़कियों में अनुकरण की प्रवृत्ति अधिक दिखलाई पड़ती है।

(3) **बौद्धिकता के खेल**—ये खेल वैयक्तिक और सामूहिक प्रकार से खेला जाता है। आधुनिक सभ्य समाजों में बहुत से लोग शतरंज जैसे खेल भी खेलते हैं, जिनमें बुद्धि का विशेष रूप से उपयोग करना होता है। बालकों में शब्द निर्माण तथा पहेलियाँ हल करना जैसे खेलों को भी इसी श्रेणी में रखा जाता है।

(4) **गतिशीलता के खेल**—यह खेल वैयक्तिक और सामूहिक दोनों तरह से खेला जाता है। इन खेलों से शारीरिक गति का विकास होता है। इन खेलों के अंतर्गत घूमना, दौड़ना, कूदना, हाथ-पैरों को हिलाना, उछलना, मुँह से तरह-तरह की आवाजें निकालना इत्यादि शामिल हैं। इन सब खेलों में बांधा डालने से बच्चों के विकास में रुकावट आ जाती है। शिशु दो वर्ष की अवस्था तक इसी तरह के खेलों को खेलने में रुचि रखता है।

(5) **परीक्षणात्मक खेल**—इस प्रकार के खेलों में शिशु और बालक वस्तुओं को उलटते-पलटते, तोड़ते-फोड़ते देखे जाते हैं और उनके विषय में जानकारी प्राप्त करना चाहते हैं। इन खेलों का आधार जिज्ञासा की प्रवृत्ति होती है। इस प्रकार के खेल वैयक्तिक रूप से खेले जाते हैं।

खेल पर असर डालने वाले कारक

खेल पर असर डालने वाले घटक निम्नलिखित हैं–

(1) उम्र— उम्र खेल को सामान्य रूप से प्रभावित करती है। अतः समय के बदलाव के साथ-साथ बच्चे के अलग-अलग खेलों को खेलने की रुचियाँ भी छलकने लगती हैं। जैसे-जैसे बच्चे की आयु बढ़ती जाती है, वैसे-वैसे उसके खेल सरल से जटिल और अव्यवस्थित से संगठित होते जाते हैं। आयु बढ़ने के साथ-साथ बालक की रुचि बौद्धिक खेलों की तरफ बढ़ने लगती है तथा वह सामूहिक रूप से खेलना पसन्द करता है।

(2) वातावरणीय फर्क—खेलों पर सबसे ज्यादा असर वातावरण का होता है। वातावरण में मौसम, समय, स्थान, साथी और परम्पराएँ शामिल हैं। इनके बदलाव से खेलों के रूपों में फर्क पड़ जाता है जैसे–गाँव और नगरों में, गर्म व ठण्डे प्रदेशों

में, पहाड़ी स्थान और समुद्र के तट पर बालकों के खेलों में स्पष्ट फर्क देखा जा सकता है।

(3) मानसिक-भेद—बुद्धि की विभिन्नता का भी खेलों पर प्रभाव देखा जा सकता है। बहुत बार प्रतिभावान, सामान्य बुद्धि और मन्द-बुद्धि वाले बच्चे एक से ही खेल खेलते देखे जा सकते हैं। परन्तु बुद्धि की अपेक्षा रुचि हमारे खेलों को अधिक प्रभावित करती है। यदि स्कूलों में अध्ययन किया जाता है तो शिक्षार्थियों में ज्यादातर प्रखर बुद्धि वाले बालक खेलों में कम और पढ़ने-लिखने में ज्यादा समय देते हैं।

(4) लिंग-भेद—विभिन्न अध्ययनकर्ता द्वारा अध्ययन करके यह ज्ञात हुआ है कि शैशवावस्था और बाल्यावस्था में लड़के व लड़कियाँ लगभग एक से ही खेल खेलते हैं। 5-6 वर्ष की अवस्था में कभी-कभी फर्क दिखाई देता है। जैसे लड़कियाँ गुड्डे-गुड़िया का खेल शुरू करती हैं तो लड़के बैट-बॉल का। परन्तु प्रमुख अन्तर 8-10 वर्ष की आयु के बाद दिखलाई पड़ता है। भारतीय समाज में तो यह फर्क पारिवारिक वातावरण के कारण भी देखने को मिलता है। इसलिए लड़कियाँ घर में रहकर ही खेलना पसन्द करती हैं। जबकि लड़के तैरना, घुड़सवारी, क्रिकेट, हॉकी आदि। आजकल इन खेलों में लड़कियाँ भी बढ़-चढ़ कर हिस्सा लेती हैं।

खेल के मनोवैज्ञानिक तत्त्व

बच्चों में, वयस्कों में यहाँ तक कि प्रौढ़ों में भी खेल की प्रवृत्ति पाई जाती है। बच्चे क्यों खेलते हैं? वे क्यों खेलना चाहते हैं? आदि सवालों का जवाब पाने की कोशिश अनेकों मनोवैज्ञानिकों द्वारा की गई है। अनकों विचारकों ने खेल का उल्लेख विभिन्न सिद्धान्तों द्वारा किया है। इन सिद्धान्तों पर दृष्टि डालने से खेल के मनोवैज्ञानिक तत्त्व स्पष्ट होते हैं। खेल के मुख्य मनोवैज्ञानिक सिद्धान्त निम्नलिखित हैं–

(1) अतिरिक्त-शक्ति का उसूल—बच्चों में अपनी दिन भर के करने वाले सभी कार्यों से उनकी शक्ति का पूरा प्रयोग नहीं हो पाता है और वे अपनी बची हुई शक्ति का इस्तेमाल करने के लिए खेल खेलना पसंद करते हैं। जर्मनी के विख्यात कवि शिलर के अनुसार–"खेल हमारी अतिरिक्त शक्ति की अभिव्यक्ति का माध्यम हैं।" इस उसूल का समर्थन **हर्बर्ट स्पेन्सर** ने भी किया है। इसीलिए इस उसूल को 'शिलर-स्पेन्सर सिद्धान्त' की संज्ञा दी गई।

प्रौढ़ मनुष्यों में अधिकतर दिन भर कठोर मेहनत करने वाले लोग खेल नहीं

खेलते क्योंकि उनमें खेल के लिए अतिरिक्त शक्ति नहीं बचती। दूसरी ओर जो लोग बैठे रहने वाले कार्य अथवा विश्राम से होने वाले व्यवसाय करते हैं, उन्हें खेल की आवश्यकता महसूस होती है। इस तरह से इस उसूल के अनुसार खेल व्यक्ति के लिए एक सुरक्षा वाल्व के समान है। इसके द्वारा उसका अतिरिक्त समय निकल जाता है।

आज के समय में इस उसूल को स्वीकार नहीं किया जाता है। इसके मुख्य तीन कारण हैं–

(अ) विकास के विभिन्न चरणों में बालक की खेल सम्बन्धी रुचियाँ परिवर्तित हो जाती हैं।

(ब) बहुत से खेलों से अतिरिक्त शक्ति मिलती है न कि कम होती है।

(स) बीमार बालक में अतिरिक्त शक्ति नहीं होती फिर भी वह खेलता है।

(2) पुनरावृत्ति के नियम—हमारे देश की प्रकृति के प्रोत्साहन से मानव जाति ने हजारों सालों में अपने विकास के लिए जितने भी गुणों को अपने अंदर समाया है वे सब गुण बच्चों में संस्कार के रूप में आमतौर पर पाये जाते हैं। इन्हीं संस्कारों को वह भिन्न-भिन्न खेलों के द्वारा सबके समाने प्रकट करता है। यह पुनरावृत्ति प्रकृति का स्वभाव है। यह उसूल पुराने संस्कारों की बात करता है। इस सिद्धान्त के प्रतिपादक **जी स्टनले हॉल के अनुसार**–एक बालक अपने खेलों द्वारा अपने पूर्वजों के उन सभी कार्यों को दोहराता है, जो वे आदि काल से करते चले आ रहे हैं, जैसे वृक्ष पर चढ़ना, नदी में पत्थर फेंकना, शिकार करना, मछली पालना आदि।

वर्तमान समय में इस उसूल को अस्वीकार कर दिया गया है। क्योंकि आधुनिक मनोवैज्ञानिक यह नहीं मानते कि मानव जाति द्वारा अर्जित गुण शिशुओं में संस्कार रूप में उपस्थित होते हैं।

(3) पूर्व अभिनय का उसूल—इस उसूल को कार्ल ग्रूस ने समाज के सामने प्रकट करवाया है। अनेक प्राणियों के खेलों का सूक्ष्म अध्ययन करके कार्ल ग्रूस इस निष्कर्ष पर पहुँचा कि खेल के द्वारा प्राणी वयस्क अवस्था का अभ्यास करते हैं। बच्चों में भावी वयस्क जीवन की तैयारी करने की आन्तरिक प्रवृत्ति होती है। उदाहरण के लिए–बिल्ली का बच्चा गेंद के पीछे उसी तरह दौड़ता और उसे काटता है जैसे कि वयस्क अवस्था में वह चूहों के प्रति करता देखा जाता है। इसी तरह हिरन के बच्चे चौकड़ियाँ भरते हैं। व्यक्तियों के शिशुओं में भी यही बात

दिखलाई पड़ती है। लड़कियाँ गुड़ियों से खेलती हैं, घर बनाती हैं, गुड्डे-गुड़ियों की शादी करती हैं और इसी प्रकार स्त्री सुलभ काम को करती हैं। दूसरी तरफ लड़का प्रोफेसर, डॉक्टर, इंजीनियर अथवा दुकानदार इत्यादि का अभिनय करके खेल के द्वारा अपने भावी जीवन का पूर्व अभिनय कर लेते हैं।

यद्यपि मनोवैज्ञानिकों द्वारा इस उसूल के आन्तरिक सच को स्वीकारा गया है परन्तु वे यह बात स्वीकार नहीं करते कि बालक खेल द्वारा जाने-अनजाने अपने परिपक्व जीवन की तैयारी करता है।

(4) पुनःशक्ति-प्राप्ति उसूल—इस उसूल का प्रतिपादन जी. टी. डब्ल्यू पैट्रिक ने किया है। इसके अंतर्गत खेल मनोरंजन के लिए खेला जाता है अतः मनोरंजन ही एक ऐसी प्रक्रिया है जो व्यक्ति की थकावट दूर करती है और उसकी खोई हुई शक्ति दोबारा प्राप्त कराने में व्यक्ति को सहायता प्रदान करती है। इसलिए व्यक्ति दिन भर कार्य करते रहने से थक जाते हैं और फिर शाम को खेलों द्वारा मनोरंजन करके अपनी थकान को दूर हटा लेते हैं। शायद इसीलिए बालक भी पढ़ाई के पश्चात् खेलना चाहते हैं। इस उसूल के अनुसार खेल, कार्य से आराम देता है, इसीलिए इसे विश्राम उसूल भी कहते हैं।

इस उसूल की सर्वप्रमुख विशेषता मनोरंजन को ही माना गया है अतः ये वयस्क लोगों के खेलों में भी महत्त्व प्रदान करने में सहायक होता है। किन्तु इस सिद्धान्त से यह पता नहीं लगता कि बालक क्यों खेलते हैं क्योंकि बालकों के सम्बन्ध में यह तथ्य सही नहीं बैठता कि वे काम की थकान खत्म करने के लिए खेलते हैं।

(5) परिष्कार का उसूल—'Catharisis' शब्द यूनानी दार्शनिक, **अरस्तू** की एक पुस्तक से लिया गया है। इसका अर्थ है 'परिष्कार' या 'शुद्धि'। अरस्तू ने ग्रीक दुखान्त नाटकों के प्रभाव का वर्णन करने में 'catharisis' अर्थात् 'रेचन' शब्द का उपयोग किया है। इसका अर्थ है शुद्ध करना। इस उसूल को 'रेचक सिद्धान्त' भी कहा जाता है। जिस तरह कुछ औषधियाँ शरीर से दूषित पदार्थों को निकालकर शरीर को शुद्ध कर देती हैं, उसी प्रकार दुखान्त नाटक व्यक्ति के दबे हुए संवेगों को निकालकर मनुष्य की आत्मा को शुद्ध करते हैं।

रॉस के अनुसार—"खेल की क्रिया परिष्कारात्मक क्रिया है। यह कुछ अवरुद्ध प्रवृत्तियों और संवेगों को बाहर निकालने का रास्ता प्रदान करती है। जिनको बाल्यकाल या वयस्क जीवन में प्रत्यक्ष अभिव्यक्ति नहीं मिल सकती है।"

यह उसूल व्यक्ति के ऐसे खेलों पर प्रकाश निक्षेप करते हैं जो मनुष्य की प्रक्रिया की स्मरण कराते हैं। जैसे घूमना-फिरना, आखेट करना, युद्ध आदि खेल सभ्य व्यक्ति में दबी हुई उन प्रवृत्तियों की अभिव्यक्ति करते हैं जो सभ्य समाज की सामान्य क्रियाओं द्वारा नहीं हो पातीं। फ्रायड और अन्य मनोविश्लेषणवादी विचारकों ने भी खेल का इसी तरह का उल्लेख किया है। **टी. पी. नन** ने इस उसूल की यथार्थता को स्वीकार किया है।

टी. पी. नन के अनुसार–"मनुष्य निर्दयता और पाप की आदिम प्रवृत्तियों को बिल्कुल नहीं निकाल सकते, परन्तु खेल एक ऐसा साधन है जिससे कि उसके अन्दर से इनको निकाला जा सकता है। और जिससे ये नैतिक मूल्य की प्रवृत्तियों में रूपान्तरित किए जा सकते हैं।" उपरोक्त सभी उसूलों को प्रयोग में लाकर खेलों को विभिन्न रूप में अभिव्यक्त किया गया है। इन सभी खेलों का लक्ष्य मनोरंजन को ही माना गया है अतः इसे ही खेलों में उसूलों के लिए विशेष माना गया है (1) पूर्वजों के कार्यों की पुनरावृत्ति, (2) मनोरंजन; भावी जीवन के कार्यों का पूर्ण अभिनय व इसके अलावा शक्तियों का उपयोग करना इत्यादि सभी को खेलों में अभिव्यक्त किया गया है।

वर्तमान युग में इन उसूलों को मान्यता नहीं दी गई है। प्रसिद्ध दार्शनिक **जॉन ड्यूवी** ने 'खेल ही जीवन है' के अनुसार 'जीवन की क्रियाशीलता का उसूल' प्रतिपादित किया है। जिसमें बालकों व वयस्कों में क्रियाशीलता के महत्त्व को प्रतिपादित किया है।

क्रो एवं क्रो के अनुसार–"क्रियाशीलता जीवन का सार है। मनुष्य की क्रिया कई रूपों में प्रकट की जा सकती है। बालक के जीवन का प्रमुख कार्य खेल है।"

बाल-विकास में खेल की भूमिका

खेल हमारे जीवन में अहम् भूमिका अदा करता है। बच्चों के हर तरह के शारीरिक एवं गत्यात्मक विकास में भी खेल अधिक महत्त्व रखता है। विभिन्न आयु स्तरों पर खेल सम्बन्धी विभिन्न क्रियाओं में बालकों को इस सम्बन्ध में निम्नलिखित मदद मिलती है:–

(1) शरीर के आन्तरिक अवयवों और संस्थानों जैसे श्वसन संस्थान, रक्त संचालन और शारीरिक ग्रन्थियों आदि को स्वस्थ, क्रियाशील व सजग बनाये रखने में मदद मिलती है।

(2) उनकी मांसपेशियों तथा हड्डियों को सुदृढ़ता, लचीलापन और क्रियाशील रहने का अवसर मिलता है। उनके शरीर को, त्वचा को अधिक पोषण मिलता है।

(3) आयु के जिस स्तर पर जिस प्रकार के शारीरिक व गत्यात्मक विकास की बच्चे से अपेक्षा की जाती है उस स्तर पर भली-भाँति पहुँचने में खेल सम्बन्धी क्रियाएँ काफी सहायता करती हैं।

(4) ऊपर की शारीरिक बनावट को सुन्दर, सुडौल व सुदृढ़ बनाने में सहायता मिलती है। उचित ऊँचाई बढ़ाने व भार में उचित तालमेल बनाने में भी मदद मिलती है।

(5) पेशीतंत्रिका की नियन्त्रण शक्ति का विकास होता है, जिसके परिणामस्वरूप गत्यात्मक विकास को सभी तरह का प्रत्यक्ष और अप्रत्यक्ष लाभ पहुँचता है।

(6) स्वस्थ एवं निरोग रहकर दीर्घायु बनाने की बात में भी खेल क्रियाओं द्वारा भरपूर मदद मिलती है।

बच्चे के मानसिक व बैद्धिक विकास में खेल की भूमिका (Role of Play in children's mental and intellectual Development)— शारीरिक विकास के साथ-साथ खेल क्रियाएँ बालकों के मानसिक व बौद्धिक विकास के लिए उपयुक्त आधार प्रदान करने की कोशिश करती हैं। उनकी इस तरह की भूमिका को संक्षिप्त रूप में निम्न प्रकार व्यक्त किया जा सकता है—

(1) संप्रत्ययों या संकल्पनाओं के उचित विकास हेतु भी खेल क्रियाएँ आवश्यक सहयोग प्रदान करती हैं। बच्चे बहुत-सी वस्तुओं, विचारों और मनुष्यों के बारे में जो संप्रत्यय बनाते हैं, उन्हें वे अपने संगी साथियों के साथ खेल-खेल में ही सीखते हैं। कुछ विशेष खेल क्रियाओं का आयोजन भी इस कार्य हेतु किया जा सकता है और फलस्वरूप उनमें अनेक तरह के संप्रत्ययों जैसे आकार तथा स्वरूप से सम्बन्धित संप्रत्यय, रंगों की पहचान, समय, दूरी, छोटा-बड़ा, हल्का-भारी, अंक, संख्या आदि से संबंधित संप्रत्यय का विकास सरलता से किया जा सकता है।

(2) खेल क्रियाएँ स्नायु संस्थान के उचित विकास तथा उसकी क्रियाशीलता में सहायता प्रदान करती हैं। शारीरिक रीढ़ की हड्डी तथा नाड़ी तंत्र का समुचित विकास व क्रियाशीलता, मानसिक और बौद्धिक शक्तियों के उचित विकास व क्रियाशीलता में वृद्धि के कारण बनती हैं। इस प्रकार खेल व्यक्ति के जीवन में एक अहम् भूमिका अदा करने में समर्थ होते हैं।

(3) भाषा के उचित विकास में भी खेल क्रियाएँ आवश्यक मदद कर सकती हैं। भाषा व साहित्य सम्बन्धी पाठान्तर क्रियाओं तथा ऐसी खेल क्रियाओं द्वारा जिनसे शब्द भंडार और भाषा सम्बन्धी योग्यता को बढ़ाने के अवसर दिये जा सकते हैं। भाषा

विकास की प्रक्रिया को तेज कर बालकों के मानसिक व बौद्धिक विकास में सहायता प्राप्त की जा सकती है।

(4) शारीरिक रूप से स्वस्थ व निरोग रखकर शरीर को स्वस्थ व क्रियाशील बनाने की जिम्मेदारी खेल क्रियाओं द्वारा अच्छी तरह से निभायी जाती है।

(5) बालकों की संवेदना और प्रत्यक्षीकरण योग्यताओं के उचित विकास में खेल क्रियाएँ महत्त्वपूर्ण भूमिका निभाती हैं। अनेक तरह की खेल क्रियाएँ जिन्हें बच्चे स्वाभाविक रूप से खेलते हैं अथवा जिनका आयोजन विशेष तौर पर उनकी इन योग्यताओं की वृद्धि हेतु किया जाता है, बच्चों की श्रवण, दृष्टि, स्पर्श, सूंघना, स्वाद इत्यादि से संबंधित संवेदना और प्रत्यक्षीकरण शक्तियों के उचित विकास में पर्याप्त सहायता प्रदान करती हैं।

(6) मनोचिन्ता, विचार शक्ति, तर्क शक्ति, कल्पना शक्ति व समस्या-समाधान योग्यता को विकसित करने में भी खेल क्रियाएँ महत्त्वपूर्ण भूमिका अदा करती हैं। इस तरह सहयोग स्वाभाविक व प्रचलित खेल क्रियाओं से भी मिल सकता है तथा विशेष रूप से आयोजित खेलों का सहयोग भी इस कार्य के लिया प्राप्त किया जाता है। आजकल ऐसे अनेक शैक्षिक खिलौने, उपकरण, खेल सामग्री तथा खेल क्रियाओं का स्कूल तथा घरों में चलन हो गया है जो बालकों की बौद्धिक एवं मानसिक शक्तियों के प्रयोग के अवसर देकर उन्हें इस प्रकार की शक्तियों के विकास में प्रभावकारी भूमिका निभाने के लिये तैयार करती हैं।

बच्चों के सामाजिक विकास में खेल की भूमिका (Role of Play in the social development of Children)– बच्चों में सामाजिक गुणों के विकास में उन्हें सामाजिकता का पाठ पढ़ाने की दिशा में भी खेल क्रियाओं का आवश्यक योगदान रहता है। प्रचलित स्वाभाविक खेलों के अलावा ऐसी खेल क्रियाओं का स्कूल द्वारा विकास किया जा सकता है, जिनमें बच्चों में सामाजिक गुणों का विकास होने के उपयुक्त अवसर मिल सकें।

(1) खेल क्रियाओं द्वारा बच्चों को अपनी खेलने की वस्तुओं तथा साधनों को बाँटने का अवसर मिलता है। इस आदान-प्रदान से उनमें आपसी प्रेम, सहयोग तथा पारस्परिक आदान-प्रदान करने सम्बन्धी सामाजिक गुणों का विकास होने में सहायता प्राप्त होती है एवं सामूहिक खेल क्रियाओं में बालकों को एक समूह के अन्दर रहकर समूह के नियमों और अनुशासन का पालन करना होता है। क्रिकेट, हॉकी, फुटबाल, कबड्डी आदि खेलों की टीम में सभी खिलाड़ी नियमों के अन्दर अनुशासनबद्ध ढंग

से खेलते हैं। अपनी टीम के कप्तान तथा नेता के नेतृत्व में एक जुट होकर अपनी खेल शक्ति का प्रदर्शन करना सबका लक्ष्य बन जाता है। अपने कप्तान के आदेशों का पालन करना वे अपना धर्म समझते हैं और इस तरह उनमें समाज के नियमों और आदर्शों तथा समाज के बड़े बुजुर्गों की आज्ञा पालन करने सम्बन्धी आदतों को विकसित करने के अवसर भी उन्हें अपनी बारी पर टीम का नेतृत्व संभालने के रूप में मिलते ही रहते हैं। अपनी टीम के सदस्यों के खेल को सराहने तथा आपसी सहयोग लेने का अवसर भी उन्हें खेल क्रियाएँ प्रदान करती हैं। इस तरह खेल क्रियाएँ एकजुट होकर कार्य करने, नेतृत्व और अनुसरण सम्बन्धी गुणों का विकास करने में काफी उपयोगी सिद्ध हो सकती है।

(2) नकारात्मक संवेग जैसे घृणा, ईर्ष्या, डर-क्रोध, दुख तथा विषाद पर काबू पाकर बच्चों में यह सब प्रक्रिया बच्चों के विकास को सही ढंग से विकसित होने के लिए ब्राध्य होती है अतः इन सब क्रियाओं को रोकने के लिए खेल सहायता प्रदान करते हैं। एक तरफ तो वे खेल के अपने सिद्धान्त तथा खिलाड़ीपन की भावना को आगे रखने के कारण इन अवांछित संवेगों को बालकों के व्यक्तित्व पर हावी होने का अवसर ही नहीं देतीं तो दूसरी ओर इनके शिकार बालकों को इनसे मुक्ति दिलाने का काम भी करती हैं। खेल में प्रतिस्पर्धा होती है, अन्य खेलने वालों के प्रति ईर्ष्या नहीं। उसकी टाँग टूट जाए और मैं दौड़ में आगे आ जाऊँ यह बात खेल की भावना के प्रतिकूल है। वह अच्छा दौड़ता है और मुझे और अभ्यास करके उससे आगे निकलना है; इस प्रकार की भावना को विकसित करना खेल का काम है। भय जैसी चीज से मुक्ति दिलाने का तो खेल का बायें हाथ का कार्य है। जिस गेंद से वह डरता था थोड़ी देर में उसमें किक लगाने लगता है। छलांगें लगाने, रस्सी कूदने, पेड़ों पर चढ़ने, पानी में डुबकी लगाने इत्यादि किसी भी खेल क्रिया में अब उसे कोई डर नहीं लगता और न अपरिचितों के साथ रहने से वह डरता है। बालक में यह अन्तर खेल क्रियाओं द्वारा स्वाभाविक रूप से ही आ जाता है। खेल न तो दुखी होकर खेले जाते हैं और न उनके द्वारा आपस में घृणा फैलती है, बल्कि इसकी अपेक्षा वे हर्ष, उल्लास, सुख तथा शांति ही प्रदान करते हैं। इस दृष्टि से नकारात्मक संवेगों की उपस्थिति खेल क्रियाओं में न्यूनतम से न्यूनतम देखने को मिलती है।

(3) खेलों द्वारा बच्चों में संवेगों को परिपक्वता प्रदान की जा सकती है। खेल क्रियाएँ बच्चों को विभिन्न प्रकार के संवेगों का प्रशिक्षण देते हैं। खेल क्रियाएँ सहायता प्रदान करते हैं। डर की अभिव्यक्ति कब की जाए और कब नहीं, इस तरह

की बात सिखाने की कोशिश करती हैं। खतरनाक खेलों जैसे बम, पटाखे, अग्नि, गहरे पानी तथा हानिकारक पशु-पक्षी, कीट-पतंगों आदि से बचने तथा अपनी सुरक्षा करते हेतु चुनौतीपूर्ण खेलने इत्यादि बातों को खेल क्रियाओं के माध्यम से भली-भाँति समझा जा सकता है। वे यह समझने लगते हैं कि निडर होना अच्छी बात है, परन्तु आवश्यकता से अधिक खतरनाक बहादुरी दिखाना भी ठीक नहीं है। कई बातें ऐसी हैं, जिनसे उन्हें डरना चाहिए। हाँ, जरूरी रूप से छोटी-छोटी बातों में भयभीत होना ठीक नहीं, इससे व्यक्तित्व में कायरता तथा दब्बूपन आ जाता है, इससे बचना चाहिए। प्रतिस्पर्धा से सावधान रहना चाहिए, डर के नहीं। यही बात अन्य संवेगों को उचित अभिव्यक्ति के प्रशिक्षण दर पर लागू होती है। खेल क्रियाएँ ऐसा अवसर देने की कोशिश करती ही रहती हैं।

(4) खेल क्रियाओं से जिस तरह बच्चों को संवेग परिपक्वता ग्रहण करने में सहायता प्राप्त होती है वैसे ही संवेगात्मक कुसमायोजन एवं अति संवेगात्मकता के बुरे प्रभावों की बच्चे के अन्तर समाने से रोकने व उपचार प्रक्रियाओ में भी इनका प्रयोग करना अनिवार्य होता है। अपने एक रूप में तो ये विरेचन (Chatharsis) में सहायक बनकर औषधि के रूप में काम करते हैं तो दूसरे में राह परिवर्तन या शुद्धिकरण द्वारा संवेगों को उचित और वांछित रूप प्रदान करते हैं। विरेचन की क्रिया में कोई ऐसी औषधि दी जाती है, जिससे कष्ट अथवा विकार पैदा करने वाला पदार्थ स्वतः ही बाहर आ जाए। पेट दर्द में उल्टी कराना इसी विरेचन प्रक्रिया का उदाहरण है। मानसिक तनाव, दुख और विषाद के शिकार बालक को जिन बातों से वह चिन्तित रहता है उन्हें बाहर निकालने का काम खेल क्रियाओं द्वारा किया जा सकता है। खेल क्रियाएँ अन्दर की बात को बाहर प्रकट करने का साधन बनकर सामने आती हैं। बालक अपना क्रोध, खीझ और परेशानी इन क्रियाओं के माध्यम से निकाल कर चिन्ता और तनावमुक्त हो सकता है। खेलों की क्रियाएँ अभिव्यक्ति का साधन बनकर उसकी मूल समस्या व कुसमायोजन के कारणों की ओर स्पष्ट इशारा कर देती हैं। इसका लाभ शिक्षक, मनोवैज्ञानिकों व निर्देशकों द्वारा बालकों के व्यवहार को समायोजित करने में उठाया जा सकता है। राह बदलने व शुद्धिकरण की दृष्टि से भी खेल क्रियाएँ काफी उपचारात्मक सिद्ध होती हैं। क्रोधी व हिंसक प्रवृत्ति के बालक को खेल क्रियाएँ एक वांछित मार्ग दिखा सकती हैं। वे अपनी अति संवेगात्मकता क्रोध, आक्रामकता आदि को जीतने के लिए संघर्ष करने व चुनौतीपूर्ण कार्य करने में दिखा सकते हैं। अच्छे तीरंदाज़ बन सकते हैं इत्यादि। इस प्रकार खेल क्रियाएँ

बालकों के अवांछित व कुसमायोजित संवेगात्मक व्यवहार पर अंकुश लगाने और उसे उचित दिशा प्रदान करने में काफी मदद करती हैं।

बच्चों के नैतिक व चारित्रिक विकास में खेल की भूमिका (Role of play in children's moral and character Development)– खेल क्रियाएँ नैतिक मूल्यों एवं चरित्र के संबंध में आने वाले सद्गुणों को सही विकास के लिए सहायता प्रदान करती हैं। चरित्र को आदतों का पुंज कहा जाता है और अच्छी और वांछनीय आदतों को विकसित करने में खोज क्रियाओं का कोई विकल्प नहीं। इसी प्रकार सामाजिक मान्यता प्राप्त नियमों, धारणाओं व कर्त्तव्यों का जिन्हें हम नैतिक मूल्यों की संज्ञा दे सकते हैं, का उचित विकास व पोषण भी खेल क्रियाओं के माध्यम से सरलता से हो सकते हैं, कोई भी खेल क्यों न हो उसके कुछ मान्य नियम होते हैं, जिस पर चलना हर प्रतिभागी के लिए जरूरी होता है। नियमों के ऊपर चलने, अनुशासित रहने, परिणामों और कोशिशों का सही मूल्य समझने, आत्म-विश्वास, आत्म-संयम्, आत्म-निर्भरता इत्यादि मूल्यों को अपने अन्दर आत्मसात् करने इत्यादि जितना अच्छा प्रशिक्षण क्षेत्र क्रियाओं द्वारा सम्भव है उतना और किसी माध्यम से नहीं।

बच्चों में आत्म-संप्रत्यय के विकास में खेल की अहम् भूमिका (Role of play in the development of self-concept in Children)–खेल क्रियाएँ आत्म-संप्रत्यय को भली-भांति सहायता प्रदान करने में सहायक होती हैं। अथवा यह बच्चों के उचित विकास के लिए भी सहायक हैं। इससे बच्चों में फुर्ती भी आती है। वे अपने आप में क्या हैं, उनकी योग्यताएँ व काम करने को शक्ति कैसी हैं, इस बात का सही नाप-तोल बालक खेल क्रियाओं को करने के समय ही करना प्रारम्भ करते हैं। दूसरों की अपेक्षा वे इन कार्यों में कितना आगे तथा पीछे हैं, इस प्रकार की बातों को सोचने व करने के क्रियात्मक अवसर उन्हें खेल द्वारा ही प्राप्त होते हैं। फलस्वरूप उनमें अपने अन्दर झांकने और वास्तविक आत्म संप्रत्यय को विकसित करने का अवसर इन खेल क्रियाओं के माध्यम से ही प्राप्त होता है। वे अपनी अच्छाई-बुराई, सामर्थ्य और असमर्थता को भली-भांति समझकर व्यवहार करना सीखते हैं तथा तदनुसार अपने जीवन में विभिन्न तरह की समस्याओं को हल करने तथा में आचरण करने में अपनी समर्थता में वृद्धि करते हैं।

बच्चों में सृजनात्मकता के विकास में खेल की भूमिका (Role of play in the development of creativity in Children) – खेल क्रियाएँ बालकों की

रचनात्मक तथा सृजनात्मक शक्तियों की अभिव्यक्ति तथा पोषण में भी काफी महत्त्वपूर्ण सहायता प्रदान करती हैं। अपनी खेल क्रियाओं के द्वारा बालक अपने भीतर छुपे हुए सृजनकर्त्ता की अभिव्यक्ति करते ही रहते हैं। उनमें बहुत सी क्रियाओं को जिन्हें हम करने की नहीं सोच सकते, करते और सोचते पाया जाता है। वे कई तरह के खिलौनों से खेलते हैं तोड़ते हैं, बनाते हैं और इस तरह अपनी रचनात्मकता की अभिव्यक्ति करते हैं। बालकों के जीवन के इस प्रकार वह उन्हें अपनी सृजनात्मक व रचनात्मक शक्तियों को विकसित करने के अमूल्य अवसर खेल क्रियाओं के रूप में प्रदान करते रहते हैं भविष्य में इसी प्रकार की सृजनात्मकता उन्हें कुछ नई रचना करने, अन्वेषण करने व मौखिक रूप से प्रस्तुति करने में काफी मदद करती है। आगे के वर्षों में अगर विद्यालय के कार्यों को भी खेल क्रियाओं की भावना से ओत-प्रोत करके शिक्षा देने की कोशिश की जाए तो बालकों की सृजनात्मकता और रचनात्मकता को प्रयोगी और पोषण प्राप्त होता रहता है।

11

आत्म-संप्रत्यय, आदत एवं रुचि

आत्म-संप्रत्यय

संप्रत्यय से अभिप्राय भी सामाजीकृत धारणाओं से ही होता है, जो हमारी वस्तुओं, घटनाओं, व्यक्तियों, विचारों आदि से जुड़ी हुई होती हैं। ये हमारे मानस पटल के लिए बनाया गया है। जिसे सामान्य मानसिक चित्र कहा जाता है अतः इसके साथ हमारी सबसे पहली अनुभवी प्रक्रियाएँ एवं क्रियायें जुड़ी होती हैं। इस प्रकार के संप्रत्यय हमें अपनी सामाजीकृत धारणाओं से दूर करके देखने एवं गुणों और विशेषताओं की व्याख्या करने में सहायता प्रदान करते हैं। जैसे अगर हम, 'गाय' नाम के संप्रत्यय को लें तो इस प्रकार के उच्चारण मात्र से ही हमारे दिमाग में जो चित्र उभरता है, जो-भी विचार उभरते हैं, वे सभी इस संप्रत्यय का हममें जो विकास हुआ है, उसी से सम्बन्ध रखते हैं।

इस प्रकार के संप्रत्ययों का विकास मनुष्य में बचपन से ही शुरू हो जाता है। पहले अनुभव तथा सीखने की प्रक्रिया इस काम में मुख्य भूमिका निभाती है। जैसे-जैसे अनुभव जिस वस्तु, विचार तथा मनुष्य से जुड़ते जायेंगे उसी रूप में उनके प्रति अवधारणाओं अथवा संप्रत्ययों का विकास होता जायेगा। ये संप्रत्यय सभी बालकों अथवा मनुष्यों में एक जैसे हों, यह बात नहीं। सभी के अनुभव और सीखने की प्रक्रिया एक जैसी नहीं होती है। इसलिये बालकों द्वारा उनमें विकसित संप्रत्ययों का भी एक जैसा रूप नहीं होता है। जिस बच्चे को गाय ने सींग मार कर चोट पहुँचाई है या जो बच्चा गाय को गन्दगी में मुँह मारते हुये देख लेता है उसकी गाय में अवधारणा या संप्रत्यय उन बच्चों से सर्वथा पृथक् ही होगा जिन्हें ऐसा कोई नुकसानदायक अथवा विपरीत अनुभव गाय के बारे में नहीं हुआ है। इसी रूप में कोई

वस्तु, विचार अथवा मूल्य किसी के लिये बहुत अच्छे स्वरूप, अवधारणा अथवा छवि में विराजमान रह सकता है, जबकि दूसरे की अवधारणा अथवा उनके बनाये गये संप्रत्यय में काफी अन्तर हो सकता है।

हम जैसा सोचते है उसी प्रकार का चित्र हमारे मस्तिष्क पर अंकित हो जाता है चाहे वह अच्छा हो या बुरा। सबकी सोच अलग-अलग होती है इसे स्वयं के प्रति बनाई गई अवधारणा अथवा आत्म संप्रत्यय का नाम दिया गया है। इस प्रकार से आत्म-संप्रत्यय से तात्पर्य स्वयं अपने बारे में बनाई गई अवधारणा, छवि अथवा मानसिक चित्र से है। प्रसिद्ध मनोवैज्ञानिक **एच. जे. आइजैन्क** के शब्दों में, "किसी के द्वारा अपने व्यवहार, योग्यताओं और विशेषताओं के बारे में कायम की गई उसकी समस्त अभिवृत्तियों तथा मूल्यों को संयुक्त रूप से आत्म-संप्रत्यय का नाम दिया जा सकता है।" हम जैसा अपने बारे में सोचते हैं कि हम अपने आप में क्या हैं, हमारी क्या अच्छाइयाँ और बुराइयाँ हैं, हममें किस तरह की कितनी योग्यताएँ तथा क्षमतायें हैं, किस परिस्थिति में हम कैसा व्यवहार कर सकते हैं, विपत्ति अथवा संकट का हम कब और कैसे मुकाबला कर सकते हैं, हमें लोगों का कितना स्नेह, सहयोग तथा विश्वास प्राप्त हो सकता है आदि-आदि अनेक बातों से सम्बन्धित हमारी अपने प्रति जो धारणा या विचार बना हुआ होता है उसे ही एक प्रकार से आत्म-संप्रत्यय या स्व-अवधारणा का नाम दिया जाता है। एक प्रकार से मनुष्य का स्वयं के बारे में एक निश्चित नज़रिया होता है। वह अपने आपको अपनी नज़र में कहाँ किस स्थान पर रखता है, कितना मूल्यवान समझता है, इस बात की पुष्टि मनुष्य के अपने प्रति बनाये गये इस संप्रत्यय के माध्यम से ही होती है।

इस प्रकार बालक के आत्म-संप्रत्यय से तात्पर्य पूर्व अनुभवों अथवा सीखने के फलस्वरूप अपने खुद के प्रति बनाई गई इस धारणा, छवि अथवा मानस चित्र से है जिसके द्वारा उसे अपने आपको दूसरे बालकों, व्यक्तियों अथवा वस्तुओं से अलग करके देखने, सोचने तथा अपनी योग्यताओं तथा काम की क्षमताओं का अनुमान लगाने में सहायता मिलती है।

बच्चों में आत्म-संप्रत्यय का विकास

आत्म-संप्रत्यय किसी भी बच्चे में जन्म से ही नहीं होता उसे वातावरण के स्वच्छ एवं अपने प्रति होने वाली अन्तः क्रिया के परिणाम स्वरूप ही सिखाया या अर्जित किया जा सकता है। बच्चे को जन्म के बाद जिस प्रकार के प्रत्यक्ष या अप्रत्यक्ष अनुभव प्राप्त होते हैं अतः जिस प्रकार से उसका लालन-पालन तथा शिक्षा-दीक्षा का कार्यक्रम चलता है उसी रूप में उसका अपने बारे में अवधारणा या

संप्रत्यय विकसित होता है। आत्म-संप्रत्यय निर्माण की प्रारम्भिक अवस्था की शुरुआत एक बच्चे में तभी से होती है जब वह अपनी आवाज को अपनी माँ की तथा अन्य व्यक्तियों की आवाज से तथा अपने चेहरे को दूसरों के चेहरे से पृथक् करके पहचानना शुरू करता है। उसके कितना रोने, मुस्कराने तथा व्यवहार करने से क्या कुछ उसे प्राप्त हो सकेगा तथा लोगों द्वारा उसे किस रूप से चाहा या पसंद किया जाता है—इस तरह की अपनी धारणाओं का विकास आत्म-संप्रत्यय के विकास का अगला चरण कहा जा सकता है।

अपने बारे में बच्चों द्वारा जिस प्रकार की छवि बनाई जाती है उसके सामान्य रूप से दो रूप होते हैं एक तो शारीरिक आत्म-छवियाँ तथा दूसरी मनोवैज्ञानिक आत्म-छवियाँ। शारीरिक आत्म-छवियों का सम्बन्ध उन छवियों से होता है जो बच्चे द्वारा अपने रंग-रूप, कद, काठी, वजन, शारीरिक ढाँचे तथा क्षमताओं के बारे में बनाई जाती है। वह शारीरिक रूप से देखने में कैसा लगता है—इसका निर्णय वह इन छवियों तथा अवधारणाओं के माध्यम से ही करता है। दूसरी तरह की छवियों का सम्बन्ध बच्चे के मन तथा भावनाओं से होता है। इस तरह की मनोवैज्ञानिक आत्म-छवियों में बालकों के विचार, संवेग, अभिवृत्तियों, रुचियों, इच्छाओं, आकांक्षाओं और भावनाओं से जुड़ी अवधारणाओं या संप्रत्ययों को शामिल किया जाता है। शारीरिक जरूरतों और उनसे जुड़े अनुभवों का क्रम पहले आता है। अतः यह स्वाभाविक ही है कि बच्चे में पहली तरह की आत्म-छवियों यानी शारीरिक आत्म-छवियों या अवधारणाओं का विकास पहले होता है, मनोवैज्ञानिक आत्म-छवियों के पश्चात् में किशोरावस्था की समाप्ति एक परिपक्वता ग्रहण करने के बाद इस तरह की दोनों छवियाँ एक-दूसरे में आत्मसात् हो जाती हैं और इस प्रकार बालक इस तरह की छवियों या अवधारणाओं के एकीकृत स्वरूप को ग्रहण करने में समर्थ हो जाता है। अपने से सम्बन्धित स्थूल और सूक्ष्म दोनों तरह के ही संप्रत्ययों को अच्छी प्रकार ग्रहण करने की बात इस प्रकार किशोरावस्था के बालक द्वारा ही ठीक प्रकार से संभव हो पाती है। बचपन में सूक्ष्म आत्म-संप्रत्ययों के स्थान पर स्थूल आत्म-संप्रत्ययों का ही अधिक तीव्रता से निर्माण होता है।

बच्चे के आत्म-संप्रत्यय से सम्बन्धित विकास की एक मुख्य विशेषता यह है कि जब शुरुआत के कुछ वर्षों में बच्चों द्वारा अपनी छवि बनाई जाने पर उससे ज्यादा उसके दूसरे अर्थात् माता-पिता, परिवार के सदस्यों संगी-साथियों, तथा शिक्षकों आदि की होती है। बालक स्वयं वही समझता है—उसी रूप में खुद को जानता है जैसी कि

धारणा अथवा छवि उसके बारे में दूसरों ने बनाई होती है—वह बहुत शैतान है, बहुत डरपोक है, उसे किसी से अर्थ नहीं लगता, बहुत जिद्दी है, किसी की बात नहीं सुनता, यह लड़की काली है, अशुभ है इत्यादि इस तरह की दूसरों की धारणायें बालक को अपने बारे में वैसी ही अवधारणा अथवा संप्रत्यय विकसित करने के लिये मजबूर करती हैं। वह अपने आपका वही आकलन करता है जिस प्रकार का उसका आकलन उसके चारों ओर के वातावरण में व्याप्त परिस्थितियों और मनुष्यों द्वारा किया जाता है।

लेकिन जैसे-जैसे वह परिपक्वता की ओर बढ़ता है उसके अनुभवों व कार्यक्षेत्र का विस्तार होता है और उसे सीखने व समझने के अधिक अवसर मिलते हैं, वह आत्म-संप्रत्यय के विकास में आत्म-निर्भर होने लगता है। वह अपने आपको दूसरों की नजर से नहीं बल्कि अपनी खुद की नजर से देखने की चेष्टा करता है। हाँ ऐसा करने में वह अपने वातावरण, परिस्थितियों और सामाजिक और सांस्कृतिक समूहों की मान्यताओं व नियमों को ध्यान में रखने की कोशिश भी अवश्य करता है। लेकिन यह जरूरी नहीं कि उसके द्वारा अपने बारे में बनाई गई इस तरह की छवि, विचार अथवा धारणायें सर्वथा उपयुक्त ही हों। वह अपने आपको अपनी वास्तविकता से बहुत कम अथवा बहुत अधिक आकलन भी कर सकता है और इस विषम परिस्थिति से उत्पन्न कुप्रभावों, कुसमायोजन तथा असफलता आदि से बालक को बचाने की मां-बाप और शिक्षकों द्वारा ही पूरी चेष्टा होनी चाहिए।

आदत

पहली बार करने पर जो काम हमें जटिल लगता है सीखने के बाद वही काम आसान हो जाता है। जिस कार्य को जितनी ज्यादा बार किया जायेगा वह उतना ही सरल हो जाता है। कुछ समय पश्चात् ही हम उसे बिना ध्यान दिये, बिना कोशिश किये, बिना सोचे समझे, ज्यों का त्यों करने लगते हैं। इसी तरह के काम को आदत कहते हैं। दूसरे शब्दों में—आदत एक सीखा हुआ काम अथवा इकट्ठा किया हुआ व्यवहार है, जो स्वतः होता है।

आदत का अर्थ एवं परिभाषाएँ

***(i)* बी. एन. झा**—"वे सारी क्रियाएँ जिन्हें हम बिना सोचे करते रह सकते हैं। या हम हर बार कम अथवा ज्यादा बार करते हैं, आदत कहलाती है।"

***(ii)* गैरट के अनुसार**–“जो व्यवहार बार-बार दोहराये जाने से स्वचालित बन जाता है। आदत कहलाता है।” (Habit is the name given to behaviour so often repeated as to be automatic.)

(iii) **विलियम्स जेम्स** के विचार में, “आदत किसी मनुष्य की उसी तरह व्यवहार की रुचि है जैसे कि हमने पहले किया था।”

(iv) **वुडवर्थ (Woodworth) के अनुसार,**–“आदत भली-भांति सीखा हुआ काम है।”

(v) **मार्गन एवं गिलिलैंड** “आदत वह अर्जित अनुभव है जो व्यवहार में बदलाव में आते हैं, सीखना इन्हीं की प्रक्रिया है।”

व्यचहारवादियों (Behaviourists) ने आदतों में अपना पक्ष इस तरीके से दिया हैः–

(अ) आदतों का आधार उद्दीपन का किया सिद्धान्त है।

(ब) आदतें हमारे अन्दर किसी भी काम को बार-बार दोहरने की रुचि होती हैं।

(स) आदतें व्यक्ति में प्रवृत्तियों के द्वारा पैदा होती हैं।

मनोविश्लेषकों ने आदतों को निम्नलिखित बातें कहकर स्पष्ट किया है–

1. जब तक व्यक्तिं में संवेग नहीं होंगे तो आदत का निर्माण नहीं होगा।

2. हर आदत का निर्माण संवेग से होता है।

3. मनोवैज्ञानिकों के अनुसार एक शुद्ध आदत जैसी कोई वस्तु विश्व में है ही नहीं।

4. संवेग का उत्पन्न होना ही स्वयं में आदत का निर्माण है।

5. व्यक्ति में संवेग लुप्त हो जाने के साथ-साथ आदतें भी खत्म होती जाती हैं।

आदतों के प्रकार निम्नलिखित हैः–

आदतें दो प्रकार की होती हैं–कुछ आदतें अच्छी होती हैं व कुछ आदतें बुरी होती हैं। इनका सम्बन्ध जानने, सोचने, काम करने और अनुभव करने से होता है। वेलेन्टाइन ने इनका वर्गीकरण निम्नलिखित प्रकार से किया है–

1. **नैतिक आदतें**–इनका सम्बन्ध नैतिकता से होता है; जैसे–सच बोलना अथवा पवित्र जीवन गुजारना।

2. **शारीरिक अभिलाषा-सम्बन्धी आदतें**—इनका सम्बन्ध शरीर की इच्छाओं की पूर्ति से होता है; जैसे—सिगरेट पीना अथवा पान खाना।
3. **विचार-सम्बन्धी आदतें**—इनका सम्बन्ध आंशिक रूप से मनुष्य की जानकारी से, उसकी रुचियों व इच्छाओं से होता है; जैसे—समय, तत्परता, तर्क अथवा कारण सम्बन्धी विचार।
4. **भावना सम्बन्धी आदतें**—इनका सम्बन्ध मनुष्य की भावनाओं से होता है; जैसे—प्रेम, घृणा अथवा सहानुभूति की भावना।
5. **यान्त्रिक आदतें**—यान्त्रिक आदतें वे आदतें होती हैं जो कि हम खुद बिना किसी तरह की मदद के करते है जैसे-जूते के फीते बाँधना, कपड़े पहनना, खेलना इत्यादि।
6. **नाड़ी-मण्डल-सम्बन्धी आदतें**—इनका सम्बन्ध दिमाग के किसी विकास से होता है। ये मनुष्य के संवेगात्मक असन्तुलन को व्यक्त करती हैं; जैसे—नाखून अथवा कलम चबाना।
7. **भाषा-सम्बन्धी आदतें**—इनका सम्बन्ध बोलने से होता है। जिस तरह दूसरे बोलते हैं, उसी तरह बोलकर हम इन आदतों का निर्माण करते हैं। यदि शिक्षक शब्दों का गलत उच्चारण करता है, तो बालकों में भी वैसी ही आदत पड़ जाती है।

आदतों का सिद्धान्त

आदतों का निर्माण करने के लिए अनेक नियम, उपाय अथवा सिद्धान्त हैं, जिनमें से प्रमुख निम्नलिखित हैं—

1. निश्चय—किसी काम करने से पहले उसके विषय में निश्चय करना चाहिए। यदि हम सुबह दौड़ने की आदत डालना चाहते हैं, तो हमें यह प्रतिज्ञा करनी चाहिए कि हम दौड़ अवश्य करेंगे।

2. क्रियाशीलता—हम जिस काम को करने की आदत डालना चाहते हैं, उसके लिए केवल संकल्प ही पर्याप्त नहीं है। संकल्प को कार्य-रूप में परिणत करना भी जरूरी है। **जेम्स** के अनुसार—"जो संकल्प आप करें, उसे **प्रथम अवसर** पर ही पूर्ण कीजिए।"

3. निरन्तरता—हम जिस काम को करने की आदत डालना चाहते हैं, उसे हमें निरन्तर करते रहना चाहिए। उसमें कभी भी किसी तरह का **विराम अथवा ढील**

नहीं आने देनी चाहिए। **जेम्स** के अनुसार–"जब तक नई आदत आपके जीवन में पूर्ण रूप से स्थायी न हो जाए तब तक उसमें किसी प्रकार का अपवाद नहीं होने देने चाहिए।"

4. प्रशिक्षण–हम जिस काम को करने की आदत डालना चाहते हैं, उसका हमें रोजाना अभ्यास करना चाहिए। **जेम्स** के शब्दों में–प्रतिदिन थोड़े-से ऐच्छिक अभ्यास के द्वारा कार्य करने की शक्ति को जीवित रखिये।"

5. आदर्श प्रस्तुत करना–अच्छी आदतों का निर्माण करने के लिए अच्छे उदाहरण बहुत आवश्यक हैं। अतः शिक्षक को अच्छी आदतों के सम्बन्ध में उपदेश देने की अपेक्षा बालकों के समक्ष अच्छे उदाहरण प्रस्तुत करने चाहिएँ। **जेम्स** का शिक्षक को परामर्श है–"अपने छात्रों को बहुत अधिक उपदेश मत दीजिए।"

6. पारितोषिक–अच्छी आदतों का निर्माण करने में पुरस्कार का बहुत महत्त्वपूर्ण स्थान है। अतः बालकों को अच्छी आदतों का निर्माण करने के लिए इनाम देकर उत्साहित करना चाहिए। **भाटिया** के अनुसार–"बालकों को अच्छी आदतें डालने के लिए यह कहा जा सकता है कि अच्छी आदतों वाले बच्चों को पुरस्कार दिया जाना चाहिए।

गलत आदतों को छुड़वाना

स्टर्ट व ओकडन के अनुसार–"शिक्षक का काम सिर्फ आदतों का निर्माण ही नहीं करना हैं, वरन् गलत आदतों को तोड़ना भी है।"

गलत आदतों को त्यागने के लिए बच्चे और शिक्षक निम्नलिखित विधियों को अपना सकते हैं।

1. पुरानी आदत पर ध्यान–जब तक बालक अपनी पुरानी आदत को पूर्णतया न त्याग दे, तब तक उसे उस पर अपना ध्यान एकाग्र रखना चाहिए और उसके प्रति तनिक भी लापरवाह नहीं होना चाहिए।

2. नई आदत का निर्माण–यदि बालक किसी गलत आदत का परित्याग करना चाहता है, तो उसे उसकी जगह पर किसी नई और अच्छी आदत का निर्माण करना चाहिए।

3. उचित प्रशिक्षण–नाईट डनलॉप के अनुसार, यदि बालक में कोई गलत काम करने की आदत पड़ गई है, तो वह उसका ठीक अभ्यास करके उसको खत्म कर सकता है; उदाहरणार्थ, यदि वह कुछ शब्दों को गलत बोलता अथवा लिखता है, तो उसे उनको बोलने अथवा लिखने का सही अभ्यास करना चाहिए।

4. प्रतिज्ञा—बालक को अपनी बुरी आदत को तोड़ने के लिए दृढ़ संकल्प करना चाहिए जिससे कि और बच्चे अपने अन्दर अच्छे गुण उत्पन्न करें।

5. आत्म सुझाव—किसी गलत आदत को बालक खुद को समझाते हुए त्यागने में सफल हो सकता है। जैसे यदि वह सिगरेट पीने की आदत छोड़ना चाहता है, तो उसे अपने आप से यह कहते रहना चाहिए—"सिगरेट पीने से कैन्सर हो जाता है। इसलिए मुझे सिगरेट पीना छोड़ देना चाहिए।"

6. आदत का एकदम या धीरे-धीरे त्याग—आदतों को त्याग के विषय में **जेम्स** का कहना है—बालक कुछ आदतों का परित्याग उनको एकदम तोड़कर और कुछ को शनैः-शनैः तोड़कर कर सकता है; उदाहरण यदि उसमें किसी नशीली वस्तु का उपयोग करने की आदत है, तो वह उसका उपयोग सदैव के लिए एकदम बन्द कर सकता है। यदि आदत इससे कम खराब है, तो वह शनैः-शनैः त्याग सकता है। उदाहरण के लिए वह चाय पीना शनैः-शनैः कम करके बिल्कुल खत्म कर सकता है।

7. संगति में बदलाव—बालकों में बुरी आदतें बुरी संगति द्वारा विकसित हो जाती हैं वे अपनी इन बुरी आदतों को छुडवा सकता है। बुरी आदत के बाद उसे दण्ड दिया जाना चाहिए कि वह सभी उसकी बुरी आदतें छोड़ दे।

8. परोक्ष आलोचना—बालक में कुछ आदतें संवेगात्मक असन्तुलन के कारण होती हैं; जैसे— नाखून अथवा कलम चबाना। अध्यापक इस तरह की आदत की अप्रत्यक्ष आलोचना करके उसको छुड़वा सकता है। उदाहरण देकर कि "नाखून चबाना हानिकारक आदत है, क्योंकि नाखूनों की गन्दगी पेट में पहुँच कर नुकसान पहुँचाती है।"

9. इनाम—बालक की बुरी आदत छुड़वाने के लिए पुरस्कार का सफलता से प्रयोग किया जा सकता है। तभी बुरी आदतों को छुड़वाया जा सकता है।

आदतों की शिक्षा व सीखने में उपयोगिता

रेबर्न ने लिखा है—"सीखना, आदतों के निर्माण की प्रक्रिया है।"

रोबर्ट के इस कथन से आदतों की उपयोगिता प्रकट होती है। इसकी पुष्टि निम्नलिखित तथ्यों द्वारा की जा सकती है—

1. आदतें बालक के स्वभाव का अंग बन जाती हैं। अतः उसे बाध्य होकर उन्हीं के अनुसार काम करना पड़ता है। ड्यूक ऑफ वेलिंगटन का विचार है—"आदत दूसरा स्वभाव है। आदत स्वभाव से दस गुना अधिक शक्तिशाली है।"

2. आदतें बालक के चरित्र के साथ-साथ व्यक्तित्व का भी निर्माण करती हैं। उनके अभाव में बालक का व्यक्तित्व प्रभावहीन हो जाता है। क्लेपर ने ठीक ही लिखा है—"आदतें व्यक्तित्व का आचरण हैं।"
3. आदतें, बालक के चरित्र का निर्माण करती हैं। वह अपनी आदतों के कारण ही अच्छा, बुरा, दयालु या कमजोर बनता है। कहा गया है—"चरित्र आदतों का पुँज है।"
4. अच्छी आदतें बालक के सन्तुलित, शारीरिक, मानसिक और संवेगात्मक विकास में योग देती हैं।
5. जब बालक में किसी कार्य को करने की आदत पड़ जाती है, तब वह उसे जल्दी और आसानी से कर लेता है। इससे होने वाले एक अन्य लाभ की ओर संकेत करते हुए **Ryburn** ने लिखा है—"आदत हमारे अन्दर जीवन के अधिक महत्त्वपूर्ण कार्यों के लिए समय और मानसिक शक्ति की बचत करने की क्षमता पैदा करती है।"
6. आदत, बालक को समाज से अनुकूलन और समाज-विरोधी काम न करने में मदद देती हैं। इस तरह, आदत समाज के स्थायित्व में सहयोग देती है। **जेम्स** का यह कथन सत्य है—"आदत, समाज का विशाल चक्र और उसकी परम संरक्षिका है।"
7. जब कोई सीखी हुई बात बालक की आदत में आ जाती है, तब उसको याद रखने में उसे किसी तरह की परेशानी का अनुभव नहीं होता है।
8. जब कोई कार्य बालक को भली-भाँति आ जाता है तो उसको करने में उसे आनन्द आता है व उसे थकान महसूस नहीं होती।
9. आदत, बालक के जीवन में मुश्किल कामों के प्रति घृणा उत्पन्न होने नहीं देती है। यही कारण है कि व्यक्ति अँधेरी खानों, हिमाच्छादित प्रदेशों और ऐसे ही अन्य जगहों में काम करते हैं।
10. आदत, बालक को निश्चित सीमाओं के तहत रखती है। अतः वह अनैतिक, अधार्मिक अथवा असामाजिक काम नहीं करता है। वह अपनी सीमा के अनुसार ही कार्य करने की क्षमता रखता है।

उपरोक्त विधियों के उल्लेख से आदतों की शिक्षा व सीखने सम्बन्धी उपयोगिता का पता चलता है। किन्तु, हाल के शैक्षिक प्रयोगों ने यह प्रमाणित किया है कि अध्यापकों को बालकों में आदतों का निर्माण करने की बजाय शिक्षण की अधिक प्रभावशाली विधियों को खोजना और प्रयोग करना चाहिए। इसका कारण

बताते हुए, **मरसेल** ने लिखा है–"आदत का निर्माण सिर्फ सन्तोष का चिन्ह है; और जब आदतों का निर्माण हो जाता है, तब अधिगम और उन्नति की राह अवरुद्ध हो जाती है।"

आदत की विशेषताएँ

***(i)* सरलता एवं सुविधा**–जो काम बिल्कुल सरल व आसान होता है, उसे करने की आदत जल्दी पड़ जाती है व आदत पड़ने के बाद कई जटिल व कठिन कार्य भी सरलता से किये जा सकते हैं। यद्यपि उन्हीं कार्यों को पहले करने में मुश्किल आती है।

***(ii)* समरूपता या एकरूपता**–आदत के लिए अर्जित व्यवहार की एकरूपता बनी रहती है। जब आदतों को पुनः-पुनः दोहराया जाता है तो वे स्वचालक बन जाती हैं और व्यक्ति ऐसे समय में या स्थिति के अनुरूप एक तरह का कार्य करता है जैसे लिखने की आदत।

***(iii)* रोचकता**–बच्चे अकसर जिन कार्यों को करते रहते हैं उन्हें उस कार्य को करने की आदत सी हो जाती है। अतः वह कार्य बड़ा रोचकपूर्ण लगने लग जाता हैं। आनन्द के फलस्वरूप ही मनुष्य में आदत का निर्माण होता है, जैसे–मनुष्य को शुरू-शुरू में सैर करना अच्छा लगता है या उसे आनन्द प्राप्त होता है। परन्तु समय के साथ उसकी रुचि के अनुरूप दीर्घ सैर करना उसकी आदत बन जाती है।

***(iv)* शुद्धता**–आदत का विकास होने के साथ काम में शुद्धता आ जाती है। उदाहरण के लिए एक दुकान का मुन्शी या मुनीम दुकान के हिसाब-किताब में गलती बहुत ही कम करता है, क्योंकि दुकान का हिसाब-किताब करना आदत बन चुकी है, इसलिए गलती नहीं होती।

***(v)* थकान को कम करना**–मनुष्य को जिस कार्य को करने की आदत हो जाती है वह उस कार्य में थकान कम महसूस करने लगता है जैसे कि ड्राईवर के द्वारा रोजना बस चलाना, खुद कार चलाना, एक दुकानदार के रूप में रोजाना एक ही दुकान पर बैठकर काम करना मनुष्य से सम्बन्धित होकर उसके विशिष्ट काम बन जाते हैं, जिसे दैनिक जीवन में करने से भी उसे थकान नहीं होती।

***(vi)* परिवर्तन में विरोध**–किसी कार्य को नये सिरे से शुरुआत करने में मनुष्य को अधिक कठिनाइयो का सामना करना पड़ता है जैसे कि किसी भी ड्राईवर की नियुक्ति किसी भी कार्यालय में चपरासी के रूप में की जाए तो यह कार्य उसके लिए बहुत ही जटिल हो जाएगा।

***(vii)* शीघ्रता**—जिन कार्यों को करने की आदत हो जाती है उन्हें करने में श्रम एवं समय दोनों की बचत हो जाती है। अतः जिन कामों का अभ्यास नहीं होता, उनमें समय की जरूरत अनुभव होती है और उसे ध्यान लगाकर करना पड़ता है।

***(viii)* आदतें अर्जित होती हैं**—जन्म होते ही बच्चों में आदतें नहीं होतीं। ये विभिन्न प्रकार के वातावरणों के द्वारा अर्जित की जाती हैं। उनसे ही उसमें आदतों का निर्माण होता है। इस वातावरण में रह रहे लोगों का प्रभाव अन्यों पर पड़ता है। उनकी आदतों को दूसरे मनुष्य भी अर्जित करते हैं अथवा ग्रहण करते हैं।

***(ix)* विश्राम तथा सुविधा**—जिन कामों की आदत बन जाए, उन्हें करते-करते विश्राम व सुविधा का अहसास होने लग जाता है। उदाहरण के तौर पर पहले कार आदि चलाना एक जटिल काम लगता है। शनैः-शनैः उसकी आदत हो जाने के पश्चात् काम विश्रामदायक व सुविधाजनक लगने जैसा हो जाता है, क्योंकि यह उसकी आदत बन चुकी होती है।

***(x)* ध्यान से छुटकारा—स्टाउट (Stout) के अनुसार**, हम जो भी काम करने के आदी होते हैं, वह जरूर करते हैं। हम अचेत तौर पर भी वे काम करते हैं जिन्हें करते की आदत होती है। ऐसे काम को करने के लिए कोई ध्यान देने की अथवा विशेष लगन की जरूरत नहीं होती। साइकिल सीखने के अभ्यास के समय एकाग्रचित्त ध्यान लगाने की आवश्यकता होती है। परन्तु बाद में अभ्यस्त होने के बाद एक दिनचर्या में या एक आदत के रूप में विकसित हो जाती है। अतः कार्य का क्षेत्र केवल क्रियाओं तक ही सीमित न रहकर विचारों एवं भावनाओं तक भी सीमित होता है।

आदत का कार्य पर प्रभाव

आदत निम्नलिखित चार रूपों में कार्यों को प्रभावित करती है—

1. **आदत कार्य के लिए चेतन ध्यान की आवश्यकता को कम कर देती है**—आदत बिना चेतन नियन्त्रण के होती रहती है। जो मनुष्य घूमने का आदी है, घूमता भी रहता है और चेतन रूप से किसी काम अथवा परेशानी पर विचार भी करता रहता है।
2. **आदत से थकावट कम होती है**—यदि किसी काम को पुनः-पुनः करने की आदत हो जाती है तो थकान महसूस नहीं होती।
3. **आदत कार्य को अधिक सही बना देती है**—जैसे ही ठीक आदतें बन जाती हैं, इसलिए उनको करने में थकान पैदा नहीं होती।

4. **आदत कार्य को आसान बना देती है**—जब काम बार-बार दोहराया जाता है, तो वह आसान हो जाता है उसमें किसी प्रकार की अड़चन महसूस नहीं होती। जैसे—टाइप करने में आरम्भ में बहुत-सी बेकार की हलचलें होती हैं, परन्तु जैसे ही मनुष्य टाइप सीख लेता है, वह सरलता से, निश्चित ढंग से 'की बोर्ड' पर हाथ चलाने लगता है।

अभ्यस्त काम की उपयोगिता

शैक्षिक दृष्टि से अच्छी आदतें चरित्र निर्माण में उपयोगी होती हैं। आदत के सामाजिक महत्त्व के सम्बन्ध में **जेम्स** का विचार है कि—"आदत काम के लिए प्रबल गति-चक्र है तथा इसका मूल्यवान कट्टरवादी प्रतिनिधि है।"

आदत के द्वारा ही हमारी परम्पराएँ व रीति-रिवाज स्थायी रहते हैं। इसके अलावा हमारे व्यक्तिगत जीवन की अनेक क्रियाएँ आदत के ही कारण हमारे अन्दर बिना तनाव पैदा किए हुए खत्म हो जाती हैं।

अभ्यस्त काम को करने से होने वाले नुकसान

अभ्यस्त कार्यों को करने से जहाँ अनेक लाभ हैं वहीं उसकी कुछ हानियाँ भी हैं। कभी-कभी हम आदत में परिवर्तन को पसन्द नहीं करते हैं। कई बार हमारी आदतें इतनी शक्तिशाली हो जाती हैं कि उनको त्यागना बहुत मुश्किल हो जाता है। एक अफीम अथवा पोस्त खाने वाला मनुष्य इसे छोड़ने के लिए चाहे कितना ही उत्सुक दिखाई पड़े, परन्तु वह इस आदत को छोड़ नहीं पाता।

जेम्स द्वारा प्रतिपादित आदत निर्माण सिद्धान्त

विलियम जेम्स चार आदत निर्माण के लिए निम्न चार नियम प्रतिपादित करते हैं—

(क) नई आदत बनाने के लिए यथासम्भव शक्तिशाली प्रेरणा-शक्ति से कम अभ्यास करो।

(ख) कभी भी नियम को मत तोड़ो, जब तक आदत स्थायी रूप से बन जाए।

(ग) अपने निर्णय पर सबसे पहले अवसर पर काम करो।

(घ) अपनी चेष्टा करने की शक्ति को हर दिन स्वतन्त्र रूप से अभ्यास करके जीवित रखो।

आदत निर्माण के पद—आदत निर्माण के पदों को मुख्यतः पाँच भागों में बाँटा जा सकता हैः—

1. **प्रत्यक्ष लक्ष्य**—आदत के निर्माण में पहला पद उद्देश्य का स्पष्ट प्रत्यक्षीकरण है। अध्यापक को बार-बार स्कूल की क्रियाओं के तुरन्तकालीन और बुनियादी लक्ष्यों की ओर ध्यान दिलाना चाहिए। इस प्रकार बालक यह समझ जायेंगे कि वे आदत निर्माण से क्या प्राप्त करने जा रहे हैं।
2. **उचित प्रारम्भ**—यदि शुरुआत सही है तो आदत बनाने की चेष्टा बनी रहती है। शिक्षक को चाहिए कि नई क्रियाओं और नये प्रोजेक्ट को जोश के साथ लें। हर अध्याय की इकाई में इस तरह से प्रवेश करायें कि बालक उसमें रुचि लें। उदाहरण के लिए, यदि अध्यापक विद्यार्थियों में सफाई की आदत डालना चाहता है तो उसे चाहिए कि वह तुरन्त उसका विद्यार्थियों से अभ्यास कराये। सफाई के अभ्यास की ओर जो पहला पद होगा, वही आगे के विकास का राह निर्धारित करेगा।
3. **स्थायित्व**—सही शुरुआत के पश्चात् रुकना नहीं चाहिए, उस काम को बार-बार दोहराना चाहिए। आदत-निर्माण प्रमुखतः दो बातों पर निर्भर है—अभिप्रेरणा एवं दोहराना। इसलिए नयी आदत निर्माण का अनुसरण दोहराने से करना चाहिए। सफाई का अभ्यास हर दिन बार-बार करना चाहिए। इस अभ्यास में कोई अपवाद नहीं होना चाहिए।
4. **सुनियोजित कार्यक्रम**—इस कार्यक्रम के अंतर्गत बच्चे में इस बात की कल्पना कराना है की उसकी पुरानी आदतों के स्थान पर नई आदतों का संचालन हो जाए। अध्यापक को व्यवहार को प्रोत्साहित करना चाहिए, न कि नास्त्यात्मक को। बालकों को इस बात की शर्म महसूस करने के बजाय कि यह आदत अच्छी नहीं है, उनको नई आदत के लिए प्रोत्साहन देना अच्छा है।
5. **कोई अपवाद नहीं**—आदत निर्माण का आखिरी पद यह है कि कोई भी अपवाद आदत के अभ्यास से नहीं होना चाहिए। दोहराना, स्थिरता और कोई अपवाद नहीं, साथ-साथ चलने चाहिएँ। इसमें उस प्रकार की आदतों को छोड़ने का प्रयास करने में जो न चाहते हुए भी एक या दो बार दोहराई जाती हैं जैसे आप अगर सिगरेट छोड़ना चाहते हैं और सोचते हैं कि केवल एक बार और पी लूँ, तो यह 'बार' ही आपके संकल्प को तोड़ देता है और आप यह कार्य दोहराने लगते हैं।

इस तरह आदत किसी काम को स्थायी प्रकार से करना है। यह चेतन स्तर से बनना प्ररम्भ होती है परन्तु बार-बार अभ्यास के कारण स्वतः संचालित होने लगती

है। यदि बालक में अच्छी अदतें होती हैं तो वे एक अच्छे प्रेरणा के रूप में काम करता है। बुरी आदतें सीखने में बाधा उत्पन्न करती हैं। आदतें खुद सीखी जाती हैं किन्तु एक बार सीखने के बाद वह व्यवहार पर अपना नियन्त्रण जमा लेती हैं।

रुचि

रुचि एक प्रकार का मनोवैज्ञानिक भाव है। कुछ वस्तुएँ, विचार हमारे लिए दूसरे विचारों या वस्तुओं से अधिक आवश्यक होती हैं। रुचि से अभिप्राय उस लगाव से है जो वस्तु हमारे लिए अति आवश्यक होती है अतः उनसे हमें तुलना के तौर पर अधिक लगाव होने लगता हैं। **क्रो** ने रुचि को परिभाषित करते हुए लिखा है कि रुचि ऐसी तुलनात्मक शक्ति है, जो हमें किसी व्यक्ति, वस्तु अथवा क्रिया के प्रति ध्यान देने के लिए प्रेरित करती है।'' मानवीय व्यवहार का मार्गदर्शन करने में रुचि का महत्त्वपूर्ण स्थान है। यह मानवीय व्यक्तित्व की गतिशील प्रणाली है। रुचियों का शिक्षा में भी महत्त्वपूर्ण स्थान है। किसी भी विषय में रुचि का अभाव होने पर उसका ज्ञान अर्जन करना आसान नहीं होगा।

आदतों का निर्माण या विकास

***(i)* संकल्प की दृढ़ता—मिस्टर जेम्स के अनुसार,** "दृढ़ संकल्प आदत के निर्माण का पहला सूत्र है।"व्यक्ति दृढ़ संकल्प वाला होना चाहिए। प्रातःकाल उठने की आदत डालने के लिए छात्र संकल्प लेते हैं। यदि वे दृढ़ संकल्प वाले हैं, तो प्रातः जल्दी उठकर सैर को जा पाते हैं, अन्यथा अलार्म बजते रहने पर भी आठ बजे तक उठने वालों की भी कमी नहीं है।

***(ii)* अभ्यास**—"करत-करत अभ्यास के जड़मति होत सुजान" किसी कार्य को सरल बनाने के लिए उसे कई बार दोहराना अति आवश्यक होता है और समय के साथ हमें उस कार्य को करने की आदत होने लगती है। अतः अभ्यास करते रहने से मूर्ख भी बुद्धिमान बन जाता है।

***(iii)* आग्रह का नियम**—आग्रह अर्थात् खुद की ओर से अपने आप को प्रोत्साहन। आग्रह भी आदतों के विकास में सहायक होते हैं। यदि हम खुद आग्रह तोड़ देते हैं तो आदत भी खुद टूटने लगती है। जैसे सुबह हर दिन नहाने की आदत में यदि कभी-कभी कोई रुकावट आ जाती है तो कई बार सुबह नहाने की आदत कमजोर पड़ने लग जाती है।

***(iv)* क्रियात्मकता**—आदत के निर्माण का यह नियम संकल्प के साथ-साथ

क्रियात्मक भी है। जब तक हम अपने संकल्प को काम के रूप में परिणत नहीं करते आदत का स्वरूप नहीं हो सकता। अर्थात् क्रियात्मक रूप से आदत के विकास में यह नियम आवश्यक है कि "कल करे सो आज कर, आज करे सो अब" की भावना होना जरूरी है न कि आज करे सो कल कल करे सो परसों।"

उपरोक्त लिखित नियमों के अलावा कुछ ऐसे नियम भी हैं, जो कि आदतों के विकास अर्थात् निर्माण में सहायक हो सकते हैं।

(i) **छोटी अवस्था का नियम**—मनोवैज्ञानिकों के अनुसार छोटी अवस्था में बालक की प्रारंभिक अवस्था में आदतों का निर्माण करना बिल्कुल उपयुक्त रहता है, क्योंकि बालक के व्यवहार में लचीलापन एवं बात को ग्रहण की शक्ति पूरी प्रकार अच्छी होती है। अच्छी आदतों को बच्चों में समुचित तरीके से परिपक्व किया जा सकता है और बुरी आदत यदि कोई पड़ जाती हैं तो उसका उपचार भी किया जा सकता है।

(ii) **निश्चित एवं स्पष्टता का नियम**—केवल किसी वस्तु का आभास कर देने से एवं उसकी घोषणा कर देने से आदत का विकास नहीं होता है, अपितु बच्चों को परिश्रम करते रहना चाहिए– जो अधिक लाभदायक होता है और अपनी आदत का निर्माण करने के लिय समय निश्चित अवधि भी तथा नियम होना चाहिए तथा नियम से उसका पालन होना भी जरूरी है।

(iii) **प्रशंसा एवं प्रोत्साहन का नियम**– नई आदत के विकास के समय यदि शुरू से ही सही दिशा में कोशिश की जाए अर्थात् एक उद्देश्य की प्राप्ति के लिए सही रूप से मेहनत की जाए तो एक तरह से बच्चों में अच्छी आदतों का विकास होता है अन्यथा अवस्था में गलत आदतों एवं माध्यमों का होना बच्चे में बुराई का अनुभव करा देता है जिससे बच्चा गलत रास्ते पर चला जाता है।

आदतों के विकास में अध्यापक की भूमिका

आदतों के निर्माण एवं विकास में शिक्षक का बहुत ही आवश्यक स्थान माना जाता है। माँ-बाप के बाद शिक्षक ही बच्चे का पूर्ण रूप से मार्गदर्शन व विकास कर सकता है। क्योंकि घर के पश्चात् स्कूल ही एक ऐसा स्थान है जहाँ पर बच्चा अपना अत्यधिक समय व्यतीत करता है और शिक्षक ही बच्चे में वांछित आदतों के निर्माण व विकास में अपना पूर्ण योगदान कर सकता है।

(i) **आदर्श अध्यापक का रूप**—सबसे पहले शिक्षक खुद को बच्चों के सामने एक आदर्श अथवा प्रतिमान के रूप में प्रस्तुत करें जिससे छात्र-शिक्षक के व्यक्तित्व

से पूर्ण रूप से प्रभावित हों। यदि छात्र को शिक्षक प्रभावित कर लेता है तो इसके बाद छात्र अपने शिक्षक के अन्ध भक्त होकर उसका पालन करते हैं। यदि शिक्षक समय पर कक्षा में नहीं जाता और छात्रों को अच्छे उपाय से नहीं पढ़ा पाता तो वह छात्रों को कतई भी नियंत्रित नहीं कर सकता।

(ii) **सहानुभूति व प्रेमपूर्वक व्यवहार**—शिक्षक यदि सहनशील है, तो छात्रों के व्यक्तित्व का निर्माण अच्छे ढंग से हो करता है। क्योंकि अध्यापक का स्नेह एवं सत्कार ही विद्यार्थी को व्यक्ति बनने के लिए प्रोत्साहित करता है। उसी व्यवहार को ग्रहण करके बच्चे में भी वही आदतें आ जाती हैं और उसमें इन्हीं आदतों का निर्माण होने लगता है।

(iii) **पुरस्कार एवं दंड का प्रयोग**—थार्नडाईक (Thorndike) एक प्रसिद्ध मनोवैज्ञानिक ने आदतों के विकास में पुरस्कार व दंड के उपयोग पर विशेष बल दिया है। यदि बच्चा अच्छी आदतों का सदर्शन करता है तो उसको और अच्छा करने के लिए प्रोत्साहित करना चाहिए। जिससे अच्छी आदतों का बच्चे में अधिक विकास होने लगे। अध्यापक को चाहिए कि गलत हरकत करने वाले अथवा बुरे काम करने वाले विद्यार्थियों को दंडित किया जाना चाहिए, परन्तु पुरस्कार व दंड का प्रयोग न्यायपूर्ण ढंग ,से किया जाना चाहिए।

(iv) **भाषण एवं कहानियों का प्रयोग**— उच्च श्रेणी के लोग, जैसे-नेता, योद्धा, स्वतन्त्रता सेनानी आदि के प्रेरणादायक भाषण देकर सभी छात्रों से अच्छी आदतों का निर्माण व विकास किया जा सकता है। नैतिक मूल्य की शिक्षा अच्छे उदाहरणों की प्रस्तुति के साथ देकर अच्छी आदतों का निर्माण किया ज़ा सकता है। पाठ्यक्रम में जुड़ी कहानियों से बच्चों से रुचि के अनुसार सवालों को पूछा जा सकता है और अधिक स्पष्ट पाठ्यक्रम प्रस्तुत करने के लिए चार्ट व नक्शों का उपयोग भी किया जा सकता है।

(v) **आदर्श स्कूल वातावरण**—स्कूल का वातावरण यदि अच्छी आदतों के अनुकूल है और वहाँ एक अच्छा आदर्श है तो बच्चों की अच्छी आदतों के विकास में मदद मिलती है। यदि स्कूल का वातावरण धोखाधड़ी अथवा हेराफेरी का वातावरण हो तो अच्छी आदतों का निर्माण नहीं किया जा सकता।

(vi) **संवेग और मनोभाव उत्पन्न करने**—अच्छी शिक्षाप्रद कहानियों व प्रेरणादायक भाषणों के माध्यम से बच्चों में सकारात्मक संवेग पैदा कर सकता है और उचित मनोभावों को जन्म देता है। मनोभाव आदत का आन्तरिक पक्ष होता है।

(vii) **सहगामी क्रियाएँ**—शिक्षक स्कूल में क्रियात्मक परिस्थितियाँ पैदा कर सकता है। इसलिए अध्यापकों को चाहिए कि छात्रों के लिए मित्रता जैसी क्रियाओं का उचित प्रबन्ध करे तथा बच्चों में अनेक तरह की आदतों को विकसित करने के लिए प्रोत्साहित करें।

गुण

व्यक्ति की प्रकृति को समझने की कोशिश को उस समय तक अधूरा माना जाता है जिस समय तक संरचना से परिचित कराने वाले व्यक्तित्व सम्बन्धी कुछ महत्त्वपूर्ण तथ्यों का अध्ययन नहीं कर लिया जाता है। इन सिद्धान्तों के द्वारा हमें मनुष्य की व्यक्तित्व के आधार पर वर्गीकरण करने में सुविधा होती है तथा वे व्यक्तित्व के मूल्यांकन में भी सहायक होते हैं। व्यक्तित्व के मुख्य सिद्धान्त निम्नलिखित हैं—

(i) **व्यक्ति को निश्चित समूह में रखने वाले सिद्धान्त—हिपोक्रेट्स, क्रेशमर, शेल्डन** के विचारों के अनुसार किसी एक दूसरे के वर्ग में रखा जा सकता है।

(ii) **गुणों की संख्या ज्ञात करके व्यक्तित्व आंकने वाले सिद्धान्त—कैटल** के सिद्धान्त के अनुसार आंतरिक अवयवों का गणितीय और सांख्यिकीय विश्लेषण कर किसी परिस्थिति में व्यक्ति द्वारा किए जाने वाले व्यवहार के सम्बन्ध में भविष्यवाणी की जा सकती है।

(iii) **गुणों के आधार पर व्याख्या करने वाले सिद्धान्त**—'आईजेन्क' का सिद्धान्त 'कैटल' के सिद्धान्त से कुछ आगे निकल गया है जिसके अंतर्गत व्यक्ति को गुणों एवं उसके आधार पर भी विभाजित करने को प्रोत्साहन दिया गया।

(iv) **विकासवादी दृष्टिकोण को अपनाने वाले सिद्धान्त**—ये सिद्धान्त व्यक्तित्व के विकास को स्पष्ट करने की कोशिश करते हैं। फ्रायड का मनोविश्लेषणवाद, एलडर का व्यक्तित्ववाद और कल जुंग का विश्लेषणात्मक मनोविज्ञान इसी प्रकार के सिद्धान्त हैं।

व्यक्तित्व में मनुष्य के आन्तरिक व बाह्य पक्ष दोनों का मूल्यांकन होता है। परन्तु आत्मा का ज्ञान व्यक्तित्व का मूल आधार जाना जाता है। और व्यक्तित्व में कई अभिवृत्तियाँ शामिल होती हैं, जिन्हें गुण (Traits) कहा जाता है व्यक्तित्व के गुणों को आधार के रूप में वर्णित कर सकते हैं जो व्यक्ति के समायोजन के लिए व्यक्ति का सम्बन्धित व स्थिर प्रत्युत्तरों का एक समूह है।"

गुणों की विशेषताएँ

(1) अर्जित होने के साथ-साथ गुणों पर वंशानुक्रम प्रभाव भी होता है।
(2) सीखने की प्रक्रिया से गुण प्रभावित होते हैं।
(3) गुण अर्जित व्यवहार है।
(4) व्यक्ति के अच्छे एवं बुरे गुणों का समावेश भी रहता है।
(5) गुणों के आधार पर भविष्यवाणी भी की जा सकती है।

	आदत	*गुण*
(1)	आदत संकीर्ण होती है।	(1) गुण सामान्य होते हैं।
(2)	आदतें इतनी परिवर्तनशील नहीं होतीं।	(2) गुण परिवर्तनशील होते हैं।
(3)	बालक जब सामाजिक होते हुए भी शिष्टाचार की भावना से गलतियों की क्षमा माँगने के बाद बार-बार गलती दोहराए यह आदत है।	(3) बालक का उदार, समझदार व ईमानदार होना उसका गुण है।

गुणों का विकास

व्यक्ति में कुछ गुण तो अर्जित होते हैं, परन्तु वंश का प्रभाव भी प्रायः गुणों में पाया जाता है। किसी कला या संगीत के क्षेत्र में लगातार अभ्यास करने से ही अच्छे गुण का विकास होता है। मनुष्य में इच्छा शक्ति अच्छे गुणों की नींव मानी जाती है क्योंकि इच्छा शक्ति से ही बच्चे को उदारवादी, ईमानदारी एवं परोपकारी बनाया जा सकता है न कि बलपूर्वक। शारीरिक क्रियाओं के साथ-साथ व्यक्ति के मानसिक अभ्यास से गुणों का विकास होता है। सदा क्रियाशील रहना ही मनुष्य में अच्छे गुणों के निर्माण में सहायता प्रदान करता है।

12

विशिष्ट बालक की शिक्षा

प्राचीन काल से ही शिक्षा को महत्व दिया जा रहा हालाँकि आज की अपेक्षा प्राचीन काल में शिक्षा का स्वरूप काफी संकुचित था। शिक्षा मानव के विकास का एक प्रमुख साधन है। शिक्षा के अभाव में मानव पशु के समान होता है और उसमें पशुओं की भाँति सूझ-बूझ के ज्ञान का अभाव पाया जाता है। इस मानव रूपी संसार में जन्में प्रत्येक बालकों का मानसिक एवं शारीरिक विकास एक समान नहीं होते है। जहाँ तक विशिष्ट बालकों का प्रश्न है तो इनके विषय में विश्व प्रसिद्ध मनोवैज्ञानिक **हैरी बाकर** ने लिखा है कि– ''विशिष्ट बालक वे है जो शारीरिक, मानसिक, संवेगात्मक और सामाजिक दृष्टि से सामान्य गुणों से इस सीमा तक विचलित (Deviate) होते हैं कि उन्हें अपनी अधिकतम क्षमता के अनुसार स्वयं का विकास करने के लिए विशिष्ट शिक्षा की आवश्यकता पड़ती है।" इसी प्रकार **एण्ड क्रो** महोदय ने लिखा है कि विशिष्ट बालक वह है "जो साधारण व्यक्ति द्वारा प्रदर्शित गुणों से इस सीमा तक विभिन्नता लिए होता है जिसके कारण व्यक्ति-विशेष को और उसके साथियों को ध्यान देना पड़ता है।" वालेन्स वालिन के अनुसार प्रारम्भिक स्कूल के 1000 बालकों में से लगभग 500 बालकों में कुछ विशिष्टताएँ पाई जाती हैं। इसमें भी लगभग 50 अर्थात् 10 प्रतिशत बालक मानसिक संवेगात्मक, सामाजिक या व्यक्तित्व सम्बन्धी विशिष्ट समस्याओं के कारण विशिष्ट होंगे। ये विशिष्ट बालक सभी प्रकार के सामाजिक, आर्थिक पर्यावरण से आते हैं। इनके समायोजन की विशिष्ट समस्याएँ होती हैं और शिक्षक को उनको विशेष रूप से सुलझाना पड़ता है।

असामान्य या विशिष्ट बालकों का वर्गीकरण—असामान्य या विशिष्ट बालकों का वर्गीकरण निम्न प्रकार किया गया है—

शारीरिक निर्बलता—माँस-पेशियों का ढीलापन, अस्थियों के विकास में कमी, रक्त की कमी, अथवा कुपोषण के कारण बालक काफी कमजोर हो जाते हैं। शरीर के दुर्बल होने से मानसिक अक्षमता पैदा होती है। पढ़ने में ध्यान की कमी, इच्छा-शक्ति की कमी, हीनता की भावना, विद्यालय में अनुपस्थित रहना आदि शारीरिक दुर्बलता के लक्षण हैं। कुपोषण के कारण बालक काफी कमजोर हो जाते हैं। दुर्बल बालकों का शारीरिक परीक्षण कराते रहना चाहिये। यदि बालक गरीब परिवार से है तो विद्यालय को उसके इलाज का प्रबन्ध भी करना चाहिये। दोपहर के खाने (Mid-day Meal) में ऐसे बालकों को दूध, दलिया, फल आदि देना चाहिये।

शारीरिक विशिष्टता

शारीरिक विशिष्टता को निम्न प्रकार से स्पष्ट किया गया है—

(1) कुरुपता—जो बालक शारीरिक रूप से आकर्षक नहीं होते हैं अर्थात कुरूप होते हैं उन्हें अपनी इच्छा के शैक्षिक कार्यों में शामिल होने में समस्या होती है।

इस प्रकार के बालकों हेतु उपयुक्त व्यावसायिक शिक्षा की व्यवस्था करनी चाहिए। व्यावसायिक समायोजन से विकलांग बालक आत्म-सम्मान (Self-respect) की भावना से अपनी व्यावसायिक क्रिया में आनन्द लेता है।

अपंग बालकों की शिक्षा के सन्दर्भ में प्रमुख बात यह है कि उनके लिए कक्षा में बैठने की सही व्यवस्था होनी चाहिए। मेज, कुर्सी ऐसी होनी चाहिए कि उन्हें बिना किसी दबाव के पढ़ने-लिखने दिया जाए। उनको कक्षा में आगे स्थान देना चाहिए।

(2) नेत्र विकृति दोष—कुछ बालकों के आँखों में दोष पाया जाता है, वे देख नहीं सकते। इस प्रकार के बालकों को अन्ध-विद्यालय में शिक्षा दिलवानी चाहिए, वहाँ शिक्षा का माध्यम ब्रेल लिपि है। आजकल ब्रेल ढंग से शिक्षा प्राप्त एम. ए. पी. एच. डी. तक कर लेते हैं और विश्वविद्यालय में शिक्षण कार्य अपने व्याख्यान द्वारा कर रहे हैं। अन्धे बालकों का मानसिक विकास सामान्य बौद्धिक स्तर पर या विशिष्ट बुद्धि स्तर पर किया जा रहा है। उनको व्यवसायिक शिक्षा, जैसे—संगीत या हस्तकला आदि में अपारंगत बनाना चाहिए। यदि मनोवैज्ञानिक दृष्टि से देखा जाए

तो यह सत्य प्रतीत होता है कि मानव का यदि कोई एक ज्ञानात्मक अंग निष्क्रिय होता है तो दूसरा अंग अति क्रियाशील तथा निपुण बन जाता है। अन्धे बालक संगीत या हस्तकला में सामान्य व्यक्ति से अधिक निपुण पाए जाते हैं।

कुछ बालकों का दृष्टि दोष ऐसा होता है कि वो देख तो सकते हैं लेकिन कम दूरी तक ही। इस प्रकार के बालकों को कक्षा में ब्लेक-बोर्ड के समीप बैठाना चाहिए। कक्षा में प्रकाश का प्रबन्ध करना चाहिए। ऐसे बालकों का समय-समय पर नेत्र-परीक्षण भी कराना चाहिए। देखने की अल्प क्षमता वाले विद्यार्थियों को सामान्य बालकों के साथ शिक्षा देनी चाहिए।

(3) बधिर बालक—जो बालक सुनने व बोलने में पूरी तरह असमर्थ होते हैं उन्हें पूर्ण बधिर बालक कहा जाता है। ऐसे बालकों को गूँगे-बहरे के लिए स्थापित विशेष विद्यालयों में भेजना चाहिए। इन विद्यालयों में विशेष प्रकार के ढंग से शिक्षा दी जाती है। अब तो ऐसे यन्त्र विकसित हो गए हैं जिनके द्वारा बधिर बालक अपनी आँखों के प्रयोग से शिक्षा ग्रहण कर लेते हैं और अपनी उँगलियों के हिलाने से अपने विचार व्यक्त कर सकते हैं।

कम बधिर बालक उनको कहा जाता है जिनमें हकलाना, तुतलापन, धीरे-धीरे, अटक कर बोलना, नाक के सुर (Nasality) से बोलना, आदि दोष पाए जाते हैं। वाणी-दोष शारीरिक हो सकते है और मनोवैज्ञानिक भी हो सकते हैं।

जो वाणी दोष शारीरिक रूप से होता है उसकी चिकित्सा शल्य क्रिया द्वारा सम्भव है। यदि मनोवैज्ञानिक है, तो शिक्षक को बालक के संवेदात्मक स्तर, उसके परिवार में व्याप्त तनाव का स्तर, बालक की आर्थिक स्थिति, परिवार में सगे भाई-बहिन यदि कोई वाणी-दोष से युक्त है या नहीं आदि का अध्ययन करना चाहिए। मनोवैज्ञानिक निदान हेतु उचित प्रबन्ध करना चाहिए। वाणी दोष मनोवैज्ञानिक अनुकरण विधि आदि से दूर कर देता है। निरन्तर अभ्यास से वाणी-दोष दूर किया जा सकता है। मनोवैज्ञानिक वाणी-दोष को किसी संवेग-दमन का लक्षण भी मानते हैं।

सचवार्ट्ज (Schwartz) का मानना है—"जब किसी बालक को विशिष्ट कहकर वर्णित करते हैं, हम उसकी 'औसत' का या 'सामान्य' लोगों जिन्हें हम एक या इससे अधिक लक्षणों के सम्बन्ध में जानते हैं, से अलग रखते हैं।"

सामान्य बालक के लक्षण—शारीरिक रूप से स्वस्थ होते हैं; शारीरिक बनावट सन्तुलित होती है; बुद्धि लब्धि 90 से 110 की सीमा में होती है; मानसिक बीमारी नहीं होती है; अच्छी शैक्षिक उपलब्धि सहित सफल होते हैं; कक्षा शिक्षण को सही रूप से समझा लेते हैं; स्नेह, आनन्द, सहयोग, सहानुभूति जैसे सकारात्मक संवेगों

का अनुभव पर्याप्त मात्रा में होता है; क्रोध, ईर्ष्या, घृणा और नकारात्मक संवेगों का अनुभव बहुत कम मात्रा में होता है; परिवार, स्कूल और समाज में सही प्रकार से समायोजन स्थापित कर लेते हैं; साथियों के साथ मिलजुल कर रहते हैं; जीवन में आशावादी दृष्टिकोण अपनाते हैं; स्वभाव से बहिर्मुखी होते हैं; इनमें महत्वाकांक्षा अधिक होती है; जीवन को व्यावहारिक ढंग से जीने का प्रयास करते हैं। तथा उपलब्ध सुविधाओं एवं साधनों से सन्तुष्ट रहते हैं आदि प्रमुख लक्षण हैं।

इन विशिष्ट बालकों को निम्न श्रेणियों में रखा जाता है—

1. बौद्धिक रूप से भिन्न—ये बालक मानसिक एवं शैक्षिक रूप से पिछड़े होते हैं। ऐसे बालकों में प्रतिभा अधिक होने के साथ-साथ सृजनात्मक होते हैं।

2. शारीरिक रूप से भिन्न—विकलांगिक अपंग (अक्षम), चिरकाल से बीमार एवं क्षतियुक्त स्वास्थ्य, श्रवण क्षतिग्रस्त, दृष्टि क्षतिग्रस्त तथा बहुल विकलांग।

3. मौखिक अभिव्यक्ति के रूप से भिन्न—जो बालक वाणी क्षतियुक्त तथा भाषा में विकलांग होते है, उन्हें इस श्रेणी में रखा जाता है।

4. मनोसामाजिक रूप से भिन्न—ये बालक संवेगात्मक रूप से अशान्त तथा सामाजिक रूप से कुसमायोजित रहते हैं। इसके अलावा ये बालक समस्या तथा अपराधी किस्म के होते हैं।

5. शैक्षिक रूप से भिन्न—ऐसे बालक अधिगम तथा सांस्कृतिक रूप से पिछड़े होते हैं।

सामान्य और विशिष्ट बालक में भेद

उन दोनों के मध्य पाये जाने वाले प्रमुख अन्तरों को नीचे की सारणी में स्पष्ट किया गया है—

विशेषताएँ

1. अच्छी शारीरिक बनावट, खिलाड़ी शरीर।
2. शारीरिक रूप से स्वस्थ होते हैं।
3. मानसिक बीमारियों से ग्रस्त नहीं होते हैं।
4. जल्दी तनाव व संघर्ष में नहीं आते हैं
5. अपने साथियों के साथ भली-भाँति समायोजन करते हैं।
6. बुद्धि लब्धि 90 से 110 होती है।
7. कक्षा में पढ़ाई व बताई बातों को ठीक से समझना।
8. शैक्षिक उपलब्धि अच्छी है।

9. असफलता का मुँह नहीं देखते हैं।
10. घर, विद्यालय तथा समाज में अच्छा समायोजन होता है।
11. उभयमुखी होते हैं।
12. आशावादी होते हैं।
13. संवेगों पर नियन्त्रण होता हैं।
14. अति महत्वाकांक्षी नहीं होते हैं।

दोष

1. शारीरिक रूप से खराब बनावट जैसे—पोलियो-ग्रस्त, पतले, अत्यधिक दुबले, लम्बे सर वाले व मोटे शरीर वाले।
2. शारीरिक रूप से प्रायः अस्वस्थ होते हैं।
3. मानसिक बीमारियों से ग्रस्त रहते हैं।
4. शारीरिक विकास का भी प्रभाव मस्तिष्क पर पड़ता है।
5. साथियों व मित्रों के साथ समायोजन करना कठिन है।
6. बुद्धि लब्धि 0 से 10 लेकर 140 या इससे भी अधिक के बीच होती है।
7. कक्षा में बताई बातों को या तो अति शीघ्र या बार-बार समझाने पर भी नहीं समझते हैं।
8. शैक्षिक उपलब्धि या तो बहुत अच्छी या फिर बहुत न्यून या शून्य होती है।
9. असफलता का सामना करना पड़ता है।
10. घर, विद्यालय या समाज में अच्छा समायोजन नहीं होता है।
11. प्रायः अन्तःमुर्खी होते हैं।
12. अति आशावादी या घोर निराशावादी होते हैं।
13. संवेगों पर प्रायः नियन्त्रण नहीं होता है।
14. प्रायः अति महत्वाकांक्षी होते हैं।

बौद्धिक विशिष्टता

मन्द बुद्धि बालक उन बालकों को कहा जाता है, जिनकी बुद्धि लब्धि 85 से 70 के मध्य होती है जिन बालकों से 70 से कम बुद्धि लब्धि पायी जाती है। वे बालक पूर्ण रूप से मूर्ख होते हैं। विद्यालय में मूर्ख बालक कम होते हैं क्योंकि उन्हें विद्यालय

जाने लायक नहीं माना जाता। उनका तो मानसिक अस्पताल में इलाज चलता रहता है। पोलक एवं पोलक (Pollock & Pollock) ने माना है कि 'मन्दबुद्धि बालक को अब क्षीण-बुद्धि (Feeble Minded) बालकों के समूह में नहीं रखा जाता है, जिनके लिये कुछ भी नहीं किया जा सकता है। अब हम यह स्वीकार करते हैं कि उनके व्यक्तित्व के उतने ही विभिन्न पहलू होते हे, जितने सामान्य बालकों के व्यक्तित्व के होते हैं।

मन्द-बुद्धि बालक की विशेषतायें

ऐसे बालक अपने से छोटी आयु के औसत I.Q वाले बालकों जैसी विशेषतायें रखते हैं। अतएव वे अपनी आयु वालों की अपेक्षा धीमा सीखते हैं। इस कारण मन्द-बुद्धि बालक कक्षा-कार्य में विफलता की भावना से पीड़ित रहते हैं। अतएव वे अपनी आयु वालों की अपेक्षा धीमा सीखते हैं। कक्षा-कार्य में विफलता से आत्म-विश्वास में कमी और आत्महीनता में वृद्धि हो जाती है। सामाजिक असमायोजन पैदा हो जाता है। उनमें सामान्यीकरण (Memory), अवधान (Attention) की कमी तथा भाषा विकास की कमी पाई जाती है। सीखी हुई बात को नई परिस्थिति में प्रयोग करने में उन्हें कठिनाई होती है। उनमें निर्णय लेने की अक्षमता पाई जाती है।

संक्षेप में, मन्द-बुद्धि बालको धीरे-धीरे सीखते हैं, अनेक गलतियाँ करते हैं, जल्दी भूल जाते हैं, जटिल परिस्थितियों को समझ नहीं पाते, तथा बुद्धि-प्रेरित न होकर भावना-प्रेरित प्रतिक्रिया करते हैं।

मन्द-बुद्धि बालकों की विशिष्टता तथा शिक्षा

मन्द बुद्धि बालकों को शिक्षा पर काफी शोध हुआ है और सभी शोधार्थी का एक मत है कि मन्द बुद्धि बालकों को उनकी बौद्धिक क्षमतानुसार ही कार्य दिया जाए जिससे कि उनको विफलता का सामना न करना पड़े। विफलता उनके आत्म-विश्वास तथा आत्म-प्रतिष्ठा पर नकारात्मक प्रभाव डालती है।

(अ) शिक्षा का उद्देश्य

मुख्य उद्देश्य है मन्द बुद्धि बालकों को आम बालकों के साथ शिक्षा देना; स्वस्थ आदतों का विकास करना; उनको भावी जीवन के लिए तैयार करना आदि शिक्षा का प्रमुख उद्देश्य है।

(ब) पाठ्यक्रम

अपनी दैनिक चर्चा को सीखने हेतु कार्यक्रम को पाठ्यक्रम में स्थान मिलना चाहिए। विद्यालय में उसे भोजन के समय शिष्टाचार, स्वयं की सफाई, अपने जूतों पर पॉलिश करना, कपड़े सुचारु रूप से पहनना, अपने सामान की रक्षा करना आदि। इसके अलावा हस्तशिल्प शिक्षा को पाठ्यक्रम में महत्वपूर्ण स्थान मिलना चाहिए। आत्मनिर्भर बनने में व्यावसायिक शिक्षा आवश्यक है। सामूहिक खेल-कूद, संगीत, ड्रामा, पर्यटन आदि ऐसे कार्य हैं जिनमें भाग लेने पर मन्द बुद्धि बालक में सामाजिक सहयोग की भावना विकसित होती है। पाठ्येत्तर कार्यक्रमों से बालक आनन्द प्राप्त करता है।

(स) कक्षा-आकार

फ्रैन्डसन (Frandson) के अनुसार मन्द बुद्धि बालकों की कक्षा में 12 से 15 छात्र होने चाहिएँ। यह स्थिति तब है जब मन्द-बुद्धि बालकों की अलग कक्षा हो। अन्यथा उन्हें सामान्य बालकों के साथ पढ़ाना चाहिए।

(द) शिक्षण-विधि

मन्द बुद्धि बालक के सीखने की गति धीमी होती है। अतः उनकी विषय-सामग्री उनकी योग्यता के स्तर के अनुसार होनी चाहिए। इसके लिए शिक्षक को धैर्यवान और संकल्प सहित होना चाहिए। शिक्षक का व्यक्तित्व सहानुभूतिपूर्ण तथा सहनशील होना चाहिए। सीखने की प्रक्रिया तथा साधारण कार्य जो बालक के जीवन से सम्बन्धित हो, से प्रारम्भ होनी चाहिए। पाठ को छोटे-छोटे भागों में बाँट कर श्रृंखलाबद करना चाहिए। प्रत्येक भाग का बार-बार अभ्यास कराना चाहिए जब तक कि वह उस भाग को साथ याद कराना चाहिए। इसके अलावा शिक्षक को चाहिए कि बालक की त्रुटियों को समयानुसार समाधान करें और बालक के सीखने की प्रक्रिया का दैनिक लेखा-जोखा रखे। शिक्षक को स्वयं हस्तशिल्प में कुशल होना चाहिए।

प्रतिभाशाली बालक

प्रतिभाशाली बालक में सामान्य बुद्धि (General Intelligence) तो अधिक होती ही है, **किर्क** (Kirk, Samual, A) के अनुसार उनमें कोई भी प्रतिभा (Talent) हो सकती है—जैसे, सामाजिकए यांत्रिक, कलात्मक, संगीतिक, भाषायी, शारीरिक

या शैक्षिक। परन्तु केवल बुद्धि लब्धि (सामान्य बुद्धि) के आधार पर हम किसी बालक को प्रतिभावान नहीं मान सकते जब तक कि उसमें उपरोक्त प्रतिभाओं में से कोई एक न हो। प्रतिभावान बालक औसत बालकों से अधिक योग्य तो होते ही हैं परन्तु उपरोक्त सात-प्रवणताओं में से किसी एक में कोई भी कार्य सामान्य बालकों की अपेक्षा अधिक शीघ्रता से कर लेते हैं।

सामान्य बुद्धिवान वह बालक है जो किसी नई बात को शीघ्र सीखने की क्षमता रखता है तथा नई परिस्थिति में सीखी बात का सफलतापूर्वक उपयोग शीघ्रतापूर्वक कर सकता है। प्रतिभाशाली बालक वह है जो अपनी इस क्षमता का अपनी इस क्षमता का अपनी प्रतिभा-क्षेत्र में अधिकतम सफल उपयोग कर सकता है।

प्रतिभाशाली छात्रों की पहचान

प्रतिभाशाली बालक उन परिवारों में अधिक पाये जाते है जिनका शैक्षिक, सामाजिक, तथा आर्थिक स्तर (Socio-economic Status) ऊँचा होता है। इनके माता-पिता व्यापार या अन्य स्वतन्त्र जीविका-उपार्जन में संलग्न हैं। छोटे पेशे वाले व्यक्तियों की सन्तान के बहुत कम आसार हैं प्रतिभावान होने के। जिन परिवारों में किसी बालक के सगे भाई-बहिनें अधिक होंगे उस बालक के प्रतिभावान होने के कम आसार हैं। शारीरिक रूप से प्रतिभावान बालक की जल्दी अभिवृद्धि होती है, वे अपनी आयु के अन्य बालकों की अपेक्षा जल्दी बैठना, चलना, तथा दौड़ना प्रारम्भ कर देते हैं। शारीरिक दृष्टि से भले ही दुर्बल दिखाई दें, परन्तु चंचल होते हैं। जो बालक मानसिक दृष्टि से स्वस्थ होते है उनकी जिज्ञासा बचपन में दिखाई देने लगती है। इन बच्चों में प्रत्येक बात को जानने की जिज्ञासा अन्य बालकों की अपेक्षा अधिक होती है। यह क्या है? क्यों है? जैसे प्रश्न हमेशा पूछते रहते हैं। यह बच्चे नई बातों या कार्यों को अधिक ध्यान लगाते हैं और रुचि लेते हैं। भावात्मक दृष्टि से प्रतिभावान बालक विनोदप्रिय होते हैं। परन्तु कटाक्ष, व्यंग्य आदि को बिल्कुल सहन नहीं कर सकते। अध्ययन की दृष्टि से प्रतिभावान बालक विज्ञान, गणित जैसे क्लिष्ट विषयों को पसन्द करते हैं क्योंकि इनमें तर्क शक्ति अधिक होती है और चिन्तन प्रधान होते हैं। इनका शब्द कोष भी विशाल होता है तथा **विटी** महोदय ने उन बालकों को प्रतिभावन बालक कहा है जो खेलना पसन्द करते हैं, 50% मित्र बनाने की इच्छा रखते हैं, 80% धैर्यवान होते हैं, दूसरों का सम्मान करते हैं, 96% अनुशासनप्रिय होते हैं।

विश्व प्रसिद्ध मनोवैज्ञानिक **टरमन** व **ओडन** महोदय ने लिखा है कि

"प्रतिभाशाली बालक शारीरिक गठन, समाजिक समायोजन, व्यक्तित्व के लक्षणों, विद्यालय-उपलब्धि, खेल की सूचनाओं और रुचियों की बहुरूपता में सामान्य बालकों से बहुत श्रेष्ठ होते है" **टरमन व ओडन** (Terman & Oden)।

प्रतिभाशाली विशिष्टता तथा शिक्षा

प्रतिभाशाली बालकों की शिक्षा का उद्देश्य उनकी सामान्य योग्यता (General Intelligence) तथा विशिष्ट योग्यता (Talent) का विकास करना है। इसलिए उनकी शिक्षा का निम्न प्रोग्राम होना चाहिए–

(1) गति वृद्धि–हाब्सन (Hobson, J.R.) के अनुसार प्रतिभावन बालकों को किण्डरगार्टन कक्षाओं में अन्य (सामान्य) बालकों की अपेक्षा कम आयु में ही प्रवेश दे देना चाहिए। इससे आगे चलकर गति वृद्धि (Promotion) से कक्षा चढ़ाने की आवश्यकता नहीं रहेगी। क्योंकि गतिवृद्धि से बालक में असमायोजन की समस्या उत्पन्न हो सकती है। परन्तु **जार्ज** एवं **स्टेनली** (George, W.C, and Stanley, J.C.) के अनुसार गतिवृद्धि का प्रतिभावन बालकों के समायोजन पर कोई बुरा प्रभाव नहीं पड़ता।

(2) पाठ्यक्रम–प्रतिभावान बालक में जिज्ञासा, तर्क शक्ति तथा चिन्तन-क्षमता अपेक्षाकृत अधिक होती है अतः इनका पाठ्यक्रम कठिन विषयों वाला होना चाहिए। विज्ञान, प्रौद्योगिकी, गणित, भाषा तथा सामाजिक अध्ययन उनके विशिष्टतानुसार कला, संगीत, आदि विषय होने चाहिएँ। प्रतिभावान बालक स्मृति प्रधान विषयों को कम पसन्द करते हैं। अतः इतिहास, भूगोल आदि विषय वे कम पसन्द करते हैं। लेकिन प्रतिभावन बालक अधिक विषयों का बोझ सह सकते है। **स्किनर** (Skinner) के अनुसार, ''इन बालकों के पाठ्यक्रम का निर्माण इस प्रकार किया जाना चाहिए, जिससे उनकी मौखिक योग्यता, सामान्य मानसिक योग्यता और तर्क, चिन्तन एवं रचनात्मक शक्तियों का अधिकतम विकास हो सके।" इनमें नए तथ्यों की खोज हेतु शोध तथा प्रयोग को स्थान मिलना चाहिए। इसके लिए विभिन्न विषय-सम्बन्धी पुस्तकों से सुसज्जित पुस्तकालय, प्रयोगशाला तथा पर्यटन का प्रबन्ध होना चाहिए।

(3) शिक्षण-विधियाँ–प्रतिभावान बालकों को तर्क क्षमता प्रधान शिक्षण विधि रुचिकर लगती है, अतः प्रश्नोत्तर विधि अपनानी चाहिए। समूह चर्चा (Group Discussion) में अध्यापक द्वारा अपने प्रश्नों से समस्या उत्पन्न कर बालकों को स्वयं समाधान का अवसर देना चाहिए। बालकों के उत्तर से प्रश्न निकालकर फिर समस्या उत्पन्न कर बालकों को निरन्त तर्कसंगत चिन्तन में व्यस्त रखना चाहिए।

इस विधि से बालक स्वयं सीखता है अध्यापक तो केवल मार्गदर्शक है।

पाठ्येत्तर कार्यक्रम के अन्तर्गत वाद-विवाद, समस्या, समाधान, प्रतियोगिताएँ होनी चाहिएँ। खेल-कूद में शतरंज, अंताक्षरी तथा अन्य बौद्धिक व्यायाम कराने चाहिएँ।

शिक्षक का कर्त्तव्य है कि वह बालक की जिज्ञासा-प्रवृत्ति को उत्साहित करता रहे। वह व्याख्यान कम दे, बालकों का मार्गदर्शन करे। अर्थात् बालकों के सामने समस्या उत्पन्न कर उन्हें स्वयं समाधान करने दे। अपना मार्गदर्शन विचारोत्तेजक प्रश्न पूछकर दे। प्रत्येक पाठ की गहराई में जाकर बालकों को सक्रिय रखे।

ऐसे बालकों को कुसंगति से बचाने हेतु उन पर लगातार नजर रखे। प्रतिभाशाली बालक सक्रिय होने के कारण कुसंगति के शीघ्र शिकार हो सकते हैं। अतः निरन्तर निरीक्षण आवश्यक है।

शैक्षणिक विशिष्टता

शैक्षणिक पिछड़ापन

जब बालक कक्षा में औसत छात्रों से पीछे रहता है वह शैक्षिक पिछड़ेपन से ग्रसित है। यदि उसकी शैक्षिक योग्यता अपनी आयु के छात्रों से कम है तो वह पिछड़ा बालक है। इस दृष्टि से एक दसवर्षीय बालक यदि तीसरी कक्षा में पढ़ता है तो वह पिछड़ा है।

बर्ट (Cyril Bart) के अनुसार, "पिछड़ा बालक वह है जो अपने पाठशालायी जीवन के अध्ययन काल के मध्य में अपनी आयु के अनुरूप सामान्य कक्षा से एक नीचे की कक्षा को कार्य करने में असमर्थ है।"

उपरोक्त परिभाषा के अनुसार –

(1) पिछड़ेपन का सम्बन्ध छात्र की शैक्षिक उपलब्धि (Educational Achievement) से है।
(2) यदि प्रखर बुद्धि छात्र भी अपनी कक्षा में पिछड़ रहा है तो वह पिछड़ा है।

पिछड़ेपन की पहचान–शैक्षिक लब्धि बालक के पिछड़ेपन की पहचान है। शैक्षिक लब्धि (Educational Quotient) बालक की कक्षा में उसके द्वारा प्राप्त सभी विषयों के अंकों का औसत (Mean) और उसकी आयु अनुपात (Ratio) है।

यहाँ, औसत शिक्षा योग्यता बालक की शैक्षिक आयु (Educational Age) है।

शैक्षिक आयु—बालक की शैक्षिक आयु उसके द्वारा अपनी कक्षा के सभी विषयों में प्राप्त अंकों का औसत (Mean) है। मान लिखिए उसके 5 विषय हैं जिनकी परीक्षा में प्राप्त अंकों का जोड़ 40 है।

शैक्षिक आयु (Education Age) E.A.= 4-/5

उसकी वास्तविक आयु (Chronological Age) C.A.=10 वर्ष

शैक्षिक लब्धि (Educational Quotient) E.Q.=EA/CA×100 = 8/10×100

E.Q.=80

विद्यार्थी की शैक्षिक लब्धि 85 से कम आए तो उसे पिछड़ा बालक माना जाएगा। पिछड़ापन प्रतिशत में निकाला जाता है। सामान्य E.Q.100 होता है।

पिछड़पेन के कारण

पिछड़ेपन के कारण शारीरिक, बौद्धिक, भावात्मक तथा सामाजिक हो सकते हैं।

(1) शारीरिक कारण—शारीरिक दोष जैसे विकलांगता, दृष्टि दोष, श्रवण दोष आदि। शारीरिक रुग्णता बालक की कक्षा में अनुपस्थिति का मुख्य कारण है।

(2) बौद्धिक कारण—**बर्ट** के अनुसार प्रत्येक 5 पिछड़े बालकों में से 3 बालक मन्द बुद्धि थे।

(3) संवेगात्मक अस्थिरता (Emotional Unstability)— क्रोध, चिड़चिड़ापन, ईर्ष्या, भय, बालक का कक्षा में समायोजन नहीं होने देते। इसके कारण बालक कक्षा से दूर रहता है और पिछड़ जाता है। उसमें कक्षा के प्रति रुचि कम हो जाती है। रुचि अध्ययन की प्रथम आवश्यकता है अतः वह अध्ययन में पिछड़ जाता है।

(4) सामाजिक—बालक की सामाजिक परिस्थितियाँ उसके पिछड़ेपन का मुख्य कारण हैं।

(क) परिवार—घर की आर्थिक स्थिति का ठीक न होना, माता-पिता में क्लेश रहना, घरेलू काम का आधिक्य, बहिन-भाइयों में बड़े होने का दायित्व, माता-पिता की अशिक्षा, परिवार का बड़ा होना, माता-पिता की बुरी आदतें आदि पारिवारिक कारण है।

(ख) मोहल्ले का वातावरण—बहुत-से बालक गली-कूँचे के बच्चों की बुरी संगत के कारण भटक जाते हैं और उनके मोह के कारण कक्षा से बाहर रहकर अपनी मोहल्ला-टोली के साथ खेलते रहते हैं।

(ग) पाठशाला—शिक्षक का दमनकारी प्रवृत्ति का होना, अरुचिकर विषय का

अनिवार्य होना, कक्षा में आपसी द्वन्द्व रहना, अव्यवस्थित पाठशाला से सम्बन्धित कारण है।

पाठ्यक्रम के कठोर और संकीर्ण होने के कारण बालकों की आवश्यकताओं की आपूर्ति, अयोग्य अध्यापक द्वारा अमनोवैज्ञानिक और परम्परागत शिक्षण-विधियों का प्रयोग, कक्षा के प्रति बालक में भय की उत्पत्ति, निर्देशन के अभाव में बालकों द्वारा गलत विषयों का चयन, पुस्तकालय, खेल-कूद की व्यवस्था का न होना आदि कारण बालक को पाठशाला से दूर भगाते हैं।

पिछड़े बालकों की शिक्षा—ऐसे विशिष्ट बालकों की शिक्षा की यदि उचित व्यवस्था की जाए तो यह भी प्रगति कर सकते हैं।

(1) पिछड़ेपन के कारकों का निराकरण—शारीरिक, मानसिक, तथा सामाजिक कारणों का पता लगाकर उनका निराकरण करना अध्यापक का परम कर्त्तव्य है।

(2) पाठशाला में विशिष्ट कक्षाएँ—पिछड़े बालकों की पाठशाला समय के बाद अलग कक्षाएँ लगनी चाहिएँ। यहाँ उनकी प्रत्येक विषय में पिछड़ेपन को दूर किया जा सकता है। इन कक्षाओं में 15 से 20 छात्र होने चाहिएँ। रोचक विधियों से तथा शिक्षण को धीमी गति से बालकों के दैनिक जीवन से सम्बन्ध रखने वाले तथ्यों को पढ़ाना चाहिए।

(3) हस्तशिल्प कक्षाएँ—पिछड़े बालकों के भावी जीवन को अर्थपूर्ण बनाने हेतु इन्हे हस्तशिल्प में पारंगत करना चाहिए। कताई, बुनाई, जिल्दसाजी, बेंत, धातु, लकड़ी, चमड़े का काम, आदि बालकों के लिए। बुनाई, कढ़ाई, सिलाई, गृह विज्ञान की बालिकाओं के लिए व्यवस्था करनी चाहिए।

(4) भ्रमण—भौगोलिक, सांस्कृतिक, ऐतिहासिक स्थानों के भ्रमण के समय सामयिक ज्ञान देना चाहिए।

पिछड़े बालको की शिक्षा का मुख्य उद्देश्य उनमें कक्षा कार्यक्रम के प्रति रुचि उत्पन्न करना है।

व्यावहारिक विशिष्टता

समस्या-बालक

समस्या-बालक वे हैं जिनका व्यवहार गम्भीर रूप से असाधारण होता है और वह अपने व्यक्तित्त्च के लिए समस्या बन जाता है, जैसे झूठ बोलने, वाले चोरी करने वाले, क्रोधी-झगड़ालू, एकान्तवासी आदि। सामान्य बालक भी समस्यात्मक व्यवहार

प्रकट करता है। परन्तु वह तभी विशिष्ट की श्रेणी (समस्या-बालक) में आता है जब उसका समस्यात्मक व्यवहार गम्भीर हो जाता है। **जीन डी. कमिंग्स** (Jean D. Cummings) ने 2 से 7 वर्ष के बालकों का नर्सरी विद्यालयों में अध्ययन किया और उनके व्यवहार में असमानता, जैसे—कायरता, बेचैनी, अधिक समय ध्यान केन्द्रित करने की अक्षमता, झगड़ालूपन, बोलने की कमी, निर्दयता, झूठ बोलना, चोरी, आदि पाई।

रिचार्ड एल. हेण्डरसन (Richard L. Handerson) ने अध्यापकों को एक लिस्ट दी जिसमें विभिन्न समस्यात्मक व्यवहार के 36 लक्षणों की सूची थी। अध्यापकों के अनुसार बालकों में अति गम्भीर लक्षण हैं—विषमलिंगी कामुकता, चुराना, कक्षा से भाग जाना, वस्तुओं की तोड़-फोड़, हस्त-मैथुन, अविश्वसनीयता, धोखा देना, अश्लील बात करना, अनुशासनहीनता, क्रूरता। कम गम्भीर लक्षण हैं : फुसफुसाना, कल्पनात्मक झूठ, कौतूहलपन, बेचैनी, मूर्खता, बकवास करना, विचार-रहित क्रिया, बकवासी, लज्जाशील, हठीलापन।

समस्यात्मक बालकों के प्रकार

उपरोक्त व्यक्त लक्षणों से पता चलता है कि समस्यात्मक बालक उतने ही प्रकार के होते हैं जितने प्रकार के लक्षण। परन्तु भारतीय बालकों में चार लक्षण प्रमुख हैं : चोरी करना, झूठ बोलना, क्रोध करना तथा मादक द्रव्यों का सेवन।

(1) चोरी करना—एक बालक चोरी करके भाग जाता था, स्टेशन पहुँचकर जहाँ भी ट्रेन जाती थी, चला जाता था जब रुपए समाप्त हो गए तो किसी से भी सहायता के लिए प्रार्थना करता था। पुलिस उसके घर वालों को खबर करती जो उसे वापस घर ले आते। इसकी समस्यात्मक चोरी के व्यवहार का कारण असुरक्षा की भावना थी। बालक को घर में प्रेम तथा ममता नहीं मिलेगी तो वह घर से भागेगा। भागने के लिए चोरी करेगा। कई बालक छोटी अवस्था में अज्ञानतावश चोरी करते हैं। वे यह नहीं जानते कि चोरी की हुई वस्तु पर उसका अधिकार है या नहीं। बड़े बालक इसलिए चोरी करते हैं कि उनकी मित्र-मण्डली में अच्छे-अच्छे वस्त्र, धन, घड़ी, साइकिल आदि से उच्च स्थिति रहे। कभी-कभी अपना साहस-बखान करने हेतु भी बालक चोरी करता है। ऐसे बालकों में आत्म-नियन्त्रण का अभाव होता है।

कई बालक अपनी चोरी करने की लत (Kleptomania) से प्रेरित चोरी करते हैं। वे यह नहीं जानते कि उनका यह व्यवहार असामाजिक है। परन्तु कई बालक

अपनी आवश्यकता की पूर्ति हेतु चोरी करते हैं। निर्धन परिवार के कई बालक चोरी अपनी आवश्यकताओं की पूर्ति हेतु करते हैं। यह लत बाद में उनकी आदत बन जाती है और यही बालक अपनी युवा अवस्था में चोर बन जाते हैं।

(2) झूठ बोलना—बालक कभी-कभी अनभिज्ञता के कारण झूठ बोलता है। किसी बात को न समझ पाने पर उत्पन्न दुविधा से छुटकारा पाने हेतु वह झूठ बोल देता है। कभी-कभी वह अपने मित्र को अध्यापक के दण्ड से बचाने हेतु झूठी गवाही दे देता है।

अधिकतर बालकों में झूठ का कारण भय है। कक्षा में दण्ड-भय, मित्र-मण्डली में प्रतिष्ठा खोने का भय, तथा अपनी गलतियों को छिपाने का भय आदि।

(3) क्रोध—क्रोध एक संवेग है जिससे प्रेरणा पाकर बालक आक्रमणकारी बन जाता है। आक्रमण के रूप भिन्न-भिन्न हैं जैसे—खाने की थाली फेंक देना, मारना, काट-खाना, नोचना, चिल्लाना, वस्तुओं को इधर-उधर फेंकना, गाली देना, व्यंग्य करना, अपने बाल नोचना, अपना सिर किवाड़ या फर्श पर मारना आदि।

क्रोध के कारण अनेक हैं, परन्तु प्रमुख हैं इच्छा-पूर्ति में विघ्न-बाधा, निराशा तथा ईर्ष्या।

(4) मादक द्रव्यों का सेवन करना—मादक द्रव्यों में शराब, भाँग, गांजा सुलफा, अफीम, तम्बाकू (गुटका), उत्तेजक द्रव्य, एल. एस. डी., हेरोईन, स्मैक, मैरीजुआना आदि है। आजकल छात्र वर्ग में मादक द्रव्यों का सेवन एक लत बन गई है। इसका कारण बुरी संगत है। मादक तत्त्व सिगरेट, इंजेक्शन या सूँघ कर लिए जाते हैं। फलस्वरूप रक्त में यह द्रव्य पहुँचकर मानव मस्तिष्क पर नशीला प्रभाव डालते हैं। मस्तिष्क क्रिया शिथिल पड़ जाती है। आँखें लाल हो जाती हैं, माँस पेशियाँ ढीली पड़ जाती है। व्यवहार पर प्रभाव मानसिक निष्क्रियता, अकेले में पड़े रहने की इच्छा, कर्त्तव्य-विमुखता तथा उदासीनता के रूप में प्रकट होता है।

छात्रों में ऐसे आसमान्य व्यवहार के प्रति विद्यालय तथा परिवार दोनों को समान रूप से सचेत होना चाहिए तथा समुचित उपचार की व्यवस्था करनी चाहिए।

समस्यात्मक व्यवहार के कारण

बाल-समस्या के व्यक्तिगत तथा सामाजिक कारण हैं—

(1) व्यक्तिगत कारण—यदि बालक मन्द-बुद्धि है तो उसके समायोजन में कठिनाई उसमें निराशा उत्पन्न कर देती है। निराशा ही क्रोध तथा असमाजिक व्यवहार का कारण है। वह मादक द्रव्यों का आदी बन सकता है।

(2) सामाजिक कारण—

(क) परिवार—घर का दूषित वातावरण बालक में असुरक्षा पैदा करता है। वह प्रेम पाने हेतु असामाजिक तत्त्वों की संगत में आ जाता है। घर में विमाता का होना, माता-पिता का आपसी झगड़ा, बालक को अनुशासन की तीव्रता को भुगतना, परिवार की कमजोर आर्थिक स्थिति, माँ-बाप की बालक से उच्च आकांक्षा, बालक में हीनता की भावना, माँ-बाप द्वारा अपने बालक की अन्य बालकों से तुलना कर उसे डाँटना, माता-पिता का शराबी, जुआरी या क्लब में रात तक रहना और उनकी अनुपस्थिति में बालक का नौकरों से गलत आदतें सीखना, आदि पारिवारिक कारण हैं।

(ख) अन्य सामाजिक कारण—घर का दूषित मोहल्ले में होने से बालक गली-मोहल्ले के असमाजिक तत्त्वों के सम्पर्क में आ जाता है। चल-चित्र, टेलीविजन, मैगजीन आदि से काम-उत्तेजना प्राप्त करने से काम-सम्बन्धी समस्यात्मक व्यवहार बालक सीख जाता है। बालकों का छोटी आयु में ही फैक्ट्री में नौकरी पर जाने से वहाँ बाल अपराधियों तथा अन्य असामाजिक तत्त्वों से सम्पर्क बन जाता है।

पाठशाला में कठोर अध्यापक का व्यवहार बालक को कक्षा से भाग जाने को मजबूर कर देता है। ऐसा बालक विभिन्न बहाने बना कर परिवार में यही समझाता है कि वह स्कूल गया था। परन्तु वह स्टेशन या अन्य जगह समय बिताता है। पाठशाला में मनोरंजन के साधनों का अभाव भी बच्चे को स्कूल से दूर रखता है।

समस्यात्मक बालकों का उपचार

(1) घर तथा पाठशाला का उचित वातावरण बनाना,
(2) बालकों की समस्याओं के प्रति उचित दृष्टिकोण,
(3) समस्यात्मक बालकों को बाल निर्देशन ग्रह में उचित इलाज,
(4) बालकों के जेब-खर्च पर ध्यान देना चाहिए,
(5) माँ-बाप का न ज्यादा प्यार और न ज्यादा अनुशासन,
(6) अभिभावकों को बालक के मित्रों पर ध्यान रखना चाहिए,
(7) बालक की अनुपस्थिति में उसके कमरे में अभिभावक को जाकर देखना चाहिए कि कोई अवांछनीय पुस्तक, मैगजीन तो नहीं है।
(8) पाठशाला में रुचिकर पाठ्यक्रम होना चाहिए,
(9) एक मनोवैज्ञानिक पाठशाला में अवश्य होना चाहिए,
(10) बालकों की रुचि के अनुसार विभिन्न कार्यक्रम पाठशाला में आयोजित होने चाहिएँ।

(11) स्वस्थ मनोरंजन के साधन भी पाठशाला में होने चाहिएँ,

(12) परिवार तथा पाठशाला में समन्वय होना चाहिए।

निवर्तमान भारतीय राष्ट्रपति **ए. पी. जे. अब्दुल कलाम** ने समाज (परिवार) को बच्चों के बदलते व्यवहार के प्रति सचेत किया है, नहीं तो वे नशीली दवाओं के आदी हो जाएँगे।

(1) बालक को लगभग 18 घंटे प्रतिदिन शारीरिक तथा मानसिक कार्यों में व्यस्त रखा जाए।

(2) नशा करने के कारणों में बाधकों (किशोरों) में खतरा लेने की प्रवृत्ति, माँ-बाप से स्वतन्त्रता की इच्छा, माँ-बाप के मूल्यों से भिन्न नैतिक मूल्यों को अपनाना, अपने आयु-वर्ग के समूह के प्रति वफादरी, नए तथा उत्तेजनापूर्ण अनुभव की इच्छा और अपनी जिज्ञासा को सन्तुष्ट करने की इच्छा है।

(3) जैसे ही उनको अपने बालक के व्यवहार में परिवर्तन दिखे अपने पुत्र या पुत्री से वार्तालाप आरम्भ कर देना चाहिए। माँ-बाप और बालक के मध्य वार्तालाप बालक को अनुमान कराएगा कि वह अपने माँ-बाप से स्वतन्त्र नहीं है।

(4) किशोरों को खेल-कूदों में व्यस्त रखने से उनकी व्यस्तता नशा से दूर कर देगी।

(5) किशोरों में खाली समय में चित्रकला, संगीत, नृत्य सीखना चाहिए तथा सामाजिक उत्सवों पर अपने कला को प्रदर्शित करने का मौका देना चाहिए।

(6) माँ-बाप निरन्तर ध्यान दे कि उनका किशोर अपनी कक्षा नित्य पूरे समय रहता है या नहीं।

(7) परिवार के उपरोक्त कदम किशोरों को समस्यात्मक व्यवहार से दूर करेंगे।

(8) श्री कलाम के अनुसार अध्यापक का अधिक दायित्व है बालक के व्यवहार को सम्भालने में थोड़ा-सा भी परिवर्तन उनके शैक्षणिक क्रियाओं में अध्यापक की निगाह में आ जाना चाहिए, और फौरन ही बालक का निर्देशन आरम्भ हो जाना चाहिए।

(9) समय-समय पर अध्यापक का बालक के अभिभावकों से मिलना और बालक प्रगति के बारे में बताते रहना आवश्यक है। व्यवहार में परिवर्तन यदि परिवार में देखने को मिलता है तो अध्यापक बालक के अभिभावक को बताए तथा अध्यापक-अभिभावक का संयुक्त प्रयास बालक के चरित्र-निर्माण में सहायक है।

विशेष शिक्षा—विशिष्ट बालकों को विशेष शिक्षा देने से पहले सबसे पहले

यह आवश्यक है कि ऐसे बालकों को पूर्ण रूप से पृथक्कीकरण किया जाना चाहिए तभी विशेष शिक्षा देना सम्भव हो सकता है। विशिष्ट बालको को पूर्ण रूप से पृथक्कीकरण पर सिद्धान्तों एवं विशेषज्ञों में बहुत वाद-विवाद हुआ है। इस वाद-विवाद के फलस्वरूप विशिष्ट बालकों की विशेष शिक्षा के आयोजन एवं सुदृढ़ व्यवस्था पर जोर दिया गया।

संक्षेप में विशेष शिक्षा से अभिप्राय अधिगम की अनेक विशेष परिस्थितियों से है जिनमें विशिष्ट बालकों को सुचारु एवं व्यवस्थित ढंग से विशेष शिक्षा प्रदान की जा सके। ये परिस्थितियाँ निम्न प्रकार से हो सकती हैं–

(1) विशिष्ट बालकों को सामान्य कक्षा के बालकों के साथ ही शिक्षा दी जाए और आवश्यकतानुकूल समय-समय पर विशेषज्ञ कक्ष का निरीक्षण करके विशिष्ट बालकों की विशेष रूप से सहायता करें।

(2) सामान्य कक्षा के समाप्त होने के बाद फिर विशिष्ट बालकों को विशेष शिक्षा देने हेतु अलग से समय दिया जाए।

(3) विशिष्ट बालकों का अधिक समय विशेष शिक्षक की देख-रेख में गुजरें।

(4) इन बालकों का पूरा समय विशेष कक्षा में विशेष शिक्षकों के साथ करना।

विशिष्ट बालकों के शैक्षिक कार्यक्रम के लिए आवश्यक बातें

(1) निष्पक्षता के साथ सभी तरह के विशिष्ट बालकों के लिए विशेष शिक्षा की सुचारु रूप से व्यवस्था की जानी चाहिए।

(2) गाँव और शहर में बिना किसी भेदभाव के एक जैसी विशेष शिक्षा देनी चाहिए।

(3) विशेष शिक्षा देने वाले शिक्षकों को पर्याप्त रूप से प्रशिक्षण दिया जाना चाहिए।

(4) सभी प्रकार के अक्षम बालकों के अभिभावकों को आवश्यक निर्देश देने चाहिएँ ताकि वे बालकों के समायोजन में सहायता कर सकें।

(5) विशेष शिक्षा अनिवार्य रूप से प्राथमिक शिक्षा से माध्यमिक कक्षा तक अवश्य दी जानी चाहिए।

(6) एक अच्छे स्तर की निर्देशन सेवा की व्यवस्था को इससे विशेष शिक्षा में सहायता मिलती है।

(7) बालकों की पहचान पहले से हीं अच्छी प्रकार से कर लेनी चाहिए तभी विशेष शिक्षा लाभप्रद हो सकती है।

(8) विशिष्ट बालक, स्कूल और घर तक सीमित न होकर इनका क्षेत्र अस्पताल भी होना चाहिए।

(9) स्कूल और समुदाय एक-दूसरे को पूर्ण रूप से सहयोग करें।

(10) विशिष्ट बालकों की शिक्षा हेतु छोटी से छोटी संस्था पंचायत से लेकर केन्द्र स्तर के सभी अधिकारियों को अपना सहयोग देना चाहिए।

विशेष शिक्षा के उद्देश्य

शिक्षा का मुख्य उद्देश्य सामान्य बालकों का पूर्ण विकास करना है। यही उद्देश्य विशिष्ट बालकों पर भी लागू होता है अर्थात् विशेष शिक्षा का उद्देश्य भी विशिष्ट बालकों का पूर्ण विकास करना होता है। क्योंकि जहाँ तक जीवन की आवश्यकताओं का सम्बन्ध है उनमें कोई किसी प्रकार का अन्तर नहीं होता। विशिष्ट बालकों और सामान्य बालकों की मूलभूत आवश्यकताएँ एक जैसी ही होती हैं। इसलिए जो शिक्षा के उद्देश्य सामान्य बालकों के लिए हैं, वे ही विशिष्ट बालकों के लिए भी उपयुक्त हैं, साथ ही उनकी विशिष्टता के कारण कुछ विशेष उद्देश्य भी हैं क्योंकि उनको विशेष शिक्षा विशेष अधिगम परिस्थितियों में विशेष शिक्षण के द्वारा दी जाती है। इसके अतिरिक्त विशिष्ट बालकों के लिए विशेष पाठ्यक्रम और विशेष अनुदेशनात्मक सामग्री का प्रयोग भी किया जाता है। इसलिए विशेष शिक्षा हेतु विशेष दर्शन, विशेष मनोविज्ञान, विशेष विधियों, विशेष तकनीकी और विशेष अभ्यास की आवश्यकता होती है। इसलिए विशेष शिक्षा के उद्देश्यों की पूर्ति के लिए व्यापक दृष्टिकोण और नई विचारधारा को अपनाकर चलना अत्यन्त अनिवार्य है।

विशेष शिक्षा के प्रशासन और निरीक्षण के सिद्धान्त—जीवन में किसी भी क्षेत्र में सफलता प्राप्त करने के लिए छोटे-से-छोटे कार्य को सफलता के साथ सम्पन्न करने हेतु योजना का बनाना अनिवार्य है। योजनाओं से सिद्धान्तों को गति मिलती है और सिद्धान्तों की गतिशीलता से व्यक्ति जीवन में व्यावहारिक बनता है। इसलिए विशेष शिक्षा की सफलता हेतु यह जरूरी हो जाता है कि योजनाबद्ध ढंग से उचित प्रशासन एवं निरीक्षण की सुव्यवस्था की जाए। इसके लिए कुछ आधारभूत बातों का होना आवश्यक है; जो निम्न हैं—

(1) विशेष शिक्षा देने हेतु उत्तरदायित्व को सुनिश्चित करना बहुत आवश्यक होता है। एक ऐसा कर्त्तव्यनिष्ठ व्यक्ति होना चाहिए जो विशेष शिक्षा के प्रति समर्पित हो, उसे ही फिर विशेष शिक्षा के लिए इमारत, सामान और शिक्षक की व्यवस्था करनी चाहिए। शिक्षा निर्देशक इस उत्तरदायित्व का निर्वाह कर सकते हैं। छोटे नगरों में यह कार्य अधीक्षकों द्वारा भी किया जा सकता है।

(2) छात्र-छात्राओं के अभिभावकों को विश्वास में लेकर विशेष शिक्षा कार्यक्रम से

अवगत कराना चाहिए और उनको आश्वस्त कराना चाहिए कि विशेष शिक्षा लाभप्रद है और यह किसी प्रकार का दण्ड या सजा नहीं है।

(3) संस्थापकों और आयोजकों को इस तथ्य को अवश्य ही स्वीकार करना चाहिए कि विशेष शिक्षा पर सामान्य शिक्षा की तुलना में अधिक व्यय होता है और इस तथ्य से छात्र-छात्राओं के अभिभावकों को भी अवगत करा देना चाहिए। सेवी संस्थाओं और राज्य सरकारों को भी इस प्रकार के स्कूलों को वित्तीय सहायता देनी चाहिए।

(4) समय-समय पर स्कूल अधिकारियों का यह कर्त्तव्य है कि विशिष्ट बालकों का उचित निरीक्षण करवाए और योग्यता अनुसार उनकी कक्षाओं को निश्चित कराए। निरीक्षकों को बालकों की आवश्यकताओं का गहन एवं विस्तृत अध्ययन करना चाहिए। ऐसा करने के बाद ही पता चल सकता है किन-किन विशेष बालकों को किस प्रकार की विशेष शिक्षा की आवश्यकता है। स्वास्थ्य निरीक्षण को प्रोत्साहित करना चाहिए।

(5) स्कूल के प्रशासकों की उचित इमारत का प्रबन्ध करके उसे विशेष शिक्षा की सामग्री एवं साधनों से सुसज्जित करना चाहिए।

(6) विशिष्ट छात्र-छात्राओं को विशेष कक्षा में भेजने हेतु कारगर नीति बनाई जानी चाहिए। माता-पिता को सूचित करके भी स्पष्ट कर देना चाहिए। इन विशिष्ट बालकों की विशेष शिक्षा की अवधि कितनी होगी, इस बात पर भी पहले से विचार कर लेना चाहिए।

(7) इस बात का पूर्ण रूप से ध्यान रखा जाए कि विशेष शिक्षा से सम्बन्धित जो भी योजना बनाई जाए उसका आधार बालकों की रुचि एवं क्षमता हो और छात्र कक्षा विशेष में अटपटा या बेचैनी महसूस न करे।

(8) इस प्रकार की ठोस योजना बनाई जाए जिसके माध्यम से विशिष्ट बालक सामान्य बालकों के सम्पर्क में आकर उनसे सम्बन्ध स्थापित कर सके।

(9) कार्यक्रम में पैतृक शिक्षा की भी व्यवस्था हो। इसके लिए समाज और समुदाय को समझाना आवश्यक है।

(10) सभी प्रकार के विशिष्ट बालकों के सामाजिक और व्यावसायिक सामंजस्य पर विशेष रूप से बल दिया जाए ताकि भविष्य में वे आत्म-निर्भर बन सकें।

स्थानीय स्तर पर विशेष शिक्षा

1. उत्तरदायित्व का निर्धारण—जहाँ पर छोटे जिले हैं वहाँ पर विशेष शिक्षा

का कार्यभार मुख्य प्रशासन अधिकारी को सौंपा जाना चाहिए। बड़े जिलों का कार्य जटिल होता है इसलिए इन जिलों का कार्यभार बड़े अधिकारियों को देना चाहिए।

2. विशेष बालकों की आवश्यकताओं की खोज—विशिष्ट छात्र-छात्राओं की शिक्षा का आधार, सामाजिक सिद्धान्त होने चाहिएँ। सामान्य बालक औसत बालक में किसी प्रकार का भेद नहीं किया जाना चाहिए। उनकी भी वे ही आवश्यकताएँ हैं जो अन्य बालकों की होती हैं। सभी लोगों को विशेष शिक्षा के महत्व एवं मूल्य से अवगत कराना चाहिए। शिक्षकों को उन विधियों एवं सामग्री का ज्ञान करा देना चाहिए जिनकी सहायता से विशेष शिक्षा विशिष्ट छात्र-छात्राओं को प्रदान करती है। उन विधियों का समय पर पुनःपरीक्षण और पुनःनिरीक्षण करवाना चाहिए। छात्र-छात्राओं को विशेष शिक्षा के कारण, अभिभावकों और शिक्षकों को स्पष्ट करना चाहिए। कक्षा का आकार छात्र-छात्राओं की आवश्यकता एवं अक्षमता को ध्यान में रखकर निश्चित करना चाहिए।

3. विशिष्ट बालकों की पहचान—विशिष्ट छात्र-छात्राओं की पहचान हेतु प्रशासनिक अधिकारियों एवं विभिन्न विशेष एजेन्सियों की मदद लेना श्रेयस्कर रहता है। स्वास्थ्य विभाग शारीरिक रूप से अक्षम बालकों की पहचान करवाने में पूर्ण सहायता दे सकता है। जब विशिष्ट छात्र-छात्राओं की पहचान हो जाती है तो फिर उनका मनोवैज्ञानिक दृष्टि से भी गहन अध्ययन करना चाहिए। आवश्यकता के अनुसार ऐसे छात्र-छात्राओं को आँख, कान के विशेषज्ञों को भी दिखाना चाहिए। इन सब बातों का पूर्ण रूप से रिकार्ड भी रखा जाना चाहिए।

4. शिक्षकों का चयन—विशेष छात्र-छात्राओं को शिक्षित करने हेतु शिक्षकों को प्रशिक्षण दिया जाना चाहिए। एक कुशल शिक्षक के लिए केवल अच्छे स्तर का प्रशिक्षण ही पर्याप्त नहीं होता बल्कि वह एक अच्छा व्यक्ति भी हो जो विशेष बालकों में रुचि रखता हो और उसका व्यवहार सद्गुणों से प्रेरित हो। विशेष बालकों की समस्याओं को समझने के लिए शिक्षक का दृष्टिकोण सहानुभूतिपूर्ण होना चाहिए।

5. विशिष्ट कक्षाओं का निरीक्षण—समय-समय पर विशेष कक्षाओं का निरीक्षण किया जाना चाहिए। इसके लिए छोटे शहरों में विशेष कक्षाओं के निरीक्षण हेतु एक सहायक शिक्षक या निरीक्षक को नियुक्त करना चाहिए। बड़े नगरों में, प्रत्येक स्कूल में स्थाई निरीक्षक होना चाहिए। उन्हें विशेष प्रशिक्षण भी दिया जाना चाहिए। ऐसे निरीक्षकों को पर्याप्त रूप से शिक्षण का अनुभव, इस क्षेत्र के विशिष्टीकरण और कम-से-कम स्नातकोत्तर की डिग्री प्राप्त होनी चाहिए। विशेष स्कूल के प्रधानाध्यापक बहुत अनुभवी और विशेष शिक्षा के सभी पहलुओं का

जानकार होना चाहिए। इसके अतिरिक्त शिक्षकों के लिए सेवारत प्रशिक्षण और विस्तार शिक्षा की भी व्यवस्था होनी चाहिए।

6. निर्देशन—यह ठीक है कि विशिष्ट छात्र-छात्राओं की आवश्यकताएँ अलग-अलग होती हैं, परन्तु उन सबकी विशेष शिक्षा का मुख्य उद्देश्य एक है। उन्हें एक अच्छा नागरिक बनाना और व्यावसायिक दृष्टि से आत्मनिर्भर बनाना।

विशिष्ट छात्र-छात्राओं को निर्देश देते समय निम्न पहलुओं को अवश्य ही ध्यान में रखना चाहिए—

(क) शारीरिक विकलांगता दशा
(ख) सीखने की क्षमता
(ग) विद्यालय का पूर्व रिकार्ड
(घ) सामाजिक सामंजस्य की समर्थता
(ङ) विशेष रुचियाँ एवं मनोवृत्ति।

7. पाठ्यक्रम—विशिष्ट बालकों की शिक्षा के विभिन्न उद्देश्यों की भिन्नता को ध्यान में रखते हुए ही उनके पाठ्यक्रम को विशेष रूप से तैयार किया जाता है। प्रत्येक विशिष्ट बालक की क्षमता और आवश्यकता को ध्यान में रखते हुए ही पाठ्यक्रम का निर्माण किया जाना चाहिए। इसके लिए एक महत्वपूर्ण सुझाव यह है कि सामान्य छात्र-छात्राओं के पाठ्य सम्बन्धी कार्यक्रम में विशिष्ट बालकों को भी भाग लेने का अवसर देना चाहिए। छात्र-छात्राओं के समूह कार्यक्रम में विशिष्ट बालकों को भी भाग लेने का लिए प्रेरित करना चाहिए। विशिष्ट छात्र-छात्राओं के शिक्षकों को सामान्य कक्षाओं के शिक्षकों से परामर्श कर सहायता लेनी चाहिए। विभिन्न प्रकार के विशिष्ट बालकों के लिए भिन्न-भिन्न कोर्सों का प्रशिक्षण देना चाहिए। जिन छात्र-छात्राओं को आँखों से दिखाई नहीं देता, उनको टंकण लेखन और अन्य अपाहिज छात्र-छात्राओं को अन्य विभिन्न प्रकार के कार्य जैसे बुनना और अन्य शिल्पकला का ज्ञान देना। जिन छात्र-छात्राओं को सुनाई नहीं देता अर्थात् वे बहरे हैं तो उनको सर्वप्रथम भाषा का ज्ञान देना बहुत आवश्यक है। ये सब कार्यक्रम उनकी आवश्यकताओं और रुचियों को ध्यान में रखते हुए ही तैयार करने चाहिएँ।

8. भवन—विशिष्ट छात्र-छात्राओं को विशेष शिक्षा देने हेतु अलग से भवन का निर्माण करना उचित रहता है। भवन खुले स्थान पर हवादार होना चाहिए। प्रशासन के लिए इस बात का विशेष रूप से ध्यान रखना चाहिए कि जो भवन बनवाया जाए वो सामान्य भवन की तरह ही होना चाहिए। उसमें सभी प्रकार की आधुनिक सुविधाएँ होनी चाहिएँ जैसे बिजली, पानी, अच्छे फर्नीचर की व्यवस्था और

छात्र-छात्राओं के शिक्षण से सम्बन्धित आधुनिक सामग्री उपलब्ध होनी चाहिए। छात्र-छात्राओं के खाने का भी अच्छा प्रबन्ध होना चाहिए। बहुत से विद्यार्थी दूर से आते हैं इसलिए उनके लाने और ले जाने की भी सुव्यवस्था की जानी चाहिए।

9. ग्रामीण इलाकों के विशिष्ट बालक—ग्रामीण इलाकों के विशिष्ट बालकों के लिए भी विशेष शिक्षा उतनी ही आवश्यक है जितनी कि शहर के विशिष्ट बालकों के लिए। लेकिन भारत जैसे देश के लिए गाँवों में ये सेवाएँ एवं सुविधाएँ उपलब्ध करवाना अत्यन्त कठिन कार्य है। ये सेवाएँ बहुत महँगी हैं इसलिए इनकी व्यवस्था शहरों तक ही सम्भव हो सकती है। ग्रामीण बालकों के छात्रावास की व्यवस्था की जानी चाहिए ताकि वे विशिष्ट शिक्षा से वंचित न रहें।

13

स्मृति एवं विस्मृति

मनुष्य की स्मरण शक्ति उसके लिये बहुत ही महत्व रखती है। वो जो कुछ भी सीखता है यदि याद नहीं रहेगा तो व्यर्थ है। स्मरण का कार्य मस्तिष्क का होता है जो स्थिति के अनुसार उत्पन्न होता है। मनुष्य में अनेक ऐसी विशेषताएँ विद्यमान होती हैं जो कुदरत की देन हैं स्मरण शक्ति भी इन्हीं में से एक है। स्मृति का गुण मनुष्य को प्रकृति के अन्य जीवों की तुलना में सर्वश्रेष्ठ बनाता है। मनुष्य के अन्दर संस्कार स्मरण शक्ति के द्वारा ही जाग्रत होते हैं। जिस व्यक्ति में स्मरण शक्ति कमजोर होती है उसे अनेक प्रकार की समस्याओं का सामना करना पड़ता है। यद्यपि मनुष्य में अपने अनुभवों को संचय करने की शक्ति होती है, फिर भी वह अपने सभी अनुभव याद नहीं रख पाता। मनुष्य के वे अनुभव जो उसकी चेतना में नहीं रहते 'संचय' अनुभव कहलाते हैं और अज्ञात रूप से मनुष्य के व्यवहार को प्रभावित करते रहते हैं। अन्य वे अनुभव जो मनुष्य की चेतना में रहते हैं, याद रहा करते हैं। अनुभवों का चेतना में रहना ही 'स्मृति' कहलाती है। 'स्मृति' ही व्यक्ति को अधिक बुद्धिमान और उच्च बनाती है। यही मनुष्य की कल्पनाओं और विचारों का आधार हुआ करती है। सबसे बड़ी बात तो यह है व्यक्ति द्वारा सीखी जाने वाली सभी बात उसकी स्मृति पर ही निर्भर होती है। यदि 'स्मृति' न हुई होती तो मनुष्य पशुवत् व्यवहार करता। वह भाई, पिता, माता, पुत्र आदि सभी की पहचान रखता है। यदि स्मृति-शक्ति न होती तो मनुष्य किसी को न पहचानता और उसकी आज जैसी उन्नत दशा न होती।

सभी प्रकार का अनुभव स्मृति ही हो, ऐसा नहीं है। जिन अतीत के अनुभवों से हम वर्तमान की परिस्थितियों में लाभ उठा सकते हैं अथवा जो अनुभव हमारी

चेतना में आते रहते हैं वे ही स्मृति का अंग बना करते हैं। **स्काउट** के मतानुसार—स्मृति वह क्रिया है जो पुराने विचारों को जाग्रत करती है, सजीव करती है और स्मरण करती है। स्मृति की क्रिया में पिछले अनुभव उसी क्रम से और ढंग से याद आते हैं, जिस क्रम और ढंग से वे प्रारंभ से चेतना में आए थे। स्मृति के सन्दर्भ में स्काउट महोदय का कहना है कि "वे घटनाएँ जो समझ में आ जाती हैं मस्तिष्क में अपना प्रभाव छोड़ जाती हैं जिससे उन घटनाओं को याद करना सरल हो जाता है।' यही स्मृति-शक्ति है। **बुडवर्थ** स्मृति की परिभाषा इस प्रकार देते हैं : 'सीखी हुई वस्तु का सीधा उपयोग ही स्मृति है।"

मनोवैज्ञानिक ने स्मृति की कोई निश्चित परिभाषा नहीं प्रस्तुत की है, परन्तु ऐसा माना गया है कि किसी भी बात को शीघ्र याद करने की क्षमता ही सही स्मृति प्रत्येक व्यक्ति में स्मरण करने की क्षमता एक समान नहीं होती है। इसमें काफी भिन्नता पाई जाती है। कोई किसी पाठ को शीघ्र ही याद कर लेता है तो दूसरा उसी पाठ को याद करने में कई दिन लगा देता है। मैकाले की स्मृति बहुत अच्छी थी। उन्होंने मिल्टन द्वारा रचित 'पैराडाइज लॉस्ट' को एक ही बार पढ़कर याद कर लिया था और आदि से अंत तक सुना दिया था। कोई बात शीघ्र याद ही कर ली जाए यही स्मृति की विशेषता नहीं याद की हुई बात मस्तिष्क में लम्बे समय तक स्थिर रहे यह स्मृति की दूसरी विशेषता है। अधिकांश बालकों में देखा जाता है कि वो किसी बात को याद शीघ्र ही कर लेते हैं, परन्तु कुछ ही समय बाद उसे भूल भी जाते हैं। यह भूलने की बात आयु की वृद्धि के साथ-साथ बढ़ जाया करती है। पचास वर्ष के निकट व्यक्ति याद तो कर लेता है परन्तु विस्मरण भी शीघ्र हो जाता है। लम्बी आयु में परीक्षा देने वाले प्रौढ़ इस बात को भली प्रकार जानते हैं। इसका कारण यह है कि उनका मस्तिष्क याद की हुई बात पर अधिक केन्द्रित नहीं रह पाता, क्योंकि उनके मस्तिष्क में अनेकों सांसारिक बातें आती रहती हैं। कभी-कभी तो वे अपनी कही हुई बात को तुरंत ही भूल जाया करते हैं। मानव दूसरे प्राणियों से अलग इसलिए है कि वह पुराने तरीके को स्मरण करके उसे अपने जीवन में ढ़ाल लेता है। पशुओं में इतनी अधिक क्षमता नहीं होती कि वे गत अनुभवों को याद करके अपने जीवन में उनसे लाभ प्राप्त सकें।

सच्चाई यह है कि स्मरण-शक्ति गत अनुभवों को संचित करने की शक्ति है जिसके द्वारा आवश्यकता पड़ने पर उन संचित अनुभवों को उसी प्रकार क्रमिक तरीके से याद किया जा सकता है, उदाहरण के तौर पर एक कार्यालय का कर्मचारी अलमारी से क्रमशः फाइलें निकाल लिया करता है। इसलिए हमारे मस्तिष्क में प्राप्त

अनुभवों का संचय इस क्रम से सुसंगठित और सुसज्जित होना चाहिए जैसे जंजीर की कड़ियाँ आपस में जुड़ी रहती हैं तथा जंजीर की एक कड़ी को ऊपर उठाने से उसके बाद की सभी कड़ियाँ क्रमशः उठने लगती हैं। वैसे ही एक अनुभव का स्मरण आते ही अन्य संबधित अनुभव भी स्मरण में आने लगते हैं। हमारे अनुभव में कुछ बातें ऐसी भी होती हैं जिनका कोई मतलब नहीं होता है अर्थात् वे निरर्थक होती हैं। ऐसी बातों को स्मरण रखना उचित नहीं है बल्कि उनको भूल जाना ही बेहतर है, अन्यथा हमारा जीवन दुःखी हो जाएगा और नए अनुभवों के लिए मस्तिष्क में स्थान भी न रहेगा।

स्मरण के लक्ष्य का निर्धारण आसान होता है, लेकिन इसके उद्‌भव की एक सीमा है। यद्यपि विद्वानों के अनुसार स्मरण शक्ति जन्मजात होती है। अर्थात् स्मृति शक्ति आनुवंशिक होती है। स्मरण शक्ति को उपयोगी बनाना ही उसका विकास होता है। यदि हम अच्छे और मनोवैज्ञानिक ढंग से स्मरण करें तो निश्चय ही स्मृति शक्ति अधिक उपयोगी सिद्ध हो सकेगी। शिक्षा द्वारा हम स्मरण करने का अच्छा ढंग सीख सकते हैं और स्मृति को उपयोगी बना सकते हैं। इस विकास के लिए यह आवश्यक है कि हम अवधान केन्द्रित करके किसी अनुभव को शृंखलाबद्ध क्रम से प्राप्त करें और मस्तिष्क में संचित करें। वह अनुभव हमें उसी ढंग से स्मरण हो सकेगा और हमें उसे अपने जीवन के लिए उपयोगी बनाने में सफलता मिलेगी।

स्मृति की परिभाषा

कुछ प्रमुख विद्वानों ने स्मृति को निम्न प्रकार से परिभाषित किया है—

रॉस के अनुसार—"स्मृति एक जीवन अनुभव है जो पूर्व अनुभवों की स्थितियों द्वारा निर्धारित होता है एवं दोनों के मध्य का सम्बन्ध स्पष्ट करता है।

वुडवर्थ के अनुसार—"जिन तथ्यों को भूतकाल में सीखा जा चुका है, उन्हें स्मरण करना ही स्मृति है।"

रायबर्न के अनुसार—"अपने अनुभवों को संचित करने तथा उन्हें पुनः चेतना में लाने की शक्ति स्मृति कहलाती है।"

जैक्स के विचार में स्मृति उस घटना या तथ्य का ज्ञान है, जिसके बारे में हमने कुछ समय तक नहीं सोचा है, पर जिसके बारे में हमको यह चेतना है कि हम उसका पहले विचार या अनुभव कर चुके हैं।"

स्काउट के विचार में,–"स्मृति एक आदर्श पुनरावृत्ति है।"

मैकडूगल के विचार में,–"स्मृति के आशय अतीत की घटनाओं की कल्पना करना और इस तथ्य को पहचान लेना भी ये अतीत के अनुभव हैं।"

विभिन्न विद्वानों द्वारा ही गई स्मृति की परिभाषाएँ इस बात को स्पष्ट करती हैं कि व्यक्ति जिस कार्य को एक बार सीख लेता है उसको भूल जाने पर भी, फिर से सीखना आसान हो जाता है। सीखना, स्मृति का एक आवश्यक अंग हैं जो कुछ पहले सीखा जा चुका है अथवा अनुभव में आ चुका है वही स्मरण भी किया जाता है। स्मृति मनुष्य के मस्तिष्क की एक अनुपम शक्ति है। इसकी सहायता से मनुष्य समस्त अनुभवों एवं संस्कारों को मन में धारण करता है। मनुष्य आवश्यकता के अनुसार उन अनुभवों को पुनः मस्तिष्क में स्मरण करके उनमें लाभ प्राप्त करता है।

सही स्मृति के लक्षण

मनुष्य के जीवन की सफलता अच्छी स्मृति पर निर्भर करती है। यदि उसकी स्मरण शक्ति अच्छी है तो वह प्रत्येक कार्य में सफल होगा। अच्छी स्मृति के अनेक लक्षण हैं। इस प्रकार के कुछ लक्षणों को निम्न प्रकार स्पष्ट किया गया है–

1. शीघ्र याद होना–यदि किसी व्यक्ति में शीघ्रता से याद करने की शक्ति नहीं है और वह जल्दी-जल्दी भूल जाता है तो उसका सारा समय थोड़ी जानकारी को ही याद करने में व्यतीत हो जायेगा। ऐसी स्मृति अच्छी स्मृति नहीं कही जा सकती है।

ऐसे ही किसी तथ्य को जल्दी सीख लेना अच्छी स्मृति का एक लक्षण है।

2. समय पर स्मरण–अनेक लोगों को बहुत सी बातें याद रहती हैं। परन्तु जब उनकी जरूरत होती है तो भूल जाते हैं। यह अच्छी स्मृति का लक्षण नहीं है। जब बालकों को आवश्यकता के समय कोई तथ्य याद नहीं आता तो इसके अनेक कारण हो सकते हैं, यथा–इस बात का ध्यान न रखना कि किसी व्यक्ति को कितनी विस्मृति होती है विषय-वस्तु का चिन्तन करना भी एक कारण हो सकता है। दोहराने के अभाव, अरुचिकर विषय-सामग्री, धारण-शक्ति की कमी आदि। धारण-शक्ति एक जन्मजात शक्ति होती है। इसमें कोई परिवर्तन नहीं होता है।

(3) देर तक ज्यादा रखना–कुछ लोगों को कुछ अनुभव की बात तुरन्त याद हो जाती है, परन्तु वे इसे शीघ्रता से भूल जाते हैं। इस प्रकार की स्मृति का कोई महत्व नहीं है वह बिल्कुल अनुपयोगी होती है। जीवन में सफलता प्राप्त करने के लिए वह आवश्यक है कि सीखी हुई वस्तु को देर तक धारण किया जा सके।

किसी बात को देर तक स्मरण या धारण करना दो बातों पर निर्भर करता है। (अ) व्यक्ति की मानसिक बनावट तथा (ब) याद की हुई वस्तु को बार-बार सोचना।

ऐसे में यह कहना उचित है कि जब कोई व्यक्ति सीखी हुई बात को अधिक देर तक धारण कर सकता है तो वही अच्छी स्मृति कहलाती है।

4. पुनः स्मरण—पुनः स्मरण करने में यदि देर न लगे तो इसे अच्छी स्मृति का एक लक्षण कहा जायेगा।

5. निरर्थक बातों को भूल जाना—जीवन की सफलता के लिए जितना आवश्यक, उपयोगी बातों की स्मृति में रखना है, उतना ही आवश्यक, अनुपयोगी बातों को भूल जाना भी है। इस प्रकार अनुपयोगी बातों को भूल जाना अच्छी स्मृति का लक्षण है।

6. पहचान—जिस वस्तु को हमने पुनः स्मरण किया और तथ्य उपस्थित होने पर हमने उसको पहचान लिया तो इसे अच्छी स्मृति का लक्षण माना जाता है।

7. आवश्यक तथ्यों को स्मरण—निरर्थक बातों को याद करने पर आवश्यक बातें भूल जाती हैं। अतः इसी कारण अनावश्यक बातें भुलानी पड़ती हैं। हमारे मस्तिष्क में केवल आवश्यक बातें रहती हैं। इस प्रकार अच्छी स्मृति का एक लक्षण उन तथ्यों को भूल जाना है जो हमें दुःखी करती हैं।

स्मृति का वर्गीकरण

स्मृति को अनेक भागों में बाँटा जा सकता है। कुछ प्रमुख का विवरण निम्नलिखित है—

1. **निष्क्रिय स्मृति**—कुछ बातें बिना किसी प्रयत्न के ही स्मृति में बनी रहती हैं। ऐसी बातें निष्क्रिय स्मृति कहलाती हैं।
2. **सक्रिय स्मृति**—जब कोई तथ्य या घटना आवश्यकता पड़ने पर तुरन्त स्मरण हो जाती है तो वह सक्रिय स्मृति कहलाती है।
3. **स्थायी स्मृति**—कुछ तथ्य जो एक बार स्मृति के अंग बन जाते हैं और कभी भुलाये नहीं जा सकते, उन्हें स्थायी स्मृति कहते हैं। ये स्थायी स्मृति के अंग बन जाते हैं।
4. **तात्कालिक स्मृति**—किसी तथ्य को याद करने के पश्चात् तुरन्त याद हो जाना और उसे तुरन्त दोहरा देने को तात्कालिक स्मृति कहते हैं।
5. **अव्यक्तिगत स्मृति**—पुस्तकों अथवा दूसरे व्यक्तियों से सुनकर जो बातें सीखी जाती हैं, उसे अव्यक्तिगत स्मृति कहते हैं।

6. **व्यक्तिगत स्मृति**—भूतकालीन व्यक्तिगत अनुभवों के आधार पर जो स्मृति बनती हैं, वह व्यक्तिगत स्मृति कहलाती हैं।
7. **यान्त्रिक स्मृति**—कुछ कार्य स्वतः होते रहते हैं। वे हमारी आदत के अंग बन जाते हैं। इसी कारण उनको आदतजन्य स्मृति भी कहते हैं। व्यक्ति तबला बजाते-बजाते गाता भी चलता है।
8. **तार्किक स्मृति**—इस प्रकार की स्मृति का आधार तर्क या चिन्तन होता है। तर्क के आधार पर सीखी वस्तु को तार्किक स्मृति कहते हैं।
9. **शारीरिक स्मृति**—इसे भी एक प्रकार की यान्त्रिक स्मृति कहा जाता है। नृत्य करना, टाइप करना तथा साइकिल चलाना आदि ऐसी ही स्मृति मानी गयी हैं।
10. **रटन्त स्मृति**—जो तथ्य रटकर याद किये गये हैं, वे रटन्त स्मृति कहलाती हैं।
11. **शुद्ध स्मृति**—जिस क्रिया के द्वारा ज्ञान व्यवस्थित ढंग से सीखा जा सकता है, उस स्मृति को शुद्ध स्मृति कहते हैं। इस प्रकार की स्मृति को सबसे अच्छी स्मृति कहा जाता है।

स्मृति की प्रक्रिया

स्मृति एक जटिल मनोवैज्ञानिक प्रक्रिया है। वही बात अच्छी प्रकार स्मरण की जा सकती है जिसके विभिन्न तत्त्वों में पारस्परिक सम्बन्ध होता है—ये तत्त्व निम्न प्रकार हैं—

1. सीखना या याद करना
2. धारण करना
3. पुनर्स्मरण करना
4. पहचान

उपरोक्त चारों तत्त्वों को विस्तृत रूप में निम्न प्रकार स्पष्ट किया गया है—

1. अधिगम—किसी बात को स्मरण करने का पहला आवश्यक तत्त्व है अधिगम। अर्थात् जिस बात को स्मरण रखना है उसे सबसे पहले सीखना होता है। सीखने का तात्पर्य उन पारस्परिक संबंधों एवं क्रमों को समझना जो किसी बात के विभिन्न अंगों में हुआ करता है।

(क) पारस्परिक संबंध को समझने के मानसिक प्रयास का नियम—अगर किसी भी बात को याद करने से पूर्व सही प्रकार से समझ लेना चाहिए। वे

बात सही प्रकार से याद नहीं हो पाती हैं। किसी बात के स्मरण अथवा याद करने में कई बातें आया करती हैं। इन बातों की विशेषताओं और पारस्परिक संबंधों को समझना अनिवार्य है। किसी बात अथवा विषयों के अंगों के पारस्परिक संबंधों को समझकर, उन अंगों की विशेषताओं को भली प्रकार जानकर याद करना, उन पर विचार करना, याद करने की सबसे अच्छी विधि है। भूगोल, इतिहास और भाषा आदि विषयों को याद करने के लिए रटन्त विधि का प्रयोग करना हानिकारक हो सकता है। इस प्रकार विद्यार्थी रट कर विषय को याद तो कर लेते हैं, परन्तु समझ नहीं पाते, फलस्वरूप उनको परीक्षा में उच्च अंक नहीं प्राप्त होते हैं। यह अधिकांशतया देखा गया है कि जो बालक अपना भाषण रटकर जाते हैं बीच में ही भूल जाते हैं और भाषण देने में असफल रहते हैं। इसी प्रकार रटा जाने वाला विषय शीघ्र ही भुला दिया जाता है। बातों की विशेषताओं को समझकर उन पर विचार करना याद करने का सबसे अच्छा ढंग है। ऐसी विधि से याद करने पर यदि बालक कहीं भूल भी जाए तो वह बात पारस्परिक संबंध के याद आते ही पूरी तरह स्मृति में आ जाती है। इस प्रक्रिया में जिसमें याद करने की उपरोक्त उपयुक्त विधि प्रयोग में आती है, पर्याप्त मानसिक शक्ति चाहती है। जब तक विद्यार्थी मानसिक प्रयत्न नहीं करेगा वह बातों के अंगों की विशेषताओं में पारस्परिक संबंध स्थापित करके उन्हें समझ नहीं सकेगा। किसी भी विषय को जितनी एकाग्रता और मेहनत के साथ याद किया जायेगा उसका स्मरण उतना ही अधिक स्थायी होगा। इस क्रिया में जो समय व श्रम व्यय होता है वह व्यर्थ नहीं जाता है।

(1) बच्चे को किसी बात को याद करने से पहले यह सोच लेना चाहिए कि क्या वह बात उसके जीवन में उपयोगी हो सकती है। अथवा उसके जीवन से उस बात का क्या संबंध है। अतः बालक को याद की जाने वाली बात की विशेषताओं की ओर संकेत करते समय यह भी बताना चाहिए कि बालकों के जीवन में उस बात का क्या महत्व और उपयोग है। यह समझने पर बालक उस बात को भली प्रकार याद कर लेंगे और कभी उसे भूलेंगे भी नहीं।

(2) कृत्रिम ढंग इस तरह के होने चाहिएँ कि उनका संबंध याद की जाने वाली बातों अथवा उनके अंगों से बहुत ही घनिष्ठ हो।

(3) उन कृत्रिम संबंधों का उपयोग करना चाहिए, जिनसे स्मरण करने में अधिक मदद मिले।

(4) जो बात स्मरण करनी है उसके अंगों की विशेषताओं को समझकर उनमें पारस्परिक संबंध स्थापित किया जाए।

स्मरण करने की विधियाँ

वुडवर्थ (Woodworth) के अनुसार,–"सीखने या स्मरण करने की प्रक्रिया एक सतत् क्रिया होने के कारण प्रशिक्षण से अधिक प्रभावित होती है।"

ऐसी अनेक विधियाँ बनाई गई हैं जिनके प्रयोग से किसी भी बात को स्मरण करने में सुविधा होती है। कुछ प्रमुख विधियों को निम्न प्रकार स्पष्ट किया गया है–

1. विराम विधि–विराम विधि, अविराम विधि के ठीक विपरीत हैं। विराम विधि में पाठ कुछ समय का विराम देकर याद किया जाता है। किसी पाठ को स्मरण करने के लिए विराम विधि अधिक उपयुक्त मानी जाती है। **वुडवर्थ** (Woodworth) का कहना है, **"विराम विधि से याद करने के सर्वोत्तम परिणाम होते हैं।"**

2. अविराम विधि–अविराम विधि द्वारा किसी विषय वस्तु को याद करने की प्रक्रिया निरन्तर चलती है।

3. सक्रिय विधि–इसे उच्चारण विधि भी कहते हैं। जब किसी तथ्य को जोर-जोर से उच्चारण करके याद किया जाता है तो वह स्मरण करने की सक्रिय विधि कहलाती हैं।

4. निष्क्रिय विधि–यह विधि सक्रिय विधि की ठीक विपरीत होती है। इस विधि से याद करने में विषय-वस्तु को जोर-जोर से नहीं बोलना पड़ता। इस विधि से मन ही मन में याद किया जाता है।

5 मिश्रित विधि–पूर्ण विधि व आंशिक विधि के मिश्रित स्वरूप को ही मिश्रित विधि कहा जाता है। इस विधि में पूर्ण तथा आंशिक विधियों का समन्वय करके याद किया जाता है। उदाहरण के लिए, यदि इस विधि से एक पाठ याद करना है तो प्रथमतः सम्पूर्ण पाठ को याद किया जायेगा तथा उसके पश्चात् उसे अनेक खण्डों में विभाजित करके याद किया जायेगा।

6. अभ्यास विधि–स्मरण करने की प्रक्रिया में अभ्यास विधि का प्रयोग काफी लाभकारी है। किसी भी विषय को बार-बार दोहराकर स्मरण करने में सहायता मिलती है। उस विषय के स्मृति-चिन्ह मन में दृढ़ हो जाते हैं। अतः मस्तिष्क को दोहराने से अधिक लाभ होता है।

7. पूर्ण विधि–इसके तहत पूरे पाठ या उसके एक भाग को एक ही बार में

याद किया जाता है। उदाहरण के लिए, यदि किसी बालक को एक कहानी या कविता याद करनी है तो इस विधि के अनुसार सम्पूर्ण कविता या कहानी एक ही बार में याद की जायेगी।

8. खण्ड विधि—यदि किसी कविता को इस विधि से याद किया जाना है तो उसे अनेक खण्डों में विभाजित किया जायेगा। उसके पश्चात् प्रत्येक खण्ड को अलग-अलग याद किया जायेगा। इस विधि के द्वारा किसी पद्यांश या गद्यांश को याद करने में एक दोष यह है कि जब एक खण्ड करके दूसरा खण्ड याद किया जाता है तो इस बात की सम्भावना रहती है कि प्रथम खण्ड विस्मृत हो जाये। परन्तु फिर भी मनोवैज्ञानिकों ने पूर्ण विधि की अपेक्षा आंशिक विधि को अधिक उपयोगी बताया है।

9. प्रगतिशील विधि—यह विधि 'खण्ड विधि' का ही संशोधित रूप है। इसके तहत विषय-वस्तु को पहले खण्डों में विभाजित कर लिया जाता है और फिर प्रत्येक खण्ड पर क्रमशः अधिकार प्राप्त कर लिया जाता है। स्मरण की हुई विषय-वस्तु में नवीन ज्ञान जुड़ता जाता है।

10. विचार साहचर्य विधि—इसके तहत याद की जाने वाली ज्ञात बातों से सम्बन्धित कर लिया जाता है। जब किसी विषय से सम्बन्ध स्थापित कर लिया जाता है तो वह विषय-वस्तु अति याद शीघ्र हो जाती है।

11. रटने की विधि—इस विधि में सम्पूर्ण विषय-वस्तु को रटकर याद किया जाता है। इस विधि से याद की गयी विषय-वस्तु शीघ्र ही भुला दी जाती है। शैशवावस्था में स्मरण के लिये इस विधि का प्रयोग लाभकारी होता है।

12. साभिप्राय स्मरण विधि—जब कोई पाठ इस निश्चितता के साथ स्मरण किया जाता है कि उसका परिणाम सन्तोषजनक होगा तो वह पाठ सरलता से याद हो जाता है। इस विधि में याद करने के लिए निश्चित करना आवश्यक होता है।

2. ग्रहण करना—यदि किसी बात के स्मरण को स्थायित्व प्रदान करना है, तो मस्तिष्क द्वारा उसे ग्रहण करना आवश्यक है, वरना उसके भूल जाने की सम्भावना बनी रहती है। सभी व्यक्तियों में धारण-शक्ति समान नहीं होती। कुछ की धारण शक्ति प्रबल है तो कुछ की निर्बल। कहते हैं कि ग्यारह वर्ष की आयु तक धारण-शक्ति प्रबल रहा करती है। तेरह से सोलह वर्ष की आयु में इस शक्ति का पर्याप्त विकास हो जाया करता है। पच्चीस वर्ष की अवस्था तक यह चरम सीमा तक उन्नत हो जाती है। इसके बाद यह धीरे-धीरे कम होने लगती है। मनोवैज्ञानिकों की दृष्टि में निम्नलिखित घटक धारण शक्ति को प्रभावित करने में शामिल हैं।

(क) मस्तिष्क की ग्रहणशीलता—मस्तिष्क के अन्दर ज्ञानेन्द्रियाँ जितनी बातें

पहुँचाती हैं इन सभी को वह ग्रहण नहीं करती हैं। कुछ अंश मस्तिष्क ग्रहण कर लेता है और कुछ को वह छोड़ देता है। जो ज्ञानांश मस्तिष्क के माध्यम से ग्रहण कर लिया जाता है, वह चेतन मन में रहता है और जो मस्तिष्क द्वारा छोड़ दिया जाता है वह अर्द्धचेतन मन में चला जाता है। ज्ञानांशों अथवा अनुभवों को चेतन मन और अर्द्धचेतन मन में रखने की प्रक्रिया को चुनाव के नाम से जाना जाता है। यही चुनाव करने की शक्ति सभी लोगों में एक जैसी नहीं होती। अनुभवों के चुनाव के बाद मस्तिष्क इन अनुभवों को सुरक्षित रखता है और अंत में उन्हें क्रमबद्धता प्रदान किया करता है। इस तरह मस्तिष्क के कई कार्य हो जाते हैं जैसे—सुरक्षित अनुभवों को क्रमबद्धता प्रदान करना, ज्ञानांश या अनुभवों का चुनाव करना एवं चयनित ज्ञानांशों को सुरक्षित रखना।

व्यक्ति के मस्तिष्क द्वारा ग्रहण करने की क्षमता पर वंशानुगत प्रभाव पड़ता है। छोटे बच्चों के मस्तिष्क में जन्म से ही कुछ निशान होता है। ये चिह्न आयु और अनुभव बढ़ने के साथ-साथ विकसित होते रहते हैं। इन निशानों को देख पाना या छूना सम्भव नहीं है। जब बालक घटना को देखता है तो उसका चित्र बालक के मानस-पटल पर अंकित हो जाता है। यह चित्र उसी रूप में नहीं रहता है जिस रूप में घटना देखी गई है। इसमें बालक की आनुवंशिक ग्रहणशीलता जो चिह्नों के रूप में रहती है अपने अनुरूप बदलाव कर लेती है। ये चित्र अथवा प्रतिमाएँ वंशानुक्रम की विभिन्नता की वजह से सभी लोगों में अलग-अलग होती हैं। यही कारण है कि इन मस्तिष्क चिह्नों के निम्न कोटि के होने के कारण व्यक्ति जन्म से ही मंद-बुद्धि होता है और इन चिह्नों के उच्च कोटि के होने से व्यक्ति तीव्र बुद्धि हो जाता है। यद्यपि इस तरह की अनुवांशिक ग्रहणशीलता परिवर्तित तो नहीं की जा सकती, लेकिन विविध मनोवैज्ञानिक प्रयासों द्वारा इसमें सुधार लाना सम्भव है।

(ख) स्वास्थ्य—यह एक प्रचलित धारणा है कि स्वस्थ शरीर में स्वस्थ मन का विकास होता है। रोगी होने की दशा में व्यक्ति की समझने और जिज्ञासा में रुचि कम हो जाती है। मनोरोग की दशा में तो व्यक्ति की ग्रहण करने की क्षमता बहुत ही कम हो जाती है। सोकर उठने के समय अर्थात्, सुबह के समय मानव की धारण-शक्ति सक्रिय रहती है क्योंकि सोने से मस्तिष्क ताजा और स्वस्थ रहता है। यही कारण है कि प्रातःकाल कोई बात याद करना सरल होता है और स्वस्थ धारण-शक्ति होने से वह बात लंबे समय तक मस्तिष्क में जमी रहती है। दिन में किए गए कार्य के कारण शाम को मस्तिष्क थक जाता है। इसलिए शाम होते-होते स्मरण शक्ति कमजोर होती है। इस समय नाड़ी तंतु थक जाते हैं। इसलिए संध्या

पहचान का वर्गीकरण—पहचान को दो वर्गों में विभक्त किया जा सकता है—

1. निश्चित पहचान—जब हम सम्बन्धित स्थान या व्यक्ति को पूर्ण रूप से पहचान जाते हैं तो वह निश्चित पहचान होती है।

2. अनिश्चित पहचान—इस पहचान में इतना याद रहता ही है कि हमने अमुक स्थान कभी देखा है या अमुक व्यक्ति से कभी मिले हैं, परन्तु हम पिछले अनुभव को विस्तारपूर्वक पहचानने में सक्षम नहीं होते हैं।

पहचान में सहायक तत्त्व—निम्न तत्व पहचान में सहायक होते हैं—

1. मानसिक तत्परता—मानसिक तत्परता भी पहचान को प्रभावित करती है। मानसिक रूप से तत्पर व्यक्ति की पहचान ठीक होती है परन्तु यदि वह मानसिक रूप से तत्पर न हो तो उसकी पहचान ठीक नहीं होती है।

2. विश्वास—विश्वास पहचान का आवश्यक घटक है। विश्वास के अभाव में ठीक पहचान में सन्देह होने लगता है।

स्मृति-प्रशिक्षण

आधुनिक मनोवैज्ञानिक ने स्मृति को मनुष्य की जन्मजात विशेषता माना है। इसी वजह से उनकी स्मरण शक्ति में भिन्नता पाई जाती है। लेकिन विभिन्न प्रयोगों द्वारा यह सिद्ध किया जा चुका है कि प्रशिक्षण तथा अभ्यास द्वारा स्मृति में उन्नति की जा सकती है। इसका कारण बताते हुए **वुडवर्थ** ने कहा है कि "सीखने या स्मरण करने की प्रक्रिया एक नियंत्रित क्रिया होने के कारण प्रशिक्षण से अत्यधिक प्रभावित होती है।"

स्मरण शक्ति की प्रगति हेतु दिये जाने वाले प्रशिक्षण या अभ्यास के बारे **एवेलिंग** ने कहा है कि "वास्तव में स्मृति में उन्नति हमारी स्मरण करने की विधियों में उन्नति के अतिरिक्त और कुछ नहीं।" इस कथन की सत्यता के बावजूद भी कुछ उपाय या नियम ऐसे हैं, जो स्मृति की उन्नति में सहायता प्रदान करते हैं, इन उपयों को निम्न प्रकार प्रस्तुत किया गया है—

1. **दृढ़ निश्चत**—जिस किसी बात या वस्तु को याद करना है, उसके लिये पहले दृढ़ निश्चय कर लेना चाहिए।
2. **स्पष्ट ज्ञान**—याद की जाने वाली बातों का लाभ तथा उद्देश्य स्पष्ट रूप से ज्ञात होना चाहिए।
3. **प्रोत्साहन**—पाठ याद करने के लिए विभिन्न विधियों का प्रयोग करने के लिए प्रोत्साहित करना चाहिए।

4. **पहले से समझाना**—जिस पाठ को याद करना हो उसका अर्थ पहले ही पूर्ण रूप से समझा दिया जाना चाहिए।
5. **रुचि उत्पन्न करना**—यदि किये जाने वाले पाठ के प्रति रुचि का होना आवश्यक है इसलिए रुचि उत्पन्न की जानी चाहिए।
6. **पूर्वज्ञान पर आधारित**—बालकों को जो नवीन तथ्य बताये जायँ, उनका उनके पूर्व ज्ञान से अधिक से अधिक सम्बन्ध स्थापित किया जाना चाहिए। पाठ के शिक्षण के समय भी उसमें आने वाले तथ्यों को दूसरे से सम्बन्धित किया जाना चाहिए।
7. **स्मरण के अधिक अवसर**—स्मरण करने की क्रिया, निष्क्रिय न होकर सक्रिय होनी चाहिए। अतः स्मरण करने के समय उनको अपनी ज्ञानेन्द्रियों का अधिक से अधिक प्रयोग करने का अवसर दिया जाना चाहिए।
8. **दोहराना**—स्मरण किया गया पाठ कुछ-कुछ समय के बाद दोहराया जाना चाहिए।
9. **संवेगात्मक स्थिरता**—पाठ याद करने के समय भय, क्रोध, कष्ट, थकान, परेशानी इत्यादि नहीं होनी चाहिए अन्यथा पाठ को स्मरण करने में बहुत देर लगती है और स्मरण करने के बाद वे उसे तुरन्त ही भूल जाते हैं।
10. **एकाग्रता-रायबर्न** के अनुसार, "इस बात का पूर्ण प्रयास किया जाना चाहिए कि बालक अपने पाठ को एकाग्रचित होकर याद करें।
11. **स्मरण विधियों का प्रयोग—कोलेसनिक ने** स्मृति-प्रशिक्षण की तीन मुख्य विधियाँ बतलायी हैं—निरीक्षण शक्ति का विकास करना, तार्किक शक्ति को बलवती बनाना तथा निर्णय की प्रक्रिया में उन्नति करना।

ऊपर दी गई विधियों को अपनाने से बालक अपनी स्मृति को निश्चित रूप से प्रशिक्षित करके अपनी स्मरण शक्ति में उन्नति कर सकते हैं। **मैकडूगल** के अनुसार "अभ्यास द्वारा स्मृति में अत्यधिक उन्नति की जा सकता है।"

स्मृति अभ्यास

स्मरण करना एक स्वाभाविक प्रक्रिया है। यह जन्मजात होती है। सभी लोगों की स्मरण शक्ति एक जैसी नहीं होती है, बल्कि वह अलग-अलग होती है। फिर भी प्रशिक्षण एवं अभ्यास के माध्यम से स्मरण शक्ति में वृद्धि की जा सकती है। कुछ प्रमुख क्रियाओं और नियमों के प्रयोग के माध्यम से किसी भी बालक या व्यक्ति की स्मरण शक्ति में वृद्धि की जा सकती है। ये क्रियायें व नियम निम्न प्रकार हैं—

1. स्मरण किए गए पाठ को कुछ समय के बाद दोहराना।
2. पाठ को एकाग्रता के साथ याद करना।
3. पाठ में रुचि पैदा करना।
4. पाठ का बिलकुल स्पष्ट तरीके का ज्ञान।
5. पाठ को पहले से समझना।
6. पाठ याद करने पर बालक को पुरस्कृत करना।
7. पाठ को याद करने का दृढ़ निश्चय।
8. पाठ याद करते समय बालकों को भय, क्रोध कष्ट, थकान आदि से दूर रखना।

यदि बालक स्मरण करते समय उपरोक्त बातों को ध्यान में रखकर अभ्यास करेंगे तो निश्चित रूप से अपनी स्मरण शक्ति बढ़ाने में उनको सफलता मिलेगी।

विस्मृति

विस्मृति का मतलब होता है याद की गई बातों को भूलना, यह स्मृति के विपरीत की क्रिया है। याद की वस्तु, अनुभव, व्यक्ति का स्मरण-जल्दी न होने की दशा विस्मृति कहलाती है। स्मृति व विस्मृति दोनों में विस्मृति को लाभदायक नहीं माना जाता है, वहीं सुखद बातों को कोई नहीं भूलना चाहता है। अतः विस्मृति हमेशा बुरी नहीं मानी जाती। लेकिन यदि भूलने की प्रक्रिया तीव्र हो जाये तो जीवन की कल्पना ही कठिन हो जाएगी।

विस्मृति के प्रकार—विस्मृति दो प्रकार की होती है।

भाटिया के विचार में, "विस्मृति एक प्रकार से व्यक्ति की अपने किसी विचार या विचारों को बिना मौलिक उद्दीपन के पुनः चेतना में वापिस लाने के प्रयत्नों में मिली असफलता है।"

ड्रेवर के अनुसार, "विस्मृति का अर्थ है किसी समय प्रयास करने पर भी किसी पूर्व अनुभव का स्मरण करने या पहले सीखे हुए किसी कार्य को करने में असफलता।"

फ्रायड के अनुसार, "विस्मरण वह प्रवृत्ति है जिसके द्वारा दुःखद अनुभवों स्मृति से अलग कर दिया जाता है।"

मन के अनुसार, "सीखी हुई बात को स्मरण रखने या पुनः स्मरण करने की असफलता को विस्मृति कहते हैं।"

1. सक्रिय विस्मृति—यह ऐसी विस्मति है जिसमें व्यक्ति जान-बूझकर भुलाने का प्रयास करता है। वह जीवन की दुखद घटनाओं की कोई स्मृति नहीं रखना चाहता अर्थात् उन्हें भूलना चाहता है। यद्यपि यह हो सकता है, कि व्यक्ति विस्मरण के कारणों को स्वयं न जानता हो। परन्तु अचेतन मन की प्रेरणा से वे दुखद बातों को विस्मृत करने की कोशिश करता है।

2. निष्क्रिय विस्मृति—इस प्रकार की विस्मृति में व्यक्ति न चाहते हुए भी याद की गई बातों को भूल जाता है। क्योंकि व्यक्ति प्रत्येक विचार, घटना, अनुभव को याद नहीं रख सकता, इसमें से प्राकृतिक रूप से कुछ बातें व्यक्ति भूल जाता है।

विस्मृति के कारण

व्यक्ति में भूलने की क्रिया भी स्वाभाविक होती है। भूलने के लिये प्रमुखतः दो कारण जिम्मेदार होते हैं—सैद्धान्तिक व सामान्य कारण। इन दोनों का विस्मृत वर्णन निम्न प्रकार है—

1. दमन का सिद्धान्त—इसके तहत दुःखद तथा अपमानजनक घटनाओं को याद नहीं रखना चाहते हैं। अतः हम उनका दमन करते हैं। फलवरूप वे हमारे अचेतन मन में चली जाती हैं तथा हम उनको भूल जाते हैं।

2. अनभ्यास का सिद्धान्त—प्रमुख विद्वान थार्नडाइक एवं एर्बिगहॉस ने विस्मृति का कारण अनभ्यास का अभाव बताया है। अगर हम सीखी हुई बात का बार-बार अभ्यास करते हैं, तो हम उसको भूल जाते हैं।

3. बाधा का सिद्धान्त—इसके तहत यदि हम एक पाठ को याद करने के बाद दूसरा पाठ याद करने लगते हैं, तो हमारे मस्तिष्क में पहले पाठ के स्मृति-चिन्हों में बाधा पड़ती है। फलस्वरूप, वे निर्बल होते चले जाते हैं और हम पाठ को भूल जाते हैं।

(क) कारण करने की शक्ति—बालकों में वयस्कों की अपेक्षा धारणा शक्ति अधिक होती है क्योंकि वयस्कों का मस्तिष्क कई कार्यों में लगा रहता है। मनोवैज्ञानिकों का मानना है कि पच्चीय वर्ष की आयु के पश्चात् धारण-शक्ति कम होने लगती है जबकि बचपन के अनुभव बुढ़ापे तक याद रहते हैं।

(ख) तत्काल पुनः स्मरण—वयस्कों में बालकों की अपेक्षा तत्काल पुनः स्मरण की शक्ति ज्यादा होती है।

(ग) सामान्य एवं विशिष्ट स्मृति—बच्चों में सामान्य स्मृति अच्छी होती है और वयस्कों में विशिष्ट स्मृति अच्छी होती है। बचपन विशिष्टीकरण की अवस्था नहीं। बच्चे

करना कठिन हो जाता है। बालक, भय के कारण भली प्रकार याद पाठ को भी भूल जाता है।"

12. **स्मरण न करने की इच्छा**—यदि व्यक्ति किसी बात को अनिच्छा से याद करता है तो उसे शीघ्र ही भूल जाता है। जैसा कि **स्टर्ट व ओकडन ने** कहा है कि "हम बहुत-सी बातों को स्मरण न रखने की इच्छा के कारण भूल जाते हैं।"

विस्मृति के प्रमुख सिद्धान्त

याद करना व भूलना दोनों ही सीखने की क्रिया से सम्बन्धित हैं। अधिगम, धारणा, प्रत्यास्मरण तथा प्रत्याभिज्ञान के द्वारा स्मृति की प्रक्रिया सम्पूर्ण होती है। विद्वानों ने विस्मृति को शास्त्रीय स्वरूप देने के लिए कुछ प्रमुख सिद्धान्तों का प्रतिपादन किया है जो निम्न प्रकार हैं—

1. व्यक्तिकरण का सिद्धान्त—इस सन्दर्भ में **गुलर, वुडवर्थ** तथा **मिल्जेकर** आदि मनोवैज्ञानिकों ने बताया है कि अधिगम के समय उत्पन्न बाधाएँ धारणा को प्रभावित करती हैं। अतीत, वर्तमान तथा भविष्य काल का काफी सुदृढ़ सम्बन्ध होता है। यह व्यतिकरण अग्रोन्मुख तथा पृष्ठोन्मुख होता है। अग्रोन्मुख व्यतिकरण में भूतकाल की सामग्री वर्तमान को प्रभावित करती है तथा पृष्ठोन्मुखी व्यतिकरण में अधिगम से पूर्व ही बाधा आती है। अतः हमारे जीवन में विस्मरण प्रायः अग्रोन्मुख तथा पृष्ठोन्मुख दोनों कारणों से होता रहता है।

2. चिन्हास सिद्धान्त—यह सामान्य अनुभवों पर आधारित सिद्धान्त है। इसका आधार समय होता है। समय के अन्तराल के साथ-साथ हम बहुत-सी चीजों को भूल जाते हैं। इस सिद्धान्त में अनुपयोग का नियम लागू होता है।

3. अभिप्रेरणा का सिद्धान्त—यह दमन का सिद्धान्त भी कहलाता है। **जिगरनिक** के अनुसार "अपूर्ण कार्यों से प्रत्यास्मरण में सफलता का कारण वे अभिप्रेरणाएँ होती हैं जिनकी उपलब्धि पूर्ण नहीं होती और उद्देश्य की प्राप्ति उसका आकर्षण बना रहता है किन्तु पूर्ण कार्यों में उपलब्धि के कारण अभिप्रेरणा संतुष्ट हो चुकी होती है।"

4. पुनर्आह्वान की विफलता—भूलना कोई स्थाई क्रिया नहीं है। प्रत्यास्मरण के समय स्मृति कोष से स्मरण की गई सामग्री को खोजा जाता है। इस कार्य में विफलता से विस्मरण होता है।

5. अनुबद्धता का सिद्धान्त—स्मृति को परिपक्व व संगठित न होने की दशा में प्रत्यास्मरण ठीक प्रकार से नहीं होता है। एक धारणा पर दूसरी धारणा हावी हो जाती है तो विस्मरण होने लगता है।

शिक्षा में विस्मरण का महत्व

कुछ मनोवैज्ञानिकों का मानना है कि शिक्षा के क्षेत्र में स्मरण के साथ-साथ विस्मरण का भी महत्व है इनमें कॉलिन्स एवं ड्रेवर का नाम प्रमुख हैं। इन्होंने कहा है कि "यह सत्य है कि विस्मरण, स्मरण के विपरीत है, पर व्यावहारिक दृष्टिकोण से विस्मरण लगभग उतना ही लाभप्रद है, जितना कि स्मरण।"

विस्मरण के महत्व को निम्न प्रकार स्पष्ट किया गया है—

1. क्षणिक महत्व की बातों को भुलाना—कुछ बातें ऐसी भी होती हैं जिनका महत्व कम समय के लिए होता है। अतः उसके लिए उन्हें स्थाई रूप से स्मरण न रखकर भुला देना ही अच्छा है। **कोलेसनिक** के अनुसार "जीवन के अनेक अनुभवों का केवल क्षणिक महत्व होता है और वे स्मरण रखने के योग्य नहीं होते हैं।"

2. अनुपयोगी बातों को भुलाना—प्रतिदिन के अधिगम में कई प्रकार की बातें वे सब उसके लिए समान रूप से उपयोगी नहीं होती हैं। अतः जैसा कि **क्रो एवं क्रो** ने कहा है कि "सीखने वाले के लिए यह जानना आवश्यक है कि वह क्या स्मरण रखे और क्या भुला दे?"

3. अस्त-व्यस्तता से बचाव—अगर बालक के मस्तिष्क में सभी बातों के स्मृति-चिन्ह अंकित होते चले जाएँ, तो उसके विचार पूर्ण रूप से अस्त-व्यस्त हो जाएँगे। अतः अपने विचारों को व्यवस्थित रूप प्रदान करने के लिए उसे कुछ बातों को भुलाना अनिवार्य होता है। **स्टर्ट एवं ओकडन** ने अपना विचार कुछ इस प्रकार प्रस्तुत किया है। "यदि हम अपने विचारों में व्यवस्था और बल चाहते हैं, तो हमारे लिए विस्मरण आवश्यक है।"

4. दुःखद अनुभवों को भूलना—मनुष्य को जन्म से लेकर मृत्यु तक कई प्रकार के कटु परिस्थितियों से सामना करना पड़ता है। अतः इनका विस्मरण करके ही बालक विद्यार्जन के लक्ष्य की प्राप्ति कर सकता है। जैसा कि **भाटिया** ने कहा है कि "भली प्रकार स्मरण करने के लिए हमें बहुत कुछ भुला देना आवश्यक है।"

5. भाषा शिक्षण में उपादेय—वैसे तो विद्यार्थी के लिए शुद्ध लेखन व शुद्ध उच्चारण का महत्व होता है, परन्तु वह इनके अलावा विभिन्न विषयों में कुछ सीमा तक सफलता प्राप्त करने का इच्छुक रहता है। वह गलत कार्यों तथा गलत विधियों का विस्मरण करके ही ऐसा कर सकता है। इस सन्दर्भ में 'मन' महोदय ने अपना विचार कुछ इस प्रकार व्यक्त किया है—"उचित प्रतिक्रिया का अर्जन करने के लिए हमें अनुचित प्रतिक्रियाओं को बहुधा भूल जाना आवश्यक है।"

6. सीमित क्षेत्र का प्रयोग—बाल्यावस्था में स्मरण शक्ति का क्षेत्र काफी होता है। अतः अगर वह सब बातों को स्मरण रखें, तो उसे अपने स्मृति-क्षेत्र में नवीन बातों को स्थान देना असम्भव हो जाएगा। इस दृष्टि से उसे पुरानी बातों का विस्मरण करना आवश्यक हो जाता है। **कोलिन्स** एवं **ड्रेवर** का कहना कि "विस्मरण किसी भी प्रकार के लाभप्रद अधिगम का आवश्यक अंग है।"

7. पुरानी बातें भूलकर नई बातों को सीखना—कुछ बातें ऐसी होती हैं जिन्हें याद करने के लिए पुरानी बातों को भूलना पड़ता है। जैसे—पढ़ने या लिखने की उपयुक्त विधियाँ। अतः उसे उन विधियों को भुला देना आवश्यक है, जिनका प्रयोग वह करता चला आ रहा है। **वुडवर्थ** का कहना है कि "नई बातों का सीखना पुरानी बातों के स्मरण में बाधा डालता है और पुरानी बातों का स्मरण नई बातों को सीखने में बाधा डालता है।" उपरोक्त बिन्दुओं का अध्ययन करने यह स्पष्ट है कि बालक की शिक्षा में विस्मरण का स्थान अति महत्वपूर्ण है। वह विस्मरण करके ही शिक्षा-सम्बन्धी नई बातों को सीख सकता है। **रिबर्ट** का विचार है—"स्मरण करने की एक शर्त यह है कि हमें विस्मरण करना चाहिए।" प्रत्येक अध्यापक की यह प्रमुख जिम्मेदारी होती है कि वो विद्यार्थियों में नवीन चीजों को सीखने पर बल दे, उन्हें संतुलित रूप से सिखाए, संवेगात्मक संतुलन बनाए रखे, मानसिक द्वन्द्व तथा संघर्ष को दूर करे। ऐसा करने से विस्मृति स्वाभाविक होगी जो बालक का मानसिक स्वास्थ्य बनाने में सफल योगदान प्रदान करेगी।